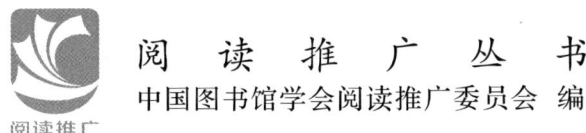

阅 读 推 广 丛 书

中国图书馆学会阅读推广委员会 编

图书馆服务创新案例赏析

施静华　蔡迎春　主编

国家图书馆出版社

图书在版编目（CIP）数据

图书馆服务创新案例赏析 / 施静华, 蔡迎春主编. — 北京 : 国家图书馆出版社, 2023.2

（阅读推广丛书）

ISBN 978-7-5013-7433-5

Ⅰ.①图…　Ⅱ.①施…　②蔡…　Ⅲ.①图书馆服务—研究　Ⅳ.①G252

中国版本图书馆CIP数据核字（2022）第009165号

书　　名	图书馆服务创新案例赏析 TUSHUGUAN FUWU CHUANGXIN ANLI SHANGXI	
编　　者	施静华　蔡迎春　主编	
责任编辑	邓咏秋　张晴池	
封面设计	程言工作室	

出版发行	国家图书馆出版社（北京市西城区文津街7号　100034） （原书目文献出版社　北京图书馆出版社） 010-66114536　63802249　nlcpress@nlc.cn（邮购）
网　　址	http://www.nlcpress.com
排　　版	九章文化
印　　装	北京科信印刷有限公司
版　　次	2023年2月第1版　2023年2月第1次印刷

开　　本	710×1000　1/16
印　　张	23
字　　数	375千字

书　　号	ISBN 978-7-5013-7433-5
定　　价	98.00元

编委会成员

序

提倡阅读、推广阅读是图书馆的基本使命。随着全民阅读工作的持续和深入推进，各级各类图书馆阅读推广活动在全国范围内多点开花，呈现出内容多元、形式多样、创意迭出的新态势，涌现出大量优秀的阅读推广案例，反映了丰富多彩的图书馆阅读推广实践。案例的征集、分享和传播，不仅可以汇聚阅读推广一线工作的素材，为图书馆和图书馆员搭建交流展示平台，提供相互学习的样本，而且对于推进阅读推广理论研究以便更好地指导阅读推广实践也具有重要意义。

本书是上海市图书馆学会主办、上海市奉贤区图书馆承办的"2021年图书馆阅读推广与信息素养教育创新案例"征集活动的优秀案例汇编。这次征集活动是主办方继2018年、2019年后举办的第三次，并且这次在阅读推广案例的基础上增加了信息素养教育的内容，聚焦图书馆提升国民素质的两大路径，分为信息素养教育、主题文献推广、阅读分享与空间建设、特色阅读活动、大学生阅读推广五个部分，展示图书馆在培养公众阅读习惯、提升公众信息素养工作方面的作用和成效。本次案例征集活动以及相关的分享活动、结集出版活动，体现了从案例征集、分享到传播的整体和系统考虑，反映了上海市图书馆学会阅读推广委员会的工作理念，因而也提升了活动的影响，很好地促进了图书馆业务和经验的交流。

本书也是继2019年《图书馆阅读推广案例赏析》出版之后，上海外国语大学图书馆蔡迎春博士再次领衔，和奉贤区图书馆馆长施静华共同主编的阅读推广案例成果。《图书馆阅读推广案例赏析》受国家图书馆出版社邓咏秋博士的引荐，列入中国图书馆学会阅读推广委员会的"阅读推广丛书"，受到很多同行关注，我也从中学习获益良多。我相信这本书所展示的图书馆阅读推广与信息素养教育的优秀实践会给广大同人带来新的感受和冲击。

伴随全民阅读从理念倡导到蓬勃发展、从立法保障到国家战略引领的进程，图书馆始终作为主要承担者和践行者，坚守在全民阅读的第一线，发挥先导作用，展现职责担当。作为我国图书馆界全国性的社会组织，中国图书馆学会多年来探索建立了全行业推动全民阅读工作的科学机制，并通过设置阅读推广委员会，负责规划、指导、协调、组织阅读推广及相关学术研究活动，促进全社会的阅读氛围建设。近年来，阅读推广委员会围绕"数字、整合、研究"三个维度，开展"组织、理论、项目、产品"四大建设，认真策划年度工作主题和重点，积极发挥统筹引领作用。在活动整合上，阅读推广委员会以数字阅读推广为重点，推出面向全国图书馆及社会阅读机构的"扫码看书，百城共读"阅读推广公益行动，重建数字时代图书馆"知识入口"形象；开展"让经典走进大众——'中华传统文化百部经典'推介行"、全国图书馆杯主题海报创意设计大赛等活动，提升图书馆全民阅读活动的影响力。在理论提升上，阅读推广委员会建立以全民阅读论坛为核心，以科普阅读推广论坛、公私藏书与经典阅读论坛、大学生阅读推广高峰论坛等为专题的学术交流体系；设立中国图书馆学会阅读推广课题，已立项课题233个；编撰完成《图书馆阅读推广理论进展（2005—2015）》《政府组织的全民阅读工作中公共图书馆角色调查报告》等系列研究报告，出版了1—6辑"阅读推广人"系列教材等。在社会拓展上，阅读推广委员会举办"书香城市（区县级）""书香社区"发现活动，策划举办两届"公共图书馆在全民阅读中的领读与创新"峰会，关注新型阅读空间建设，推动图书馆界与社会的互动和合作，宣传和推广图书馆的作用与价值。

《中国图书馆学会"十四五"发展规划纲要（2021—2025年）》提出要激励广大图书馆开展学术研究和实践创新，倡导阅读推广理论研究和实践相结合。挖掘全民阅读工作中成效突出、具有推广意义的阅读推广项目，加强案例的学术研究和理性提升是其中重要的工作内容，也是图书馆界作为全民阅读先行者应该担负的使命任务。一方面，对于优秀的阅读推广案例，要通过专家讲座、案例分享和研讨交流相结合的方式传播，发挥项目示范带动作用；另一方面，要在案例基础上提升标准化水平，制定阅读推广活动实施指南或规范标准，使阅读推广的优秀经验得到更大范围的推广。2020年中国图书馆学会阅读推广课题中增设了规范指南类课题，引导和鼓励图书馆对阅读推广项目进行总结提炼，关注阅读推广项目的规范指南制定和工具包应用，取得了一定成效。

"问渠那得清如许？为有源头活水来。"从阅读推广鲜活的案例中，我们看到了社会阅读需求的广泛性、图书馆人的创造性以及阅读推广未来发展的可能性。在图书馆阅读推广蓬勃发展，步入深化、提升的新阶段，面对高质量发展对阅读推广提出的新课题，图书馆人一定会书写出新的答卷。

冯玲

2022年7月9日

目　录

第五部分　大学生阅读推广

前　　言

为了宣传图书馆服务工作中的最佳实践，促进图书馆业务和经验的交流，提升图书馆整体服务水平，2021年6月，上海市图书馆学会、上海市奉贤区精神文明建设委员会办公室、上海市奉贤区文化和旅游局与国家图书馆出版社共同发起了"2021年图书馆阅读推广与信息素养教育创新案例"征集活动，共征集到全国各地案例140余份，一批具有创新性、可操作性，可供图书馆长期开展并能产生积极影响的优秀案例脱颖而出。经过专家的评审，活动评出一等奖10项、二等奖15项、三等奖20项。本书收录其中的39个获奖案例，分为五部分：信息素养教育、主题文献推广、阅读分享与空间建设、特色阅读活动、大学生阅读推广。

在这些案例中，特别是在大学生阅读推广案例中，我们可以看到除了高校图书馆的馆员参与了项目的实施过程，原本作为项目服务对象的大学生也全程或部分参与了项目的策划和实施过程，如第五部分的《学生主导的新型课堂——三亚学院图书馆"学生讲坛"》。尽管"学生讲坛"的内容稚嫩，较之专家学者的讲座，欠缺一些火候，但活动从学生自身实际出发，募集学生主讲人与观众交流阅读心得、分享学习感悟，促使更多的大学生参与思考与探索，借此达到阅读推广、丰富校园文化、活跃学术氛围的目的。毋庸置疑，这个项目中作为"学生讲坛"听众的大学生是受益者，作为主讲人的大学生更是活动的最大收获者。这种兼顾两头的做法在阅读推广案例中广泛体现。

随着读者对阅读空间的要求更高，近年来各图书馆将阅读推广空间物理更新、功能提升更快地列入议事日程。第三部分中四川师范大学图书馆主题阅读空间"俯仰间"、浙江工商大学图书馆"乌托邦书市"、天津市东丽湖未来学校图书馆的"小镇书市"均是对阅读空间不同程度的延伸、变化或拓展。其中，"乌托邦书市"是浙江工商大学图书馆联合杭州知名书店晓风书屋、新华书店等推出的"零成本开书店"公益性活动。该项目历经掌柜征集、掌柜挑选、掌柜挑书、书市开业、公益活动等五道程序。浙江工商大学图书馆负责活动发起、书店运营团队的挑选与培训、外部书店资源前期对接，浙江工商大学的学子们负责完成所有有关书店的运营推广宣传。这个项目充分展现了大学生的专业素养，锻炼了大学生的创新创业能力，同时还丰富了城市书房形态。若给这个项目"一举数得"的形容是恰如其分的。此项目能获评2020年高校阅读推广案例风采展示活动金榜作品也在情理意料之中。

2020年初以来，新冠疫情起伏不断，由于各地的封控防疫措施，图书馆线下服务受到了一定影响。为应对这些突如其来的变化，图书馆同行们把困难当成挑战，在危中寻机，同时在全媒体时代各项新技术的加持下，不断创新图书馆服务。如石家庄市图书馆的"我说图书馆"、厦门大学图书馆打造"i学堂"云端课堂、华北理工大学图书馆"共读一本书"线上阅读答题竞赛等项目，打破了空间局限，为疫情期间的读者带去了丰富的精神文化食粮。

优秀的信息素养教育和阅读推广案例在此书中不胜枚举。编写此书的过程于我来讲是一个很好的学习机会。多年来，上海市奉贤区图书馆经过在阅读推广方面的路径探索和经验累积，形成了讲座类"言子讲坛"、培训类"言子学堂"、优秀传统文化推广类"非遗小课堂"、少儿类"523故事会"、读者沙龙类"贤书汇"等多个活动品牌，并将活动品牌串点成线，植入每年的奉贤区阅读节、奉贤区青少年暑期阅读节。由于疫情的缘故，一部分阅读推广活动阵地逐步从线下转至线上，讲座直播、录播，线上阅读竞赛，线上诵读作品征集展示，有声数字阅读推广等活动吸引诸多市民的参与。同时，奉贤区图书馆积极整合优质资源，高校、实体书店、文化机构、文化类协会、社会阅读推广组织、优秀阅读推广人等均成为图书馆的合作对象，很好地解决了资源的丰富性和人员的专业性不足等问题。尽管奉贤区图书馆在阅读推广方面取得了一些小的成果，但也面临一些问题，比如，如何更加系统有效地提升读者的信息素养，如何在信息多元化、学习碎片化、平台多样化的趋势下提高图书馆对于读者的吸引力。解决这些问题需要我们继续不断探索和实践。通过对本书中的案例的学习，我认为可以找到很好的参考答案。

相信大家和我一样，透过这些优秀案例，或多或少会得到一些启迪和思考，或许还能碰撞出一些智慧火花来，若能用于今后图书馆事业的建设发展，那便是我们编者最大的幸事了。

在此书策划、选题、定稿过程中，上海市图书馆学会、国家图书馆出版社、上海外国语大学图书馆、上海市奉贤区精神文明建设委员会办公室、上海市奉贤区文化和旅游局的相关领导、专家学者，给予了许多帮助和支持，我谨代表本书编委会向他们表示由衷的感谢！

书中的不足之处，敬请读者朋友们批评指正。

施静华

2022 年 7 月 10 日

第一部分　信息素养教育

案例一 "青少年科学信息素养教育"项目

一、开展背景

在如今全球信息化的时代,信息素养是个体(尤其是青少年)适应信息社会的核心能力之一。根据第47次《中国互联网络发展状况统计报告》,截至2020年12月我国网民规模达9.89亿,其中10—19岁网民占13.5%[①],数量超过1.3亿。在网络技术日益发达、网络资源日益丰富的当下,正处于学习如何认知世界的青少年不仅要掌握获取信息的渠道,而且需要学会如何从海量信息中发现、辨别真实且有价值的信息,这正是青少年信息素养教育最具困难和挑战之处。根据郑文晖对1000名10—19岁青少年的调查,青少年的信息需求日益多样化,却缺乏有效率的搜索技巧,且利用图书馆解决问题的意识淡薄[②]。

图书馆是提供信息素养培训的重要主体,1994年国际图联和联合国教科文组织发表的《公共图书馆宣言》所提及的公共图书馆的任务之一,就是帮助提高市民的信息素养和计算机素质。国外青少年信息素养培养的实施是学校与图书馆合作完成的,如美国、澳大利亚、加拿大、新加坡等国家将青少年信息素养的培养视为公共图书馆社会教育工作的重要组成部分。我国公共图书馆近年来陆续开展未成年人服务,而信息素养教育作为未成年人服务的重要内容正日益受到重视。

中国科学院文献情报中心(以下简称"文献中心")是科学专业图书馆,同时对社会公众开放。文献中心拥有丰富的科学文献资源和专业的馆员队伍,

① 第47次《中国互联网络发展状况统计报告》[EB/OL].[2021-06-29]. http://www.cnnic.net.cn/hlwfzyj/hlwxzbg/hlwtjbg/202102/P020210203334633480104.pdf.

② 郑文晖.青少年信息需求与利用的调查与分析——基于广东省茂名地区7所中学的调查[J].图书情报工作,2015(19):68-74,99.

除为科研人员和社会公众提供科技文献保障服务，也承担着传播科学知识和科学方法的科学普及教育任务。同时，文献中心也是图书馆学和情报学两个学科的硕士学位和博士学位授予单位，并于2012年获批图书馆学、情报学博士后科研流动站，具有图书馆学、情报学领域的优质教育资源，在课程设计和活动组织开展方面具有显著的优势。

为了回应图书馆在青少年信息素养教育方面的责任，丰富图书馆未成年人服务内容，基于馆藏资源特点，结合数字时代对青少年读者的信息素养的要求，文献中心的文献服务部成立了信息素养教育项目小组，从2017年起面向9—15岁青少年开展信息素养培训课程，旨在提高青少年的信息素养，增长其利用图书馆进行学习和获取知识的能力。

二、主要内容

"青少年科学信息素养教育"项目小组经过几年的活动实践，逐渐摸索总结形成了一套适应青少年特点、寓教于乐、注重自主学习能力培养的课程体系，见下图。

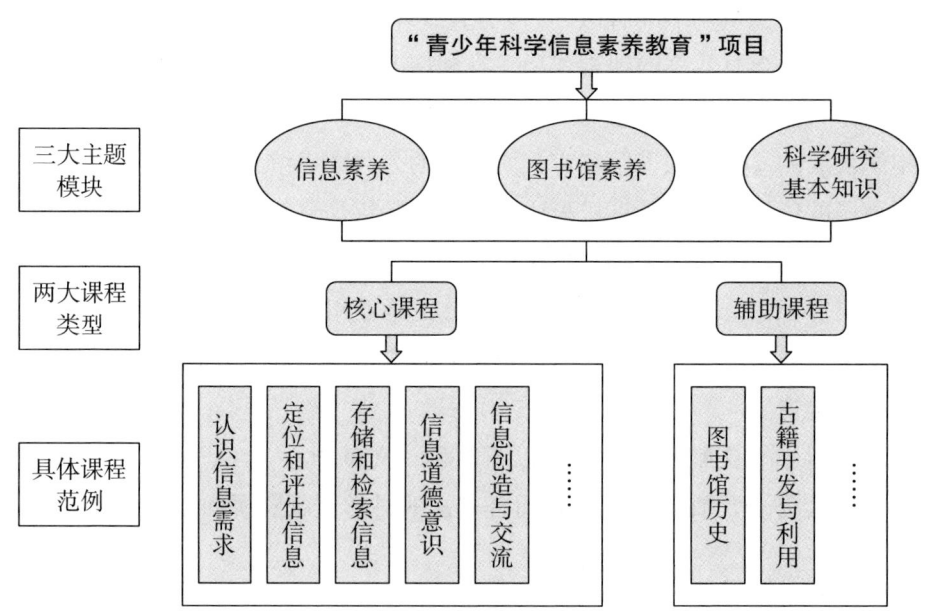

"青少年科学信息素养教育"内容框架

课程体系包含信息素养、图书馆素养和科学研究基本知识三大模块，分为核心课程和辅助课程。核心课程围绕信息素养能力的几大方面设计课程,包括认识信息需求、定位和评估信息质量、存储和检索信息、有效和合乎道德地使用信息、运用信息创造和交流知识。辅助课程是将文献中心的科学和古籍馆藏相结合开发的趣味性课程。

整套课程可根据青少年的特点和学习需求进行选配组合,供不同层次和学习需求的青少年自主选择,实现信息素养教育丰俭由人。目前项目小组结合培训对象和主题的不同需求,经过实践推出了两套较为成熟的课程产品,分别是"图书馆之旅"半日和一日课程以及"科学信息素养训练营"课程。

"图书馆之旅"课程根据不同年龄青少年的认知水平和学习能力,设计分层次的学习和实践内容,突出对信息素养基本知识、图书馆文化和知识的介绍,结合图书馆参观和馆员工作体验,强调趣味性和亲身体验。

"科学信息素养训练营"主要面向初中、高中阶段的青少年,与学校和培训机构合作定制课程,旨在立足专业图书馆特色,打造科研趣味实践。训练营结合学员的学习能力以及参加科技竞赛的需求,在基本的信息素养课程之外加入了更多的学术性元素,介绍图书馆学术性资源使用、文献报告写作、科研基本知识等内容,使青少年基本掌握科研竞赛所需的学术信息素养技能。

"图书馆之旅"课程中学员动手体验拓印

三、项目过程

（一）"图书馆之旅"课程培训

"图书馆之旅"于每年寒暑期举办，面向小学高年级至初中阶段的青少年，一般为一天或半天的培训课程，学员自主报名参加，培训包含理论学习、动手实践、图书馆参观和分组汇报等内容。

1.项目小组制订培训计划和方案

开课之前由项目小组根据人员和馆舍的资源情况，制定培训内容和形式，并形成教研组和教辅组。教研组负责课程内容的制定和研发以及具体的培训授课，教辅组负责学员招募和活动组织等。

2.学员招募

"图书馆之旅"课程在每年假期前进行学员招募。文献中心的官方网站、微信公众号等官方渠道会发布招募信息，由学员自主报名。报名结束后将学员按照小学和初中分班，一个班次限制20人参加。

3.培训过程

在开营前向学员介绍学习期间的规则和活动安排，并进行分组。后继的学习都将以学习小组的形式进行。每个专题安排50分钟的理论学习以及相应的实践活动。课程包括"图书馆与我""书架里的秘密""奇妙的图书馆""古代图书的故事""图书馆ABC——图书馆基本知识""谈古说今——古籍知识""开始我的小研究""检索小能手——如何检索及使用信息"等。体验课程包括"图书馆员的日常""雕版和活字印刷体验""学习成果汇报"等。

课程设计了汇报环节，学员根据分组时领取的学习任务，运用学习到的信息素养技能进行准备和分组汇报。汇报课程邀请家长参加，使家长能够直观地感受到培训效果。

4.复盘培训

为了能够掌握学员的学习效果，了解家长对课程的满意度，从而判断项目的社会效益，在培训结束后通过问卷和访谈等方式收集学员及家长的反馈意见。在课程结束后的总结会中，项目组结合反馈意见以及教研组、教辅组的培训感受，认真复盘培训过程，并在此基础上调整课程的内容和形式。

"图书馆之旅"课程中学员体验图书馆员的工作

(二)"科学信息素养训练营"课程培训

"科学信息素养训练营"主要面向初中、高中阶段的青少年,是与学校和培训机构合作开展的定制性培训课程,因此课程会配合学校等合作方的培训目标进行定制开发。合作方在项目组的课程体系中选择其需要的培训主题,教研组结合学员的情况进行授课准备。基本课程包括"科学研究方法论""信息检索方法""学术信息检索""项目开始前的文献调研""信息辨识和使用""如何进行学术汇报"等突出学术信息素养的内容。在课程的实践部分,学员用学到的信息素养知识和技能开展小科研任务。

例如,项目组与海淀区某中学合作课程,为该校小科研竞赛选手和参与科研职业体验的学生提供专项课程。结合他们的实际需要和具体的研究题目,培训的课程包括"科学研究方法论""项目开始前的文献调研""如何获取信息""如何撰写文献综述"。在实践阶段,学生根据自己的小科研任务进行实际检索和总结,并且根据遇到的问题与指导老师进行交流。在这个过程中,青少年能从做中学、从用中学,切实掌握科研过程中需要的基本信息素养技能。

"青少年科学信息素养训练营"教师讲授如何使用图书馆学术资源

"青少年科学信息素养训练营"学员分小组准备汇报任务

四、成效与影响

自2017年文献中心首次举办青少年信息素养培训以来，有300多位青少年参加了各种形式的培训课程。

青少年科学信息素养教育历年举办情况

日期	内容/培训对象/时长	参与人数
2017年7月	暑期"图书馆之旅"（一天）	10人
2018年1月	寒假"图书馆之旅"（一天）	10人
2018年2月	北京海淀区某街道组织的青少年及家长"图书馆之旅"（半天）	90人
2018年7月	暑期"图书馆之旅"培训（小学生班）（一天）	11人
2018年7月	暑期"图书馆之旅"培训（初中生班）（一天）	27人
2018年7月	北京海淀某社区文化中心组织的青少年及家长"图书馆之旅"课程（半天）	40人
2019年1月	北京某中学高一学生"科学训练营"学术信息检索培训（半天）	30人
2019年4月	东城区某小学三年级学生"图书馆之旅"信息素养培训（半天）	20人
2019年8月	"科学图书馆　探秘宇航"青少年科学信息素养训练营（五天）	20人
2019年10月	北京某国际中学"图书馆之旅"信息素养培训（半天）	50人
2019年11月	北京海淀某学校高一学生"科学训练营"（一天）	12人
2020年11月	北京海淀某学校高二学生"科学训练营"（半天）	30人

由于课程内容的专业性和项目本身的公益性质，兼顾科学与趣味的课程设置使不同年龄阶段的青少年学员都能有所收获。信息素养课程受到了青少年和家长的热烈欢迎。

参加了2018年"图书馆之旅"的学员家长说："孩子在学校需要作一些汇报，很需要各方面权威性的资料，这个活动很好，孩子将来作报告就能更有效地找到正确的权威的资料了。""通过今天的活动，孩子受益良多！希望今后可以多组织这样有实用性的公益活动，不断开拓孩子的兴趣和视野！真是太谢谢老师啦！"

参加了2019年科学训练营的学员家长说："这是孩子参加过的最具专业性最独具匠心的一次训练营！孩子有幸有机会参加这次活动，作为家长，我们非常感恩。感谢各位老师安排的课程，丰富了孩子的暑假生活，拓展了孩子的眼界！这样的训练营太棒了！""希望有更多这样高质量的科教活动伴随他们成长！"

参加2020年科学训练营的学校老师和学生评价道："课程非常专业，对学生的科研职业体验有很大帮助。"

学员和家长对课程具体的内容设置、理论与实践环节的比例等提出了许多诚恳而有意义的建议，这也促使课程体系不断进化和完善。授课内容从最初的以入馆教育讲座为主，发展到嵌入具体学科的系统课程，培训方式从讲师主导的讲座发展到青少年主导的参与式培训，从而使每一年的信息素养教育都达到一个新的阶段。图书馆员逐渐成为青少年获取信息资源、提升信息素养的"指导者"。该项目已成为文献中心阵地服务新的增长点。

2019年"青少年科学信息素养训练营"结营仪式

五、分析与总结

（一）课程设计需要考虑青少年的多元需求

由于不同年龄的青少年的认知水平、学习能力以及信息要求具有较大的差异性，因此课程内容应该充分考虑不同年龄青少年的特点。另外，项目组在课后的回访中也发现：那些有明确自我需求的青少年，他们渴望掌握更高级的信息检索技巧，希望能获得更多的实践机会；而自我需求不明确或仅仅希望参加一次体验活动的青少年，他们更期待培训的趣味性和体验性。因此项目组在设计信息素养课程时，不仅要考虑青少年的认知水平，也要重点考虑学习动机，避免不加区分的"入馆教育式"信息素养课程。

（二）提供以青少年为主的参与式培训

课程设置要注重理论与实践的有机融合，课程学习与项目任务结合，使青少年从做中学、从用中学。通过对比学员反馈，项目组发现以青少年为主体的参与式培训方式比单纯由讲师主讲的讲座更能给他们带来收获。因此在培训之初，课程老师与学员一同制定研究任务，将完成研究任务贯穿学习的全过程。参与式培训提高了学习效果，也培养了青少年的自主学习能力和团队合作能力。

（三）建立有效的评价机制

为了掌握学员的学习效果，了解家长对课程的满意度，判断项目的社会效益，项目组通过问卷和访谈收集学习反馈意见，并以此为依据，不断推动课程体系建设和完善，也通过收集反馈来证明项目自身的社会效益乃至经济效益，以便争取资金和人力支持，持续开展此类课程。为了使课程评价更易于操作和更客观，项目组目前正在参考美国肯特州立大学开发的实时评价信息素养工具（TRAILS），研究更简单有效的课程效果评价方法。

（四）与学校和教育机构开展合作

项目组统计发现，参加培训的青少年，个人报名参加的仅占22%，更多的是学校或教育机构组织学生参加的预约式培训。由于图书馆缺乏专门的课程营销人员，单靠自身的力量很难实现信息素养教育课程的大范围推广。因此图书馆有必要与中小学校及其他教育机构建立合作，深入学校教育，送课入校，扩大参训青少年的范围。

六、结语

由于青少年的学习能力和认知水平存在较大差距，单一内容的信息素养教育无法满足他们的多元需要，这就对图书馆的培训能力提出了较高的要求。图书馆可以先从现有馆员中挑选善于开展青少年活动的骨干馆员，结合自身情况、馆藏特点和服务对象的需求，以"入馆教育"为起点，围绕信息素养五大能力方面逐步拓展，不断丰富培训内容和形式。同时也需要中国图书馆学会联合高校图书馆人才培养院系以及教育部教师工作司等有关机构，共同培养青少年信息素养教育师资，开发符合青少年特点的信息素养课程。

开展面向青少年的信息素养教育，有利于提升青少年在数字信息环境下的学习自信心，对培养具有创新能力和终身学习能力的青少年具有特别重要的意义。希望文献中心"青少年科学信息素养教育"项目能为广大同行开展相关服务工作提供有价值的参考和借鉴。

陈佳男　檀博　吴敏（中国科学院文献情报中心）

项目组成员及分工：陈佳男、檀博，负责项目规划、课程开发；黄雯越、涂志芳、吴敏、杨珊，负责课程开发。本项目受中国科学院文献情报中心"图书馆阵地科普服务"课题支持（课题号 E029030301）。

☞专家点评

中国科学院文献情报中心"青少年科学信息素养教育"项目聚焦于青少年的信息素养教育，其所做的探索很有意义，可供中小学图书馆、公共图书馆参考。"图书馆之旅"半日或一日课程通过让青少年参观与体验图书馆，让他们了解图书馆，学习基本的信息素养知识。"图书馆之旅"课程把图书馆宣传与信息素养结合在一起，有利于促进青少年用户将来更多地利用图书馆。"科学信息素养训练营"则主打进阶的中学生信息素养培训。这两种课程体现出灵活性，可以满足不同的需求。这个项目发挥了中科院文献情报中心的专业特长，塑造了专业图书馆服务社会的开放形象，该馆的馆员师资在信息素养教育方面有着较高的起点，其对青少年信息素养教育课程的探索成果可供其他图书馆学习。不足之处是宣传力度不够，这影响了这个好项目更好地被有需要的青少年家庭知晓。（邓咏秋）

案例二　信息素养课程思政教学

一、开展背景

近年来，教育部和国务院制定和颁布了一系列高校课程思政建设的有关政策。2014 年 3 月教育部发布《关于全面深化课程改革　落实立德树人根本任务的意见》[①]。2015 年 12 月修订的《中华人民共和国高等教育法》强调，"高等教育的任务是培养具有社会责任感、创新精神和实践能力的高级专门人才"[②]。社会责任感是课程思政教学的重要内容。2018 年 10 月教育部发布《关于加快建设高水平本科教育　全面提高人才培养能力的意见》，提出"着力推动高校全面加强课程思政建设"[③]。2019 年 8 月中共中央办公厅、国务院办公厅印发的《关于深化新时代学校思想政治理论课改革创新的若干意见》，提出"推出一批课程思政示范课程"[④]。2020 年 4 月教育部等发布的《关于加快构建高校思想政治工作体系的意见》，指出"重点建设一批提高大学生思想道德修养、人文素质、科学精神和认知能力的公共基础课程"[⑤]。2020 年 6 月教育部发布《高等

[①]　教育部关于全面深化课程改革　落实立德树人根本任务的意见（2014）[EB/OL]. [2021-06-23]. http://www.moe.gov.cn/srcsite/A26/jcj_kcjcgh/201404/t20140408_167226.html.

[②]　中华人民共和国高等教育法（2015）[EB/OL]. [2021-06-23]. http://www.moe.gov.cn/s78/A02/zfs__left/s5911/moe_619/201512/t20151228_226196.html.

[③]　教育部关于加快建设高水平本科教育　全面提高人才培养能力的意见（2018）[EB/OL]. [2021-06-23]. http://www.moe.gov.cn/srcsite/A08/s7056/201810/t20181017_351887.html.

[④]　中共中央办公厅　国务院办公厅印发《关于深化新时代学校思想政治理论课改革创新的若干意见》[EB/OL].（2019-08-14）[2021-06-23]. http://www.gov.cn/zhengce/2019-08/14/content_5421252.htm.

[⑤]　教育部等八部门关于加快构建高校思想政治工作体系的意见[EB/OL]. [2021-06-23]. http://www.moe.gov.cn/srcsite/A12/moe_1407/s253/202005/t20200511_452697.html.

学校课程思政建设指导纲要》，强调"让所有高校、所有教师、所有课程都承担好育人责任"[①]。

2014年起，上海在高校探索实施课程思政教学体系建设，实行《上海高校课程思政教育教学体系建设专项计划》，全面推广课程思政建设。2017年启动整体试点校12所、重点培育校12所、一般培育校34所[②]。华东师范大学是上海首批12所高校课程思政教育教学改革试点项目"整体试点校"之一，已建成"思想政治教育理论课—中国系列课—综合素养课—专业教育课"全覆盖的教学体系。大学阶段的学习，是追求"智慧的创获，品性的陶熔，民族和社会的发展"[③]，这正是华东师范大学首任校长孟宪承所提出的办学理念。华东师范大学图书馆从2018年开始，通过研究生公选课主动探索信息素养教育的课程思政，从教学内容与教学重难点、教学方法与手段、教学过程、教学评价方法与成效等方面着手，在信息素养教学过程中融入思政理念。本案例选取信息素养课程"文献调研与信息检索"的一个章节——学位论文开题所需文献调研进行案例分析。笔者担任本课程的教师，下文提到的教师即为笔者。授课对象为博硕士生，课程学分为2学分，本章节为2课时。本教学案例探索课程思政的教学实践，希望对高校开展信息素养教育的课程思政有借鉴和参考作用。

二、教学内容与方法

（一）教学内容与教学重点难点

1.教学内容

通过剖析音乐系研究生S同学的学位论文选题"阿隆·阿甫夏洛穆夫的音乐剧《孟姜女》的乐谱研究"的意义，教师带领学生发掘中国第一部现代音乐剧的创作背景，激发学生对中国文化的热爱，树立文化自信，引导学生了解时代背景，弘扬中华民族顽强不屈的精神。

---

① 教育部. 高等学校课程思政建设指导纲要[EB/OL]. [2021-06-23]. http://www.moe. gov.cn/srcsite/A08/s7056/202006/t20200603_462437.html.

② 上海高校推进"课程思政"经验摘编（2018）[EB/OL]. [2021-06-23]. http://www.moe. gov.cn/jyb_xwfb/xw_zt/moe_357/jyzt_2018n/2018_zt01/zt1801_gddx/201801/t20180109_324144. html.

③ 孟宪承. 大学教育[M]. 上海:商务印书馆,1933:3.

通过追溯美籍俄裔作曲家阿隆·阿甫夏洛穆夫（1894—1965）的生平（创作几十部中国题材的音乐作品，《义勇军进行曲》最早的管弦乐配器者）、编剧贺一青（中共地下党员姜椿芳的化名，出版家、翻译家、上海外国语大学创始人和首任校长、《中国大百科全书》首创者）的生平，教师带领学生深刻理解不同文化、文明的融合，明白在交流与合作过程中求发展的道理。

《义勇军进行曲》（电影《风云儿女》的主题曲）唱片封套

通过分析S同学（在笔者指导下）历时3个半月，寻遍国内外图书馆，终于在美国找到乐谱的查找过程，让学生感受到学术研究需要持之以恒，以此激发学生的好奇心和求知欲，培养学生锲而不舍的探求精神。

2.教学重点难点

在本堂课的教学设计中，教师通过梳理教学内容，结合课程特点挖掘思政元素，从选题意义、作曲家和编剧生平、乐谱及其相关研究这三个方面确立教学的重点和难点。

（1）选题意义

重点：围绕音乐剧《孟姜女》的创作背景，进行文献调研。

难点：如何通过创作的文化背景、时代背景体现中国文化的魅力？

（2）作曲家和编剧生平

重点：围绕作曲家阿隆·阿甫夏洛穆夫、编剧贺一青的生平，进行文献调研。

难点：如何从阿隆·阿甫夏洛穆夫与中共地下党员贺一青的合作中，体现音乐剧《孟姜女》是中西文化交流、融合的作品？

（3）乐谱及其相关研究

重点：查找音乐剧《孟姜女》的乐谱。

难点：如何从查找乐谱的曲折过程中体现学术研究的持之以恒与勇于探索精神？

（二）教学方法与手段

课程采取多种教学方法与手段，加强了教学效果，加深了学生理解，拓展了学生思维能力，实现了知识传授、能力培养和价值引领的有机融合。

1.混合式教学

课程依托已建设好的在线课程"文献调研与信息检索",运用雨课堂、新东方学习库等多个在线教学平台,通过PPT和教师个人的微信公众号"移动信息素养"微课的展示,开展混合式教学。

2.启发式教学

在混合式教学模式下,对于教学内容的重点和难点,课程将平铺直叙的教学方法转换为情境再现的启发式教学,启发学生自觉、积极地进行思考,激发学生通过自我探索解决问题。

3.PBL教学

课程坚持基于问题的学习(Problem-Based Learning,PBL)教学模式,从文献调研要做什么、你的检索思路、从哪里开始第一步、检索哪些类型数据库、找完国内接下来到哪里找、乐谱有版权保护怎么办等问题入手,通过真实案例,一步一步教学生做好论文开题的文献调研。

4.小组研讨

课程引导学生发挥学习的主体性,以小组合作或团队形式主动探索和体验。小组研讨都是开放式选题,小组成员经商讨后,明确小组研讨主题,并围绕主题进行交流、互动,学生得以打开思路、激发想象、凝聚共识、分享所学,有效推动学生之间相互学习和影响。教师关注学生在完成小组研讨过程中的行为方式和价值倾向,使学生能力的提高和价值观的提升做到一体化。

5."互联网+"课程思政

课程利用移动互联网的快捷和便利,突破时空限制,在课堂内外为学生搭建沟通平台。雨课堂、微信群、微信公众号等成为师生、生生之间交流的有效方式,在交流中大家形成良好互动,产生思维碰撞。

三、教学过程

通过这堂课的学习,学生学会获取全面、准确、前沿、权威的学术信息,使学位论文的选题既站在前人研究的基础上,又基于前人研究进行了学术创新。

(一)课前微课

教师将论文开题的初步文献调研制作成微课,提供给学生进行课前学习,启发学生思考。通过雨课堂发送微课给学生,并查看学生详细的学习情况。

（二）课堂讲解

教师运用雨课堂、新东方学习库等平台开展在线教学。

1.课前启发环节

刚上课时，教师通过雨课堂发送习题到学生手机，1—2分钟后投屏呈现全班答题情况，了解学生课前微课学习的效果。

2.课堂讨论环节

教师组织学生开展5分钟的课堂讨论，启发学生从课程思政角度思考课程主题。

3.知识构建环节

教师通过PPT、视频、图片等形式展示本堂课所需掌握的检索方法，从论文选题、文献调研需求分析、检索思路、学生感受等方面入手，层层剖析，提炼方法，总结思路，进行分析归纳，梳理检索过程，带领学生了解文献调研的全过程，让学生从真实案例中得到启迪。

4.课程思政教学环节

思政教学并不是单独的讲解环节，不是从教学内容中人为割裂出来的，而是在教学过程中时时处处体现课程思政理念，使学生在潜移默化中既掌握了检索技能，又升华了思想，从而真正实现课程思政教育的目标。

选题意义：从创作的时代背景，体现中国人民不屈不挠的民族精神；从创作的文化背景，培养学生对中国文化的自信和自觉意识，树立文化自信。

作曲家和编剧的生平：作曲家阿隆·阿甫夏洛穆夫和中国编剧贺一青的合作，得益于中西文化交流；阿甫夏洛穆夫采用中国传统音乐的素材，以西方作曲手法创作了二十多部各类体裁的中国题材音乐作品，促进了中西文化交流。

查找乐谱：通过分析S同学历时3个半月寻遍国内外图书馆，终于在美国找到乐谱的查找过程，培养学生严谨治学、潜心研究的态度和锲而不舍的探求精神。

查找乐谱的过程中，S同学得到国内外多位学者和图书馆老师的热心帮助。听课学生从中感受到专业人士的敬业精神和学术协作精神。

作曲家阿隆·阿甫夏洛穆夫创作的音乐剧《孟姜女》于1945年在上海公演，音乐系研究生S同学于2009年查找《孟姜女》乐谱，该乐谱还在版权保护期限内，S同学需要获得版权使用授权，才能通过图书馆文献传递服务购买乐谱复制件。教师通过这一过程，培养学生的版权意识。雅格·阿甫夏洛穆夫（阿隆·阿甫夏洛穆夫的儿子）得知S同学要做乐谱研究，慷慨授权其版权使用权。在完成答辩后，有答辩专家想要拷贝乐谱，通过明确版权使用的范围，S同学谢绝了专家的请求。教师通过这一过程，培养学生学术规范意识，启发学生遵守学术规范，做到自律。

5.反思总结环节

下课前，通过雨课堂发送习题到学生手机，2—3分钟后投屏呈现全班答题情况，教师归纳总结本堂课的重点和难点，提炼课程蕴含的立德树人因素。

（三）课后小组研讨

课后布置小组研讨作业，对于研讨优秀的小组，鼓励小组成员将内容制作为微课，在教师个人的微信公众号"移动信息素养"的"作业展示"栏目推出，将专业知识与技能分享给更多学生，同时也带给小组成员很大的成就感。

四、成效与影响

（一）教学评价和反馈

教学评价应综合运用课程思政评价与专业能力评价、定性评价与定量评价、过程评价与结果评价等多元的评价方式，逐步建立一套线上与线下互动的评价模式。

课前了解学生情况是课程思政的出发点，课中实现思政元素融入课程是课程思政的聚焦点，课后小组研讨是课程思政的着力点。利用雨课堂智能教学平台，教师将雨课堂的课前、课中、课后的记录作为教学评价的参考依据。课前发送习题，进行前测，作为学习预备评价；课中发送2—3次习题，作为学习过程评价，学生还可发送弹幕或点击"不懂"，教师即时解答；下课前发送习题，作为学习效果评价。习题分为投票题、选择题和主观题，教师和学生均可跟踪学习进展，教师课后对投票题和选择题可进行定量分析，对主观题可进行定性分析。课前、课中、课后都隐含着融入教学内容的思政元素，让学生自然而然地树立正确价值观。

课后重视收集学生反馈建议。很多学生认为本堂课是整门课程中令人印象最深的一课，融合中西文化的音乐剧《孟姜女》点燃了学生的文化自信，查找乐谱的曲折过程激励学生勇于探求。

（二）教学成效

课程思政教学既要有言传，更要有身教。课程思政的融入，从教师自身的角度，可以个性化风格来呈现，以个人体验和思考来引发，以个人魅力来影响，由此提高教学吸引力和接受度。下面摘录几位学生、同行教师的留言。

一位博士同学的期末感言说："每周一下午都去听郭老师的课，即使下午有大牛的讲座，也一律拜托别人录音，自己跑去听郭老师的课。在郭老师那里收获满满，感觉推开了一扇新世界的大门，智商二次发育的感觉。更重要的是她对待工作全心投入的态度，通常我们也在各种报告里听到全心投入工作这几个字，但我们只是认得这几个字，会写这几个字而已。如何全心投入一件事情，除了热爱，还要get到方法，这种方法真的需要你认真地观察那些真正做到的人是如何去工作的。"

本节课程作为2019年6月全国信息素养教师培训研讨会的公开课，获得同行一致好评。其中一位老师在群聊中留言："被郭老师的课惊艳到了。同样的课，可以干巴巴完成任务，也可以精彩到被不断要求加课。学生说听不够，可不可以变成四个学时，郭老师说，'如果变成四个学时，你一定想听八个学时，因为我备课量一定也是双倍的'。专业学识+爱心、责任心+毫无违和感的幽默+超强故事力+情怀，等于人格魅力吧！"

五、分析与总结

（一）润物细无声

笔者在与同行的交流中发现，对于目前高校的同类课程思政，有的人以为思政就是爱国主义教育，有的人以为是在思政课中嵌入信息检索教学。笔者在学习了大量课程思政的理论知识，参考了不同学科课程的实践探索后，认识到：应构建科学合理的信息素养课程思政教学体系，将思政元素恰当地融入信息素养课程之中，要避免突兀的呈现，应该做到润物细无声。如何将内隐的价值理念外化为师生教与学的行为表现，需要今后继续探索。

（二）形散神不散

要落实课程思政建设，首先要做好课程建设。在完善教学内容、改进教学方法的基础上，将思政元素化整为零融入课程，看似随意，实则用心地点到为止，做到形散神不散。

（三）与时俱进

"文献调研与信息检索"属于方法类课程。由于网络飞速发展，新技术、新方法日新月异，为了在有限的一个学期内，同时注重知识传授、能力培养和价值引领，并使之内化，提升学生的信息素养，笔者从2018年至今已开展了多年的探索，最终采取了在教师个人的微信公众号"移动信息素养"推送微课的形式。如何在课后有效调动学生的学习主动性，还需要进一步思考。

六、结语

全面推进课程思政建设，是落实立德树人根本任务的战略举措。信息素养课程作为一门公共基础课程，如何参与高校课程思政建设，在教学中融入思政理念，是高校图书馆亟待开展研究的新课题。高校图书馆应以《高等学校课程思政建设指导纲要》等政策为指导，"以高度的责任感和使命感，以更加务实的态度，以更加有效的措施"①，积极开展信息素养教育的课程思政建设，寓价值观引导于知识传授和能力培养之中，帮助学生树立正确的世界观、人生观、价值观。信息素养课程思政教学，不应是独自摸索、单兵作战，也不应坐等学校布置任务，而是应主动加入学校层面的课程思政建设，形成适合于信息素养教育的课程思政体系。

郭劲赤（华东师范大学图书馆）

本项目由郭劲赤负责，主要工作包括项目设计与策划，教学内容设计、教学方法摸索，课程的实施和改进，收集学生反馈并进行总结等。

☞ 专家点评

> 作为由图书馆开设的信息素养课程，该案例有三个亮点：第一，把整个课程放置在课程思政建设的大背景下，把思政元素有机地融入信息素养教学；第二，采用教学案例法，围绕特定的案例开展深入教学，提升了授课内容的深度；第三，融合线上线下教学，这在当前疫情背景下是个非常有益的探索。（李武）

---

① 教育部课程思政建设工作推进会（2021）[EB/OL]. [2021-06-23]. http://www.moe. gov.cn/jyb_xwfb/gzdt_gzdt/moe_1485/202106/t20210610_537324.html.

案例三　线上线下混合信息素养教育实践

一、开展背景

2015年12月31日，教育部发布《普通高等学校图书馆规程》，明确指出"图书馆应重视开展信息素质教育，采用现代教育技术，加强信息素质课程体系建设，完善和创新新生培训、专题讲座的形式和内容"。2021年3月12日，教育部发布《高等学校数字校园建设规范（试行）》，明确指出"高等学校应积极开展信息素养培养，融合线上与线下教育方式，不断拓展教育内容，开展以学分课程为主、嵌入式教学和培训讲座为辅、形式多样的信息素养教育活动，帮助用户不断提升利用信息及信息技术开展学习、研究和工作的能力"。近几年随着慕课（MOOC）、微课程及直播课程等在线学习途径的出现，信息素养教育模式也发生巨大变化，混合信息素养教育应运而生。混合信息素养教育包括线下和线上两种形式：①线下信息素养教育主要采用面对面教学模式，需要特定的时间、特定的场所、特定的人数等，服务途径包括新生入馆教育、文献检索课及培训讲座。其优点是可以有计划地进行小规模教学，实现信息素养教育的精准教学；缺点是受时间和空间等限制，无法满足大规模教学。②线上信息素养教育（又称在线信息素养教育）是通过一定的新媒体开展在线教学，包括慕课、微课程及在线讲座等，服务途径包括新生入馆教育、文献检索课、培训讲座及微课程。其优点是可以不受时间、空间等限制，并可以有计划地进行大规模教学，实现信息素养教育的通识教育目的；缺点是无法保障在线信息素养教学效果。

中国药科大学于2019年成立学科服务部教学组，专门负责全校本科生、研究生及留学生的信息素养教育工作。为了提升信息素养教育服务能力，在图书馆开展信息素养教育服务人员严重不足的情况下，开展混合信息素养教育实践成为中国药科大学图书馆改革探索的重点。

二、主要内容

本案例主要研究通过线上线下混合信息素养教育为大学生提供信息素养能力提升服务，案例内容包括：如何构建混合信息素养服务模式来开展信息素养教育，如何利用新媒体来辅助混合信息素养教育。

（一）全方位构建混合信息素养教育服务模式

混合信息素养教育包括线下信息素养教育和线上信息素养教育（在线信息素养教育）。线下信息素养教育主要是面授教育，包括新生入馆教育（A）、文献检索课（A）及培训讲座（A）；线上信息素养教育主要是远程教育，包括新生入馆教育（B）、文献检索课（B）、培训讲座（B）及微课程。详情参见下图。

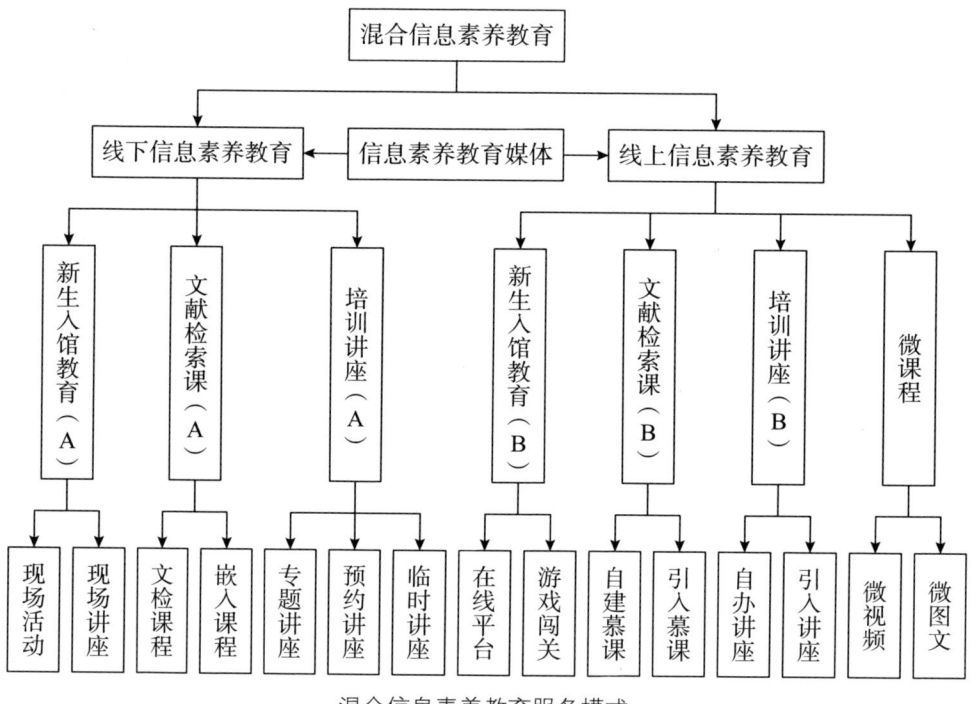

混合信息素养教育服务模式

（二）利用新媒体服务混合信息素养教育全过程

研究利用微信公众号、QQ群等新媒体服务于混合信息素养教育，2015年中国药科大学图书馆申请了专门用于信息素养教育的微信公众号"药学信息素养培养"。该微信公众号主要用于信息推送服务，包括推送各类通知、讲座信息

（含直播讲座链接地址）、"蕐圃微课"（微视频、微图文）等，并利用"自定义菜单＋页面模板"功能对同类资源进行整合，以方便学生利用。中国药科大学图书馆学科服务部教学组为了长期向学生提供咨询服务，还申请了多个QQ群。其中，"药大信息素养教育群"（容量：3000人）长期解答学生各类问题，并将讲座信息、"蕐圃微课"等转发到群里；"药学信息检索交流群"（容量：2000人）为授课学生提供咨询服务，当课程结束后要求学生退群，如需要继续提供服务的学生可加入"药大信息素养教育群"等。详情参见下图。

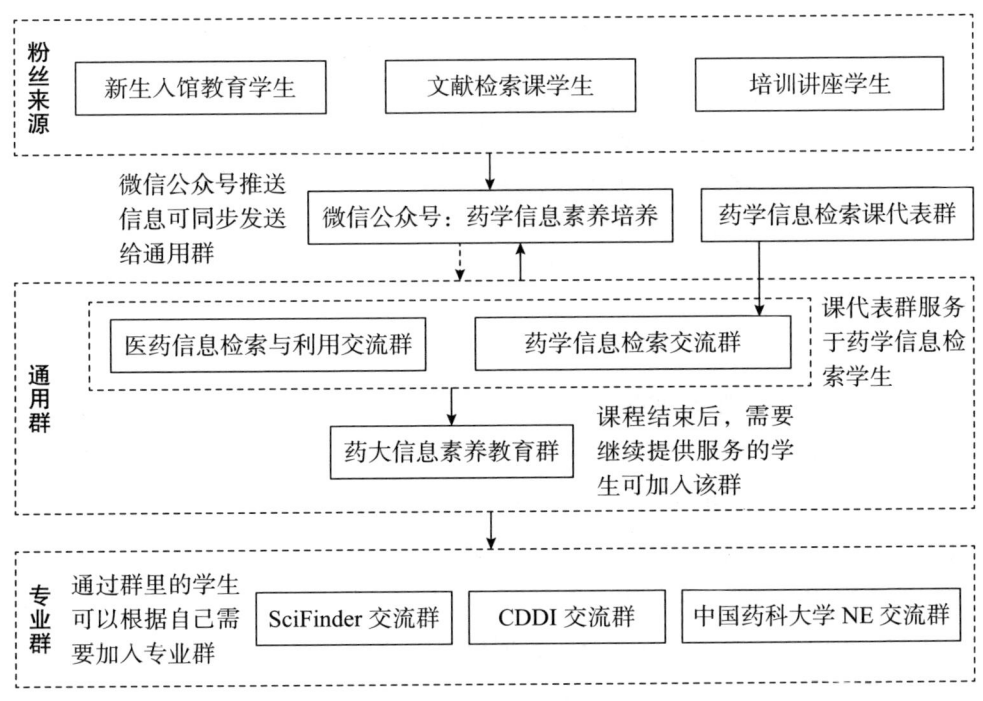

通过新媒体为学生提供混合信息素养教育服务

三、项目过程

中国药科大学图书馆混合信息素养教育分为三个途径：混合式新生入馆教育（线上＋线下）、混合式文献检索课（线上＋线下）、混合式培训讲座（线上＋线下）。

（一）混合式新生入馆教育

混合式新生入馆教育包括新生入馆教育系统（线上）和新生入馆教育活动（线下，包括讲座、参观等）。新生入馆教育系统可以让学生通过在线学习全面了解图书馆的空间、服务和资源；新生入馆教育活动可以让新生更直观地走

23

进图书馆。2020年秋季学期，中国药科大学图书馆学科服务部教学组采用"新生入馆教育系统"对2700余名本科生开展在线教育，学生主要通过图书馆网站、微信公众号进行在线学习测试，中国药科大学图书馆学科服务部教学组还录制了多个微视频供新生观看学习。

新生入馆教育系统

（二）混合式文献检索课

中国药科大学图书馆开设的文献检索课"药学信息检索"（医药类）为指选课，主要在本科生二年级的下学期开设，选课覆盖率为98%。考虑图书馆从事教学人员偏少、本科生课程压力大等原因，"药学信息检索"采用"MOOC+"混合教学模式，提供4次面授：开学第1周大班（5—6个班）集中面授，面授内容为"药学信息检索"课程介绍，要求每位学生关注"药学信息素养培养"（微信公众号），并加入"药学信息检索交流群"（课代表还要求加入"药学信息检索课代表群"），同时选取中国大学MOOC的一门精品课程（包括"信息检索""信息素养通识教程：数字化生存的必修课"等）作为理论学习课程；从第6周开始安排3次小班面授（双周：6、8、10；单周：7、9、11），讲解三份实验报告的有关内容，包括有关工具操作、实验报告注意事项等。

中国药科大学图书馆学科服务部教学组将实验报告中涉及的操作内容录制成微视频，并通过微信公众号"药学信息素养培养"的自定义菜单栏目"薬圃微课"推送，在实验报告中提供二维码，学生在做实验报告时可以随时扫码学习，从而提高学习效率。详情参见下页下图。

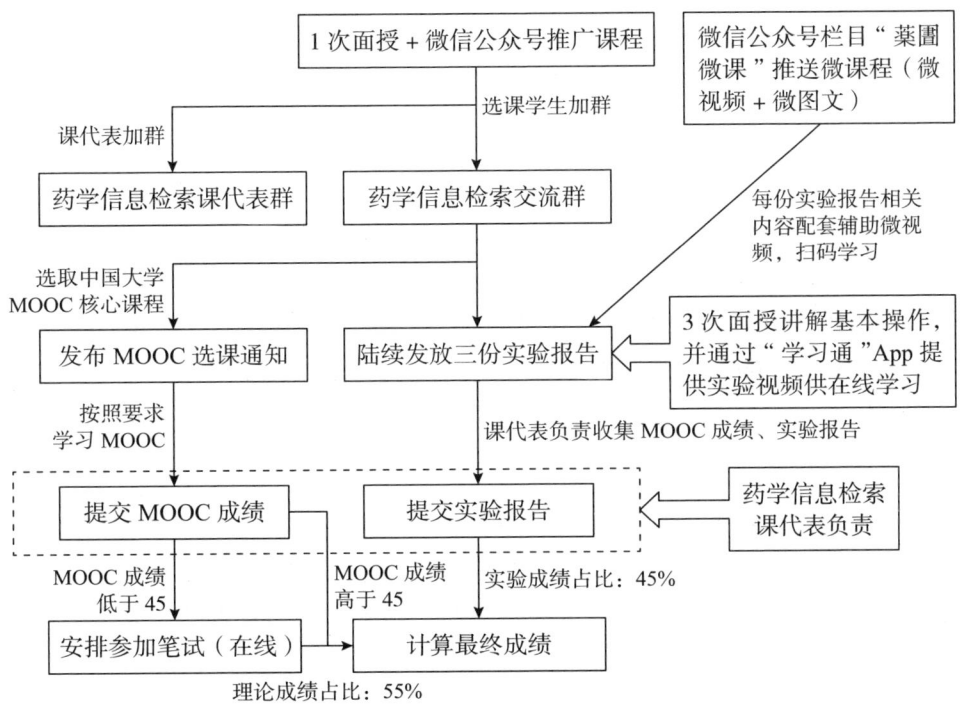

混合式文献检索课教学模式

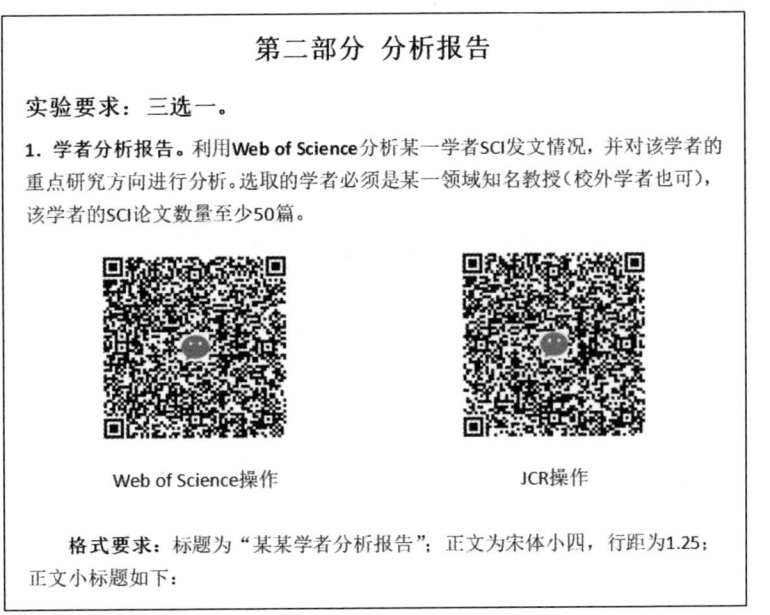

嵌入二维码的实验报告

（三）混合式培训讲座

中国药科大学图书馆学科服务部教学组将图书馆以往的"一小时讲座"扩充为"信息素养讲座"和"科研素养讲座"。"信息素养讲座"面向"药学信息检索"课学生和其他低年级学生，主要介绍图书馆购买资源的基本使用方法，包括中文期刊全文数据库检索与利用、英文期刊全文数据库检索与利用等，每学期开展10场（线上+线下）以上，并引进其他高校图书馆开展的线上讲座（比如厦门大学图书馆的"i学堂"）。"信息素养讲座"内容与"药学信息检索"有一定的关联性，故通过鼓励学生参与（3次以上可以加分）以确保讲座有较高的参与率。"科研素养讲座"面向"医药信息检索与利用"课学生和其他高年级学生，主要是讲解图书馆购买资源的高级利用知识，包括CAS SciFinder在医药学科中的应用、Web of Science在基金选题和项目申请书撰写中的应用等，每年秋季学期开展10场（线上+线下）以上。"科研素养讲座"与"医药信息检索与利用"课有一定的关联性，故要求所有选课的研究生必须参加3次以上，以确保讲座有较高的参与率。

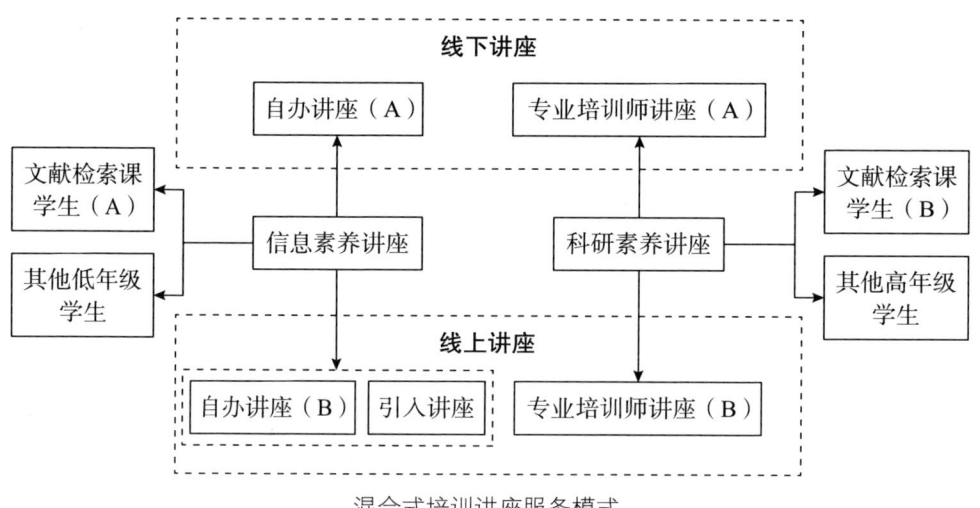

混合式培训讲座服务模式

四、成效与影响

（一）成效

采用混合式新生入馆教育模式可以让新生全面接受图书馆教育，特别是将"新生入馆教育系统"里面的视频内容嵌入学校的先修课（学校针对大学新生在8月开设的在线课程），新生便可以在入学前1个月（当年8月）参与学习，入学后只要参加新生入馆教育测试就可以开通校园卡借阅功能。新生入馆教育活动（讲座、参观）让新生直接了解图书馆的空间、服务和资源，中国药科大图书馆每年完成2700余名本科生的新生入馆教育工作。

混合式的文献检索课模式可以让更多的本科生享受到专业教育。中国药科大学98%的本科生参与了"药学信息检索"学习，这在国内高校还是比较少见的。慕课学习可以提升学生自我管理能力和交流、评价能力等，比如慕课上的单元测试、期末考试均有时间节点，而部分不及格同学大多是因为忘记单元测试或期末考试。详情参见下图。

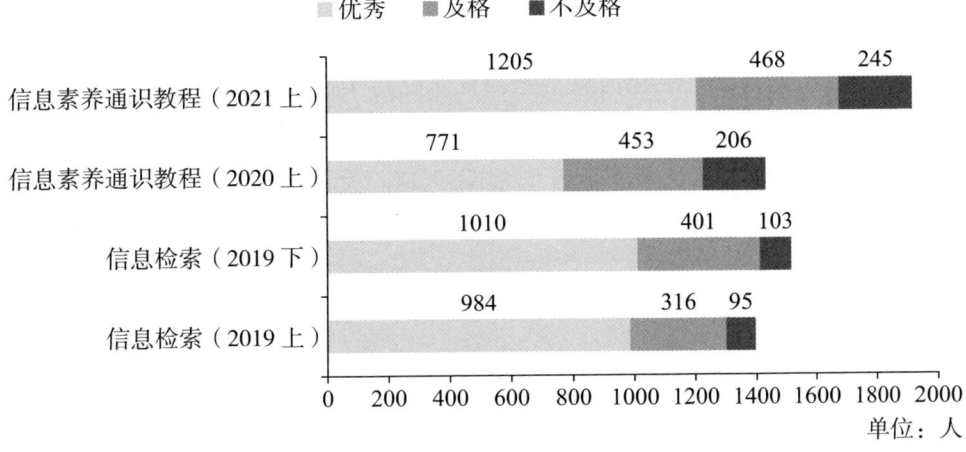

"药学信息检索"配套慕课学习效果

采用混合式培训讲座模式可以让更多的学生参与培训讲座。现场培训讲座的举办受时间、场地等限制，而很多学生平时（包括晚上）均满课，导致许多学生难以到场。混合式培训讲座就可以避免这些问题，让更多的学生通过"线下+线上"模式参加培训讲座。现在中国药科大学图书馆一年参与培训讲座的人次达5000人次以上。

（二）影响

采用混合信息素养教育可以让学生享受到平等的教育服务，可以让学生提升自身的信息素养能力（检索能力、写作能力、分析能力等），可以让学生在研究生学习阶段无须再进行系统的信息素养教育。中国药科大学本科生每年升学率达45%，无论是在本校读研还是去外校读研，混合信息素养教育使他们终生受益。

五、分析与总结

中国药科大学图书馆自2019年开始进行混合信息素养教育实践探索，2020年上半年突发新冠疫情，有了2019年的实践探索，"药学信息检索"紧急采用纯线上教学，最后完成65个班级1500余人的教学工作。混合信息素养教育是高校图书馆全面开展信息素养教育的较好方案，采用混合信息素养教育可以解决以下问题：①解决高校图书馆教学人员不足的问题；②解决学生无法随时参加现场培训讲座的问题；③解决传统信息素养教育覆盖面小的问题等。

我们下一步的计划是：①积极申报2021年中国药科大学校级教改项目（项目名称：药学类大学生混合信息素养教育研究与实践）；②继续完善新生入馆教育系统内容，将视频内容嵌入先修课；③完成《药学信息素养教育教程》教材与教学参考资料编写，并录制配套慕课；④继续完善"蒡圃微课"内容，探索嵌入式文献检索课教学模式等。

徐春（中国药科大学图书馆）

项目组成员及分工情况：徐春，负责混合信息素养教育策划及案例撰写；许建真，负责整体工作安排；卞祖薇，负责文献检索课课程教学实施；袁述，负责"蒡圃微课"制作与发布。

☞专家点评

在多年的探索过程中，中国药科大学图书馆信息素养教学团队对混合式信息素养教学模式进行了深入的探索，并取得了相当不错的教学效果。这种教学模式具有一定的可推广性，值得同行借鉴和参考。诚如作者在案例中所指出的，采用混合信息素养教育可以解决高校图书馆教学人员不足、学生无法随时参加现场培训讲座，以及传统信息素养教育覆盖面小等诸多问题。（李武）

案例四　法律信息素养教育路径探索

——华东政法大学"信息素养与法律文献检索"课程体系

一、开展背景

在大数据时代，面对海量的信息，有效获取法律资源成为法律人一项必备的基本能力。有调查显示，诉讼律师平均花费43%的时间用于法律检索。2018年12月4日印发的《最高人民法院关于进一步全面落实司法责任制的实施意见》要求各级法院建立类案及关联案件强制检索机制，存在法律适用争议或者"类案不同判"可能的案件，承办法官应当制作关联案件检索报告。由此可见，法律人离不开法律信息检索，法律信息检索技能是法律人必须掌握的最基本核心能力。

法律信息素养教育是培养法律信息检索技能的最重要途径。2015年教育部印发的《普通高等学校图书馆规程》第三条指出："图书馆的主要职能是教育职能和信息服务职能。图书馆应充分发挥在学校人才培养、科学研究、社会服务和文化传承创新中的作用。"第三十一条指出："图书馆应全面参与学校人才培养工作，充分发挥第二课堂的作用，采取多种形式提高学生综合素质。图书馆应重视开展信息素质教育，采用现代教育技术，加强信息素质课程体系建设，完善和创新新生培训、专题讲座的形式和内容。"开设专门的法律信息检索课程能够帮助学生掌握基本的法律检索技能。培养学生的法律信息素养是高校图书馆义不容辞的责任。华东政法大学图书馆参考咨询部依托部门资源优势和人才优势，将图书馆课程纳入学校本科生的必修课程。

二、主要内容

"信息素养与法律文献检索"课程旨在培养法科生的法律信息素养意识、

法律信息检索知识和应用能力，最后落脚于提高学生法律实务的实践能力。为此，项目团队通过团队协作备课，精心打磨课程细节，创新考核模式，使课程形成了理论知识与实践应用相结合、课堂授课和上机操作相结合的模式。

（一）理论知识与实践应用相结合

本课程注重法律信息素养知识与法律实务实践相结合，包含了法律信息素养的基本理论知识，传统法律文献资源的检索途径和检索方法，以及常用中外文法律数据库特点和检索方法等。为适合时代发展，课程增加了"互联网+"、大数据背景下网络法律资源的检索思路和方法以及法律检索在诉讼实务和非诉讼业务中的应用等内容。通过法律实务检索课程，学生可以掌握基础的法律实务技能，能够胜任今后法律执业过程中的检索任务。此外，本课程将课堂讲授和上机操作相结合，一节检索方法课堂讲授搭配一节上机实例操作，让学生及时将所学到的检索方法和技巧应用于实践。

（二）创新考核模式

考核采取平时成绩和期末考试成绩分别计算、综合加成的方式。平时成绩分为出勤率和课程学习完成度。本课程借鉴新冠疫情期间的考试方式，借助第三方平台展开线上答题，灵活度较高，学生可以根据自己的时间随时参与答题，但这对考试所需查询数据库并发数的考验较大。主观题采取论述题或者社会热点案例文献查询综述形式，考核学生实践能力。

三、项目过程

（一）项目团队建设

项目带头人林燕萍教授为国际法领域资深专家，长期从事国际私法学、国际反垄断法、欧盟法和法律文献检索等方面的教学工作。课程团队成员均具有硕士及以上学位。团队长期从事定题检索与学科服务工作，承担省部级以上研究课题和委托项目20余项，协助中国自由贸易区法律研究院、外国法查明中心等完成多项域外法查明工作，积极与上海市政协、法院、自贸区、律协等开展交流合作，并将最新的检索实践经验融入教学活动中。

（二）编辑法律信息素养教材

项目团队在林燕萍教授的带领下，于2000年开始探索法律文献检索教学，在4年教学实践的基础上，总结经验，于2004年出版教材《法律文献检索——

方法、技巧和策略》（上海人民出版社）；2013年，根据网络时代发展特点，对接教育部关于实施卓越法律人才教育培养计划的政策，项目团队全面修订2004年版教材，增加80%的新内容，规划全新体例，出版《中外法律文献检索》（法律出版社）；为更好地开展法律信息素养教育，与时俱进，2018年项目团队重新编辑出版《信息素养与法律文献检索》（法律出版社），及时更新教学内容，增加了新的检索方法和网络检索功能，与国外同类教材同步。其中2004年版教材获上海市教学成果三等奖，2018年版教材获2019年校级优秀教材二等奖。

2018年版教材主要内容如下：第一部分介绍信息素养的基本知识，传统文献资源的获取，法律文献信息的检索途径和方法，以及新媒体下的"互联网＋"法律文献检索；第二部分主要介绍我们经常使用的法律数据库的特点和检索方法；第三部分概要地介绍两大法系部分国家法律文献的检索方法；第四部分介绍"一带一路"与"金砖国家"相关的法律文献检索；第五部分讲解专题领域及国际法领域的文献检索。

课程教材沿革

（三）以赛代练、以赛促学

为构建新时代法律信息素养教育机制，课程把"三全育人"（全员、全程、全方位育人）的校园文化建设理念融入法律信息素养的教育和教学中，坚持以立德树人为根本任务，课程通过以赛代练、以赛促学，融合课内与课外，协同社会和学校，实现互补互动、综合融通，建立衔接从理论到实践的法律信息素养进阶机制。校内师生先后参与中国国际经济贸易仲裁委员会主办的"贸仲杯"

国际商事仲裁模拟仲裁庭辩论赛、上海市高等学校图书情报工作委员会与同方知网（北京）技术有限公司上海分公司联合主办的"知网杯"上海高校信息资源发现大赛、美国SAGE出版公司与各高校图书馆主办的SAGE数据库检索竞赛、北京聚源锐思数据科技有限公司主办的RESSET金融数据挑战赛、北京威科先行信息服务有限公司主办的全国高校法律检索大赛等，在竞赛中有效发挥法律信息素养培育过程中的育人功能，提升育人活力，推动将法律信息素养教育和教学融入人才培养、科学研究、社会服务、文化传承创新及交流合作之中。

四、成效与影响

（一）建立完备的课程体系，实现人数与需求"双覆盖"

1.完善课程建设、构建立体式课程体系

图书馆组建与培育了过硬的教学团队，团队成员先后多次获得各类检索大赛奖项、检索课件制作奖项。这为推进配套教材的编辑与修订、集体备课模式的优化、课件制作的不断完善、授课质量的有效提升等打下了良好的人力资源基础。

通过线上与线下平台建设、校内与校外资源整合，项目组不断探索各类形式课程互补的系统化建设，逐渐打造了以通识类必修课为基础、以专业类公选课为特色、以馆藏数字资源使用培训为补充的立体式课程体系。

2.实现法律信息素养教育对法学本科生人数的全覆盖

近年来，项目团队面向学校文伯书院大一年级本科生开展的通识类必修课程——"信息素养与法律文献检索"课，每年覆盖千余名法学本科大一新生。项目团队面向校内师生，有针对性地开展常用馆藏数字资源使用培训，覆盖人数连续多年实现成倍增长，详见下表。

课程覆盖人数

单位：人次

课程类型	学年			
	2017—2018	2018—2019	2019—2020	2020—2021
通识类课程	1200	1200	1200	1500
馆藏数字资源使用培训	290	351	1025	10203

3.实现法律信息素养教育对师生精准化需求的全覆盖

项目团队广泛征集师生在法律文献资源使用、培训和教学方面的意见与建议，在开展各类需求调研的基础上，不断完善课程内容与形式，针对不同年级法学本科生的需求建立分层分类课程架构：面向新生注重通识类教育，以文献获取类型与途径为主；面向中高年级学生侧重国内外专业法律检索，以提升法学专业能力为主；面向毕业班学生以毕业论文写作、法律职业检索能力为主。这样就实现了对在校师生法学信息素养教学需求的精准化全覆盖。

（二）强化专业知识输入，提升学生法律信息素养

1.课程体系优化，教学培训评价高

项目团队通过教材修订、集体备课、优化课件和创新教学形式等方式，不断完善优化课程体系，学生对教学与培训课程的评价普遍较高。以2020—2021学年为例，"信息素养与法律文献检索"课学生评价留言写到："这门课真的是太棒了！学到了很多信息检索的技巧和方法，对我有很大的帮助。""讲课生动有趣，娓娓道来，让我学到了如何检索信息，拓宽知识面和获取信息的渠道，受益良多。""通过这门课我基本上掌握了法律资料的查找方式，很利于我们的学习。"

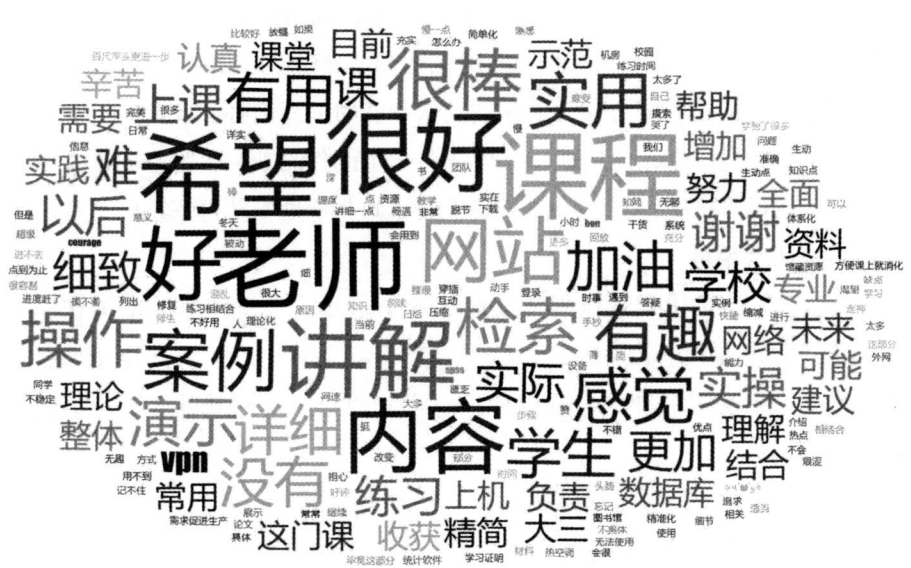

法律信息素养课程评价词云图

2.学生获得感强，检索能力有效提升

通过体系化课程的渗透，法学本科生法律信息检索能力获得显著提升，在各类相关竞赛中获奖名次有大幅提升，获奖数量不断增长。近年来，学生在SAGE数据库检索竞赛、剑桥大学出版社在线有奖问答活动、"知网杯"上海高校信息资源发现大赛、"万方"文献检索大赛等相关竞赛中均获得各类奖项。

（三）助力法学专业素养提升，培养社会主义法治精神

1.提升法学专业素养

文献信息是学习和研究工作的基础。以《华东政法大学2020级学习指南》为例，在其中的《全日制本科法学专业（民商法律方向）培养方案》中，对学生业务素质的要求包括"掌握文献检索、资料查询和论文写作的基本方法，具备科研和论文写作的基本能力"。系统化法律检索相关课程与培训的开设，成为学生专业能力有效提升的路径。

2.提升职业素养与就业竞争力

法学研究与法律检索贯穿法律人职业生涯全过程，法律检索能力是法律人基本的职业技能之一，是法学专业毕业生重要的职业素养，更是毕业生顺利迈入法律职业领域的敲门砖。作为毕业生职业教育的重要组成部分，体系化法律检索课程的开设成为有效提升学生就业竞争力的成功探索——学生在相关职业类竞赛中荣获各类奖项，步入职场后的法律检索能力得到用人单位的肯定。在重点考察学生职场适应能力及对创新创业认知能力的森途杯"职业·创新·传承"知识竞赛中，经过图书馆的培育，学校多名学生的作品获奖，如李安琪《下一站星辰大海》获得华东区一等奖，杨子安《法律职业规划》获得华东区三等奖。

3.培育法治精神

"信息素养与法律文献检索"成功纳入华东政法大学"法治精神和专业养成"类重点建设课程项目体系，以法律文献检索课程化形式将法律文献服务植入课堂，为全面提升法律人才的法律信息素养奠定了良好基础，深化了法律文献服务的新内涵。

五、分析与总结

（一）项目总结

经过持续多年的建设，华东政法大学图书馆现已初步构建起多层次、全方

位、立体式的信息素养课程体系，助力法治精神的培养和通识教育体系的完善。线上慕课和馆藏资源使用方法直播活动的举办是对信息素养教学体系的有效补充，使法律文献检索教育突破了时空限制。

"信息素养与法律文献检索"课程的教学内容依托教材但不拘泥于教材，教学团队为不同的课程对象设计不同的教学大纲，并在教学过程中依据实际授课效果不断调整教学内容。在保证学生具备基本信息素养、掌握法律信息检索方式方法以及具体数据库使用技巧的情况下，注重提高教学内容的实用性，帮助学生提升在实际法律场景中运用所学解决实际法律问题的能力。囿于职业性质，图书馆员与法律实务工作接触相对较少，实现这一目标虽然较为困难，但我们仍在坚定地向这一方向迈进，也取得了一定的成效。

（二）后期建设方向

目前课程体系的基本框架已经架构完成，通过广大师生的反馈意见，我们发现，学生在不同的学习阶段和专业背景下，对信息需求的差别较大，目前已有的课程不能完全满足学生的深度学习需求。今后项目建设的方向应该放在针对不同的年级、专业的细分。面向高年级的学生开设高级法律文献检索课程、法律文献检索与写作课程。面向不同的法律专业学生开设更多专门法律信息检索课程，在各部门法的课程中嵌入法律信息检索教育。

在大数据时代，信息检索的方式方法更新迭代极快，学生的信息素养基础呈现不断上升的态势，但我们的馆员在教学方法与教学能力方面与专职任课教师相比，还存在一定的差距。这要求馆员不仅需要不断地提升自身的专业素养，改进教学内容，与时俱进，还需要学习如何提高教学能力，优化教学语言，将教学内容更好、更有效地传递给学生，提高教学成果的转化程度。具体方向如下：

（1）培养和提升法学生的法律文献检索与科研能力，推动涉外法治人才培养模式创新。法律文献检索是高端法律人才的必备技能，本课程借鉴国外采取的探索式教学方法，在学科融合的学习背景下，拟通过"互联网+"教学模式以及考核方法的创新，激发学生的学习积极性，培养其主动学习、发现问题、分析问题和解决问题的能力，为今后继续深造和从事涉外法律研究和实践提供法律信息资源保障。

（2）培养法律文献检索课程教学人才。书院制通识教育课程在学校的全面铺开和广泛开设，必将有助于本教学团队成员积极转变教育思想观念，落实课堂、实践场所与网络相结合的混合型教学，提升自身在法律文献检索领域的教学和研究能力。

（3）推动优质教育资源共享。本课程研究及其成果具有一定的普遍适用性和推广价值，华东政法大学拟通过修订《信息素养与法律文献检索》教材、开发慕课课程、建设文献检索练习案例库和网络机考题库等，将教学研究成果予以固化，并向同行院校和社会推广。

林燕萍　朱俊　王兴海（华东政法大学中外法律文献中心）

缪岚　王丽　李梅瑛　左雨萌（华东政法大学图书馆）

项目组成员及分工情况：林燕萍，项目带头人，总体把控项目建设的方向、进度与成效；朱俊，组建项目团队，协调处理团队成员的分工、协作；王兴海、缪岚、王丽、李梅瑛、左雨萌，具体负责项目建设的各项实施，参与教材编写修订、课程建设、组建赛事等事项。

☞专家点评

> 　　该案例提供了信息素养教育与专业教育有机融合、相互嵌入的典范。项目带头人本身就是专业领域的资深专家学者，这为两者的结合提供了有利条件。同时，这个项目注重教学成果的产出，这也有助于提升信息素养教育本身的影响力。（李武）

案例五　信息素养竞赛

一、开展背景

当前，随着新媒体等的发展，信息素养教育对于高校图书馆也在不断提出更高更全面的要求。针对用户需求的即时满足、个性化等特征，南京中医药大学翰林学院图书馆（以下简称"翰林学院图书馆"）正在积极主动地对大学生信息素养提升的实践进行改革。为了让同学们了解各类图书文献信息资源，掌握信息检索的技巧和方法，提升信息素养，培养终生学习的习惯，翰林学院图书馆在大学生信息素养提升系列实践中，结合多媒体技术、网络资源，采取现代技术教育手段，将图书馆知识、服务、功能、信息素养、信息安全及信息道德通过线上线下授课相结合、网上竞赛答题、微视频等形式展现给学生，切实提高了学生对图书馆的热爱及自身的信息素养水平。

二、主要内容

2020年初新冠疫情暴发，江苏省多数高校图书馆在抗疫闭馆期间，积极开展线上服务，调整原先的服务方式和内容。翰林学院图书馆也开展了以"智慧赋能图书馆知识服务新发展"为主题的信息素养教育系列实践。

（1）入馆培训是大学生提升信息素养的第一课，翰林学院图书馆一直在积极探索，不断创新，改变新生入馆教育的内容和形式，以吸引大学新生走进图书馆，使新同学充分利用图书馆提供的各类资源和服务，获取信息和知识，为今后的学习和科研提供知识保障。

（2）翰林学院图书馆将信息检索课程与图书馆读者的信息需求有效结合，帮助在校大学生掌握文献检索知识及技能，利用信息检索这门工具型课程更好地辅助专业课程的学习，帮助学生全面、快速、准确地获取所需知识，适应信息化社会的发展。

（3）开展用户培训讲座也是图书馆信息素养教育实践的重要组成部分，它和信息素养课程共同完成具有广度和深度的图书馆教育职能。翰林学院图书馆每学期都会以培训讲座模式开展信息素养教育实践，包括提供线下预约讲座、引入直播讲座服务、提供讲座视频观看、提供讲座课件下载等。对于即将毕业的学生来说，撰写毕业论文需要相关文献的检索和分析能力，因此我们开展了有关数字资源的具体利用方法、文献传递等知识服务的使用方法以及数据库检索技巧等的讲座。此外，随着信息素养教育的发展和用户需求的变化，我们也更加重视用户培训质量与实际效果。

（4）除了开展用户培训讲座，翰林学院图书馆信息资源部近一年也举办了三场竞赛活动，分别是"信息素养技能提升大赛""2020年信息检索大赛""2021图书馆Office应用技能大赛"，都取得了较好的实际效果。

（5）翰林学院图书馆在信息素养教育实践过程中采用微视频这样一种新的教学、宣传模式，突破了传统的教学方法，发挥了较大作用。制作"兜兜小课堂"系列微视频的实质就是将一些重要知识点和目标技巧压缩处理成片段化、精练的语言，使其可共享、可延展、可移动。

三、项目过程

（一）入馆教育

暑假期间，馆内老师通过多次线上会议、分工安排和线下制作，最终完成了"入馆教育"微信专题内容、PPT及"入馆教育"视频专辑，于2020年9月在线上对"萌新"们进行了全面的入馆教育，并利用图书馆主页和微信公众号推送入馆教育有关内容。"入馆教育"主要包括图书馆简介、资源布局、规章制度、图书分类与排架知识、常用电子资源介绍等利用图书馆所需的基本知识和技能。根据学院的学科建设与专业发展方向，笔者也会根据学生专业，对"中医世家""中医药在线"等医药学数据库进行整理并推送，在指引学生利用图书馆资源的同时，还注重培养其信息素养道德、知识产权等方面的意识。

图书馆主页增加"新生专栏"栏目，包括四个部分：制度篇、服务篇、资源篇、"兜兜小课堂"。制度篇包括借还程序介绍、入馆须知、入馆注意事项、借阅规章制度、座位预约及疫情期间的管理制度。服务篇包括远程投递借阅服务介绍、常见问题介绍、如何荐购图书馆未收录的书籍及如何查找馆藏书籍。资源篇包括期刊小百科、图书分类介绍、全球学术快报使用攻略等。"兜兜小课堂"相关内容将在本小节第五部分进行详细介绍。

翰林学院图书馆早在2014年就已注册了名为"书香翰林"的微信公众号，主要负责发布一些通知公告、书目鉴赏、数字资源使用以及开展的阅读推广活动等信息。"书香翰林"公众号会及时发布讲座内容及时间，每期"兜兜小课堂"微视频也会绑定往期回顾的相关链接，方便没有参与线下培训的读者用户进行在线学习。为了将智慧赋能图书馆知识服务新发展与微信服务平台融合，辅助大学生的信息素养教育实践，2020年10月，笔者重新梳理并制作了微信菜单导航，其功能包括：①绑定账号、查询、馆藏检索、荐购；②信息服务、电子书及已购数据库的入口；③关于图书馆、网站、读书节专栏、新生专栏、图书漂流等。

（二）文献检索课程

从2020年1月至2021年6月，翰林学院图书馆三名老师共计承担了176课时的文献检索课程教学任务，其中包含选修课和限选课，授课专业包含中医、康复、全科、护理和针推。笔者在教学过程中分享"兜兜小课堂"微视频等网络教学资源，借助"书香翰林"公众号推送相关数字资源检索技巧等，采取以学生自我探索学习为特点的如翻转课堂、MOOC等教学形式，让学生不再局限于固定的上课时间及地点，利用碎片化的时间、教育资源进行自我独立学习，提高了他们的学习效率，提升了其信息素养能力。

文献检索课程具体安排

学期	任课教师	授课专业、班级	课时
2019—2020学年春	张琴	中医1601	32
2020—2021学年秋	任君红	全科1901	32
2020—2021学年秋	张琴	针推1801	32
2020—2021学年秋	张琴	康复1901	16
2020—2021学年秋	姚丹	护理1901/1902/1903/1904	32
2020—2021学年春	张琴	中医1701	32

（三）用户培训讲座

从2020年1月至2021年6月，图书馆在线上、线下共举办了9场用户培训讲座，参与学生近1100人次，对象包括了全体在校本科生。为了提升学生参与讲座培训的积极性，活动负责人员除了制作精美海报、通过多渠道发布培训讲座活动信息、进行线上线下全方位宣传推广外，还增加了讲座打卡获信息素养拓展学分等激励措施。

用户培训讲座具体安排

讲座主题	课程提供者/主讲人	时间	地点
PowerPoint逆袭秘籍	数据库商提供讲座视频	2020年4月	线上
带着PS去旅行	数据库商提供讲座视频	2020年4月	线上
让HR尖叫的简历设计	数据库商提供讲座视频	2020年4月	线上
思维导图——最强大脑	数据库商提供讲座视频	2020年4月	线上
中外文期刊检索	张琴	2020年11月8日	图书馆4楼报告厅
网络学术搜索引擎	祝磊	2020年11月8日	图书馆4楼报告厅
计算机二级考试考纲分析	祝磊	2021年5月25日	图书馆4楼电子阅览室
了解图书馆资源，让学术更简单	张琴	2021年5月26日	图书馆4楼电子阅览室
玩转PowerPoint中的布尔运算	朱稼菁	2021年5月27日	图书馆4楼电子阅览室

（四）竞赛类活动

1.信息素养技能提升大赛

2020年读书节期间，翰林学院图书馆借助数据商提供的思维导图等不同主题的线上讲座，线上组织举办"信息素养技能提升大赛"。建立活动QQ群，全程组织并督促同学们在规定日期内完成线上听讲座，报名人数达200人，以"打卡+知识竞答"的形式确认参与。参与者在"PowerPoint逆袭秘籍""带着PS去旅行""让HR尖叫的简历设计""思维导图——最强大脑"四个系列主题活动中可任选其二参与，观看主题讲座或课程视频后，扫描主题对应的二维码即可登录线上平台进行在线答题。共有15个题目，答题时间为5分钟，每人每天总参与次数最多可有3次。如得分一样，答题用时短的选手默认为胜出；如得分、用时均一样，参与答题次数多的选手默认为胜出；如仍一样，则名次并列。我们统计了参与者截至4月26日的排名，并公布了20名获奖同学名单，颁发了荣誉证书及奖品。

2.2020年信息检索大赛

2020年11月18日，翰林学院图书馆组织举办了2020年度信息检索大赛决赛。本次大赛由图书馆副馆长高恬、文化活动部徐萍萍、信息技术部祝磊和流通服务部韩伟萍出席并担任嘉宾评审，在"图书馆代言人"评选中获得"最佳代言人"称号的薛舒静同学主持了本次大赛。本年度的大赛仍然沿用了初赛+决赛的赛制，初赛在线答题时间从11月9日开始，到11月14日23时结束。6天的初赛，共计有346位同学参与。专业横跨中医、护理、制药工程、生物制药、国际经济与贸易等，参赛选手以大一新生为主，参赛比例高达90%。比赛答题所用时间最短的是157秒，最长的是3600秒。初赛的最高分是94分。经过初赛的角逐，来自制药工程、生物制药、药物制剂以及中医定向专业的12位选手成功晋级决赛。在决赛阶段，赛场气氛紧张而热烈，选手们通过必答题、抢答题和操作题的三轮竞赛，最终李奕霖、宋文沁同学夺得这次比赛的一等奖，孟繁煦等同学获得二等奖，张万里等同学获得三等奖。赛后，张琴老师对选手们普遍未能掌握的知识点、技能点给予点评与讲解，启发选手们进一步优化检索思维。

3.2021图书馆Office应用技能大赛

2021年5月20日中午，翰林学院图书馆组织举办了2021年度Office应用技能大赛决赛。本次技能大赛采用初赛+决赛的赛制，初赛在线答题时间从5月10日开始，到5月15日23时结束。6天的初赛，共计有180次答题，答题最长用时1800秒。本次初赛最高分是100分，60分以上的同学有111位。经过初赛的角逐，来自制药工程、生物制药以及中医专业的10位选手成功晋级决赛。在决赛阶段，选手们通过操作题、抢答题和PPT展示三轮竞赛，最终由张佳祺同学夺得这次比赛的一等奖，金晶、秦缪超同学获得二等奖，王雯钰、戴婷婷和洪羽茜同学获得三等奖。图书馆任君红馆长出席了本次比赛，并对选手们的现场表现给予点评，肯定了同学们的PPT在内容呈现上形式丰富、主题与元素选用适配度高，同时也提出了需增加创新性、动画制作需更流畅、表达能力方面还有待提高等意见。图书馆副馆长高恬、信息技术部祝磊、流通服务部韩伟萍以及文化活动部徐萍萍等也出席比赛并担任评审。

2020年翰林学院图书馆信息检索大赛决赛活动海报

（五）"兜兜小课堂"微视频宣传

截至2021年6月，翰林学院图书馆信息资源部利用剪映软件制作了15期微视频课程，内容包括共享电子资源的介绍、超星学习通使用指南、Office实用小技巧等，满足广大读者个性化、微信息化的需求。每期微视频都是我们精心策划的，内容只针对一个具体问题或者一个知识点进行设计，形式多样，直切主题，生动有趣，条理清晰。视频时长较短，通常不超过6分钟，这也吸引了更多的学生来完成微视频打卡学习任务。

2020年10月，翰林学院图书馆在微信平台和图书馆网站中专门设置了"兜兜小课堂"模块，上传了15期微视频，用户可以利用微信或图书馆网站来观看视频。品牌化与多样化的微视频宣传模式有更好的宣传培训效果，一方面提升了翰林学院图书馆工作人员的工作效率，另一方面也积累了培训素材，减少了入馆培训时的工作量。

兜兜小课堂	兜兜小课堂	
兜兜小课堂	≫ 第15期丨银符考试模拟题库	2021-05-25
制度篇	≫ 第14期丨Excel里万能快捷键的妙用	2021-04-21
服务篇	≫ 第13期丨Powerpoint自带的图片处理功能也太强大了①	2021-04-14
资源篇	≫ 第12期丨Office实用小技巧（4）	2021-04-07
	≫ 第11期丨分享2个超级好用的实用工具网站	2021-03-31
	≫ 第10期丨分享3个堪称宝藏的实用工具网站	2021-01-09
	≫ 第9期丨维普期刊中文服务平台	2020-12-28
	≫ 第8期丨Office实用小技巧（3）	2020-12-21
	≫ 第7期丨Office实用小技巧（2）	2020-12-09
	≫ 第6期丨Office实用小技巧（1）	2020-12-02
	≫ 第5期丨中国生物医学文献服务系统	2020-11-18
	≫ 第4期丨中国知网	2020-11-11
	≫ 第3期丨网络资源检索技巧	2020-11-04
	≫ 第2期丨超星学习通使用指南	2020-10-29
	≫ 第1期丨超星移动图书馆	2020-10-21

翰林学院图书馆网站"兜兜小课堂"栏目

四、成效与影响

（一）竞赛反馈

信息素养比赛是大学生提升信息素养的重要途径，也是检测信息素养教育效果的重要手段①。信息素养比赛实现了真正意义上的"以赛促学"，激发了大学生的学习热情。通过举办的三场比赛的最终成绩来看，学生的信息意识、信息技能和信息共享能力得到了显著提升，参赛选手在赛后交流的时候表示对图书馆所购买的数据库及信息检索有了更多、更深入的了解，学会了许多信息检索的方法，也提高了分析、利用信息的能力。

（二）问卷调研及用户评价

几乎每场讲座后都有学生留下来，就自己不太理解的地方继续提问，许多学生表示自己受益匪浅。信息素养是大学生开展科研工作、拓宽视野和进行终身学习的必备技能，是培养创新意识、提高创新能力和科研能力的重要保证。2020年11月6日，翰林学院图书馆设计了专题讲座调查问卷，通过统计分析了解同学们的需求及建议。

1.如果图书馆举办讲座，您更倾向于选择哪种宣传方式？ ［多选题］

选项	小计	比例
A.图书馆主页通知	79	51.97%
B.图书馆电子屏通知	53	34.87%
C.图书馆微信公众号	116	76.32%
D.图书馆张贴的海报	65	42.76%
E.学院网站通知	56	36.84%
F.学院（班级）QQ群、微信群	124	81.58%
本题有效填写人次	152	

---

① 张玉辉,李仕武.高职院校图书馆信息素养教育体系构建研究——以湖南环境生物职业技术学院图书馆"四位一体"信息素养教育体系为例[J].中国教育信息化,2021（10）:77-79.

2.您感兴趣的讲座内容有哪些？［多选题］

选项	小计	比例
A.图书馆的资源与服务（如馆际互借、论文查重）	116	76.32%
B.数据库培训（如中国知网、维普、读秀学术搜索等）	106	69.74%
C.文化素养培训（如文学鉴赏、艺术欣赏、心理健康、经济学等）	105	69.08%
D.实用软件培训（如Word、Excel等）	104	68.42%
E.阅读分享	96	63.16%
F.创新教育及就业培训指导（如：创客空间、职业规划等）	70	46.05%
G.科技论文写作与期刊、会议投稿（如：论文写作格式、核心期刊及学术会议选择）	94	61.84%
H.文献管理软件（如Endnote等）	68	44.74%
I.各级各类英语考试辅导（四六级、考研英语等）	119	78.29%
本题有效填写人次	152	

3.图书馆微信公众号最近推出的"兜兜小课堂"您是否关注过？［单选题］

选项	小计	比例
A.关注	87	57.24%
B.没有关注	65	42.76%
本题有效填写人次	152	

从问卷调研结果来看，我们还应继续加强"兜兜小课堂"的宣传推广工作，并可以推出学习相关、百科知识、图书馆小知识、图书推荐等方面的主题

内容。图书馆还可以多举办一些竞赛活动、科普交流会、信息素养培训讲座等。学生的一些建议给我们后续的工作增添了许多灵感。

五、分析与总结

随着微信公众平台的不断升级，许多功能也更加优化。图书馆可以利用后台的用户管理功能对读者进行分组管理，给他们推送热门的、最感兴趣的内容部分，如公布借阅排行榜、阅读报告等内容，更具针对性，鼓励用户随时随地进行拓展学习。此外，增加QQ群、微信平台的互动，有助于提高学生对图书馆微信公众号的黏度。图书馆将继续采用微视频等新媒体手段，根据师生的需求，有针对性地灵活开展各类图书馆培训、服务，为读者提供信息支撑与保障。

在文献检索课程方面，今后我们可以建立班级学生的信息素养个人档案，根据用户信息素养个人档案和测试结果，分析学生的信息素养水平，设计信息素养分层教学体系，探索开展有针对性且个性化的信息素养教育方式。

用户培训内容应增加论文投稿指南、撰写论文注意事项，以及知识产权、专利相关的主题讲座，这对于学生进行文献的管理、阅读、分析以及专项课题研究是很有帮助的。

馆员作为信息素养教育的促进者，也应提升自身的信息素养。我们必须定期参与学习，掌握相关理论知识，增强信息技术使用能力，提升运用相关技能解决实际问题的能力，这样更有助于我们帮助大学生全方位提升其科技技能及信息素养能力。

张琴（南京中医药大学翰林学院图书馆）

项目组成员及分工情况：任君红馆长，负责统筹规划整体工作安排及文献检索课程教学；高恬副馆长，负责统筹规划整体工作安排；张琴，负责信息素养竞赛的策划、文献检索课程教学及案例撰写；朱稼菁，负责"兜兜小课堂"视频的制作与发布；徐萍萍、韩伟萍，负责新生入馆教育及竞赛活动宣传。

☞**专家点评**

　　信息素养教育一直是高校图书馆的一项重要工作。各个高校图书馆都在开展不同形式和模式的信息素养教育，以更好地培养学生的信息素养能力。翰林学院图书馆开展了以"智慧赋能图书馆知识服务新发展"为主题的系列信息素养教育活动。该项目的特点是采用线上与线下相结合的方式进行教学，并利用"兜兜小课堂"微视频进行宣传，以吸引更多的学生参与信息素养教育。此外，为了更好地了解学生的信息素养需求，图书馆设计了专题讲座调查问卷。除了教学之外，他们还举办了竞赛类的活动，例如信息素养技能提升大赛、2020年信息检索大赛和2021图书馆Office应用技能大赛。这些竞赛活动是该项目的亮点。不足之处是信息素养的教育模式不够新颖。

（蔡迎春）

案例六　面向公众的信息素养教育

——"众里寻书千百度"项目带你玩转图书馆

一、开展背景

（一）受新冠疫情影响，多数图书馆采取了积极的防控措施

2020年以来，受新冠疫情影响，多数图书馆采取了限流和限时的措施。为避免馆内读者聚集，图书馆需要读者及时了解图书在馆及馆藏分布情况，使他们到馆后可以迅速找到图书，图书馆的运转效率需要得到进一步的提升和优化。在特殊时期，提高图书馆与读者沟通效率、提升读者信息素养显得更加重要。

（二）读者对图书分类规则的知识需求

在工作中，经常会有读者向我们询问"历史类的图书在哪里？""计算机类的图书在哪里？"等，可见读者对图书分类和馆藏分布知识有一定的需求，然而大部分读者对此并不是很了解。《中国图书馆分类法》①作为全国统一的图书馆图书分类依据，应当作为一种通识教育融入民众日常生活中，这样才能使民众更高效地使用各类图书馆资源。如何找到一种更加直观的、易于传播的图书分类讲解方法，这一问题值得我们在工作中认真思考。

（三）短视频平台发展迅速，用户规模和影响力日益增大

随着我国基础设施建设的不断完善，通过网络短视频获得信息和知识已经成为当下最潮流的信息获取方式之一。2020年发布的第46次《中国互联网络发展状况统计报告》显示："截至2020年6月，我国网络视频（含短视频）用户规模达8.88亿，较2020年3月增长3777万，占网民整体的94.5%。其中短视

---

① 国家图书馆《中国图书馆分类法》编辑委员会. 中国图书馆分类法[M]. 5版. 北京：国家图书馆出版社,2010.

频用户规模为8.18亿，较2020年3月增长4461万，占网民整体的87.0%。"①新媒体广泛、迅速、直观、交互的传播特点也使我们萌生了利用新媒体来传播图书馆专业知识、提升读者信息素养的想法。

基于以上背景，邯郸市图书馆于2020年6月筹备开展了"众里寻书千百度"项目，借助新媒体的东风来创新读者信息素养培训工作，用创意情景短视频和直播的形式讲解图书分类知识和馆藏分布等内容，同时在线下开展读者互动活动。项目组每月推出1—2期讲解视频，于2020年7月发布首个活动先导视频，截至2021年10月已拍摄17期培训视频及24期图书解读、书展推荐等主题的视频。同时，不定期开展"云游图书馆"直播活动和线下"众里寻书"闯关大赛。该项目旨在教会读者使用图书分类及检索工具，更着力于将《中国图书馆分类法》作为一种国民通识教育融入民众的常识体系中。

二、主要内容

（一）视频阅读指导——"图书馆密码课堂"

授人以鱼，不如授人以渔。为传播图书分类等专业知识，邯郸市图书馆"众里寻书千百度"项目组在抖音、微信公众号等平台开展了微视频阅读指导栏目"图书馆密码课堂"。该栏目以《中国图书馆分类法》为切入点，每一期讲解一类图书，循序渐进，在讲解理论知识的同时，介绍各类经典书籍，并为读者规划找书导航路线，使读者培训与阅读推广相结合、理论知识与阅读空间相结合，为读者打造沉浸式的讲解环境，指导性和实用性更强。

"众里寻书千百度"项目最大的亮点是将情景剧引入到读者培训视频中，用视频再现馆员与馆员之间的日常相处趣事，还原读者与馆员之间的对话情景，使读者更有代入感。比如在介绍A大类图书的时候，我们设计了一位在人物传记类图书（属K大类）中寻找《毛泽东传》的读者最终在管理员的引导下找到该书的剧情，继而引出了A大类相关图书的知识讲解。我们在剧情中加入"谍战"等悬疑元素，将"谍战密码"与"索书号"联系起来，激发读者观看和学习的兴趣。同时我们也会根据图书内容将图书人格化。比如在介绍法律类图书时，我们以

---

① 第46次《中国互联网络发展状况统计报告》[EB/OL].[2021-10-24]. http://www.cac. gov.cn/2020-09/29/c_1602939918747816.htm.

《民法典》为切入点，将《民法典》塑造成一位博学的人物，将枯燥的知识嵌入剧情。生动活泼的拟人化对话风格，使读者能够更轻松地掌握图书分类知识。

"图书馆密码课堂"视频拍摄现场

以索书号为线索拍摄的"谍战"小剧场拍摄现场

（二）直播阅读指导——"邯图馆员带你云游图书馆"

在有重大读书活动时，我们会不定期开展"邯图馆员带你云游图书馆"直播活动，由馆员在直播平台上带领大家参观图书馆，逐楼层地实地为读者介绍图书馆功能以及图书分类、热门图书、检索借阅方法和图书馆活动资讯等内容，并在直播间回答读者提问，增进馆员与读者之间的交流，将参观与培训合二为一，让读者足不出户逛遍图书馆。在2021年"4·23"世界读书日活动期间，我们开展了首场直播，时长近一小时。

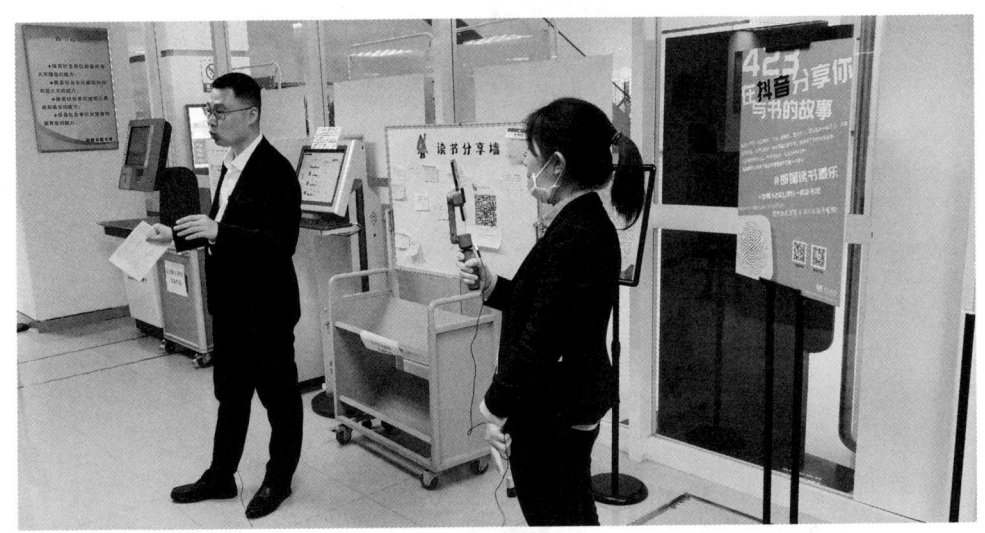

2021年"4·23"世界读书日期间开展"邯图馆员带你云游图书馆"直播活动

（三）阅读指导游戏——"众里寻书"闯关大赛

为检验阶段性培训成果，在2021年"4·23"世界读书日活动期间，我们开展了"众里寻书"闯关大赛。大赛分为两个环节。第一个环节是实地检索找书，我们在书单宣传海报里列出了具体书名及作者，读者需根据书名和作者进行检索，并在对应书架上找到该书，拿到藏在书中的书签即可通过第一关卡。第二个环节是问答环节，读者在第一个环节中拿到的每一张书签上都有一个关于文学常识、图书分类知识或馆藏布局知识相关的问题，例如"K代表什么类型的书籍"等，读者回答正确即可通过第二关卡。大赛通过多个环节的游戏活动，调动了读者的参与热情和学习积极性，让读者将理论知识运用于实践操作，真正掌握检索方法，从而更好地利用图书馆。

该活动吸引了上至七十岁的老人、下至十几岁的少年儿童的众多读者参与。活动中的书目是经过精挑细选的经典书籍，活动结束后，这些图书也被借阅过半。此次闯关大赛既是一场读者培训，也是一次比较成功的阅读推广活动。

2021年"4·23"世界读书日活动期间开展的"众里寻书"闯关大赛

三、项目过程

（一）项目名称由来

"众里寻书千百度"项目的名字化用辛弃疾的名句"众里寻他千百度"，读者在图书馆里寻找一本好书就好像是和一位友人重逢一般，意境十分美好。项目的标语"让你遇见更好的书，让书遇见更好的你"来自"为人找书，为书找人"的图书馆服务理念，与"蓦然回首，那人却在，灯火阑珊处"也十分契合。同时我们为项目定制了"众里寻书千百度"Logo，突出"寻书"主题，整体风格简单明了、古韵悠远。我们在微信公众号、抖音、快手、今日头条、知乎等新媒体平台进行搜索，未发现有重名现象，因此在各个平台申请了"众里寻书千百度"同名账号。

"众里寻书千百度"项目Logo

（二）人员分工

"众里寻书千百度"项目由邯郸市图书馆的五位年轻馆员精心策划并发起。五位馆员的专业背景各不相同，包含图书馆学专业、档案学专业、汉语言文学专业和计算机专业等。为保证活动能按期进行，我们根据各自的专业及特长对人员进行了项目分工：1人负责视频拍摄、剪辑、网络维护等工作，2人负责剧本、文稿的写作及活动策划工作，2人为项目常驻主持人。

"图书馆密码课堂"需要讲解特定部类时，我们会邀请在该领域较有研究的资深馆员来担任讲解员，向读者展示馆员的智慧风采。拍摄创意情景剧时，我们也会邀请更多的馆员加入，调动馆员的活动积极性。目前已有10名馆员参与了我们的演出，在馆内营造了轻松活泼的学习和工作氛围。

（三）项目进程

"众里寻书千百度"是线上线下相结合的系列活动，主要包括"图书馆密码课堂"、"邯图馆员带你云游图书馆"、"众里寻书"闯关大赛等，涉及范围广，项目时间长，我们需根据总体的方案设计科学的进度规划。

"图书馆密码课堂"计划分期讲解《中国图书馆分类法》22大类，中间穿插借阅、检索等实用方法讲解，每月拍摄1—2期，每期制作都需要经过专业知识学习、前期剧本写作、讨论校对、确定主持人、拍摄和剪辑等环节。《中国图书馆分类法》几乎成了图书馆员的手边书，虽然我们每天和图书打交道，但是对《中国图书馆分类法》里的知识了解得却不够细致深入。通过筹备每期课堂，项目成员加深了对专业知识的认识。截至2021年10月，我们已拍摄17期阅读指导视频及24期图书解读、书展推荐等视频。

在节假日等重要时间节点，我们还会举办"邯图馆员带你云游图书馆"直播活动和"众里寻书"闯关大赛，与读者进行互动，并检验阶段性培训成果。"邯图馆员带你云游图书馆"开播之前我们会确定主持人、直播云游的馆舍，敲定需要讲解的分类法知识、检索知识以及推荐的热门图书等内容，预估直播时长，调试设备，确保直播顺利。

在"众里寻书"闯关大赛筹备期间，我们提前从馆藏书目里选定一些涵盖自然科学、社会科学、文学等各种学科的经典书目，并多次检索确保这些书目可查、好查，然后根据每一本的分类和内容定制第二关的问题，提前制作书单和宣传海报。活动持续两天，每天上班前我们都会核对剩余书目是否在架，确保比赛顺利完成，活动中还有专业馆员全程指导读者完成闯关。

为方便与读者交流，及时得到培训反馈，我们设置了抖音留言、私信以及微信群等多种交流渠道，安排专门人员及时在线解答读者的各项疑问，开展实时高效的参考咨询工作。例如，在"邯图小度答疑群"里我们会跟读者分享图书分类知识、图书检索方法、活动资讯、新书上架、热门图书回馆的信息等。热心读者的反馈也使我们在以后的活动中能够及时改正不足，从活动的形式和内容上不断创新，为读者提供更好的阅读指导和服务。

我们还同步开发了一系列实用的"众里寻书千百度"文创产品，在主题书签的背部进行留白设计，方便读者记录借还书时间、阅读感悟等内容或当作备忘录。这些文创产品在为读者提供阅读便利的同时，也扩大了活动品牌影响力。

四、活动成效

截至2021年10月，"众里寻书千百度"项目视频在微信公众号、今日头条、抖音等平台总播放量已过11万，线下活动参与读者210人，回复读者咨询300余次。"众里寻书千百度"活动的开展，不仅向读者普及了图书分类知识，更在特殊时期为读者节省了宝贵的时间，加强了图书馆和读者的沟通效率。

本项目也受到了新闻媒体的广泛关注，先后被《图书馆报》《邯郸日报》《邯郸晚报》《中原商报》以及邯郸市文化广电和旅游局官网等媒体报道。2021年，"众里寻书千百度"团队有2人荣获"邯郸市阅读推广大使"称号。

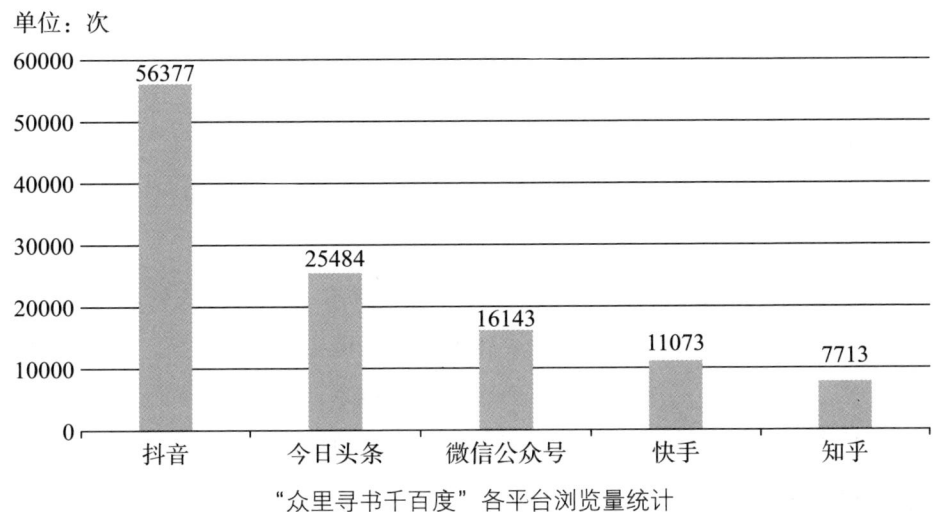

单位：次

"众里寻书千百度"各平台浏览量统计

注：数据截至2021年10月。

五、分析与总结

项目自实施以来，进度基本与策划保持一致，团队成员在磨合中也学习到了很多新的知识和技术，视频制作水平也越来越高。当然项目在推进中也存在一些问题，例如视频制作专业度不够、视频更新频率不高、粉丝量增长缓慢、推送的目标人群定位不太精准等。在以后的推广过程中，我们会逐步完善不足之处，加强团队人员的专业学习，扩展视频内容，增加发布频率。目前扩展的内容有主题图书展和"十分钟速读经典"栏目，已经取得了一定成效。

同时，需优化项目推送方式，例如：利用馆内电梯间屏幕进行视频播放；对更急迫了解图书分类知识的馆内读者展开宣传；在各个阅览室张贴"图书馆密码课堂"系列视频海报，让读者自行选择感兴趣的图书类别进行扫码观看和学习。

另外，在图书馆志愿者培训中，我们筹备将"图书馆密码课堂"作为一份系统的图书分类培训视频课程推荐给志愿者们观看学习，让志愿者能够迅速适应岗位需求，为读者做好阅读推荐服务。

同时，加强对特殊人群的信息素养指导。如针对老年读者，我们计划为其推荐如报纸、期刊、大字版图书等老年读者喜爱的图书类型，为不熟悉使用检索工具的老年读者提供馆藏布局及图书分类知识介绍手册。

"众里寻书千百度"项目致力于为读者提供更优质的阅读指引服务。"让你遇见更好的书，让书遇见更好的你"，我们会继续秉持这样的宗旨，不断学习和创新，在阅读的旅程中用专业的素养和真诚的态度与读者一路相伴。

刘洋　杜楠　张剑　王雪峰　梁静涛（邯郸市图书馆）

项目组成员及分工情况：刘洋、王雪峰，负责文稿写作及活动策划工作；张剑、杜楠，负责栏目主持工作；梁静涛，负责视频拍摄、剪辑、网络维护工作。同时，感谢李明霞馆长对该项目的支持和指导，感谢冯皓莉、宋振东、马晓红、刘海燕、郝晓攀、张海燕等同事参与视频拍摄工作。

☞专家点评

邯郸市图书馆"众里寻书千百度"项目以图书馆最基础的工具书——《中国图书馆分类法》为依据，结合新媒体推出线上线下系列活动，包括闯关游戏、小剧场视频等，以提升读者的信息素养，同时也将《中国图书馆分类法》作为一种国民通识教育融入民众的常识体系中，整个活动从主题到策划再到组织，形式比较新颖，系统性较强，寓教于乐，读者参与度较高，有效地突破了目前大多数图书馆在信息素养教育中以讲座和课程为主、讲座内容不够系统的缺陷，对于各类型图书馆特别是公共图书馆开展信息素养教育具有参考价值。（蔡迎春）

案例七 "搜索达人养成记"项目

——"新媒体+短视频"在信息素养教育中的应用

一、开展背景

2020年以来，新冠疫情的暴发使得各行各业都面临着新的挑战。2022年，疫情仍未结束，其带来的空间隔离、"信息疫情"等对人们的学习、工作、日常生活产生了巨大影响。在这样的背景下，苏州市职业大学原有的信息素养教育模式已经无法满足疫情防控形势下的需求，校图书馆亟须对信息素养教育模式的变革展开深刻反思，探索新方法、新路径、新策略，以期推动信息素养教育的完善。目前学校的在校学生基本都是00后，是伴随着网络和手机长大的一代人，闲暇时间使用智能手机观看短视频是他们喜爱的娱乐方式。考虑到这一点，我们尝试将新媒体、短视频与信息素养教育相结合，充分利用这些新的信息传播方式，对原有的信息素养教育模式进行创新，以充分调动学生的学习积极性。

二、主要内容

"搜索达人养成记"是利用现代信息技术特别是新媒体和短视频的形式开展信息素养教育的有益尝试。项目组录制信息素养教育微课，每期时长控制在3—8分钟，内容涉及信息素养教育的各个方面，包括数据库使用方法、信息检索技巧、知识管理工具等，每期微课讲授一个小知识、小方法或者小技巧。

2020年9月10日，"搜索达人养成记"第一期短视频通过校图书馆微信公众号正式与全校学生见面，之后每周四都会发布新的一期短视频（寒暑假停更），截至2021年6月共制作完成并推送34条原创性信息素养教学短视频。

"搜索达人养成记"系列短视频

序号	发布时间	视频名称	主讲人	类别
1	2020年9月10日	馆藏资源的利用	于亚莹	学习
2	2020年9月17日	索书号的构成	于亚莹	阅读推广
3	2020年9月24日	馆藏目录系统	于亚莹	阅读推广
4	2020年10月8日	电子资源	于亚莹	学习
5	2020年10月15日	起点考试网	于亚莹	学习
6	2020年10月22日	利用读秀一站式查找图书	宿瑞芳	阅读推广
7	2020年10月29日	读秀知识搜索	宿瑞芳	数据库
8	2020年11月5日	知识管理之巧用标签	宿瑞芳	检索工具
9	2020年11月12日	知识管理之文献管理与跟踪	宿瑞芳	检索工具
10	2020年11月19日	标准的检索与获取	宿瑞芳	数据库
11	2020年11月26日	学霸的爱情，同学来了解一下	张学梅	数据库
12	2020年12月3日	站在巨人的肩上	张学梅	检索基础知识
13	2020年12月10日	你知道全国有多少年轻人没有读过书吗？	张学梅	政务信息检索
14	2020年12月17日	如何获取随书光盘	张学梅	阅读推广
15	2020年12月24日	明年要考英语四级的同学看过来~	张学梅	学习
16	2020年12月31日	一个免费获取外文文献的方法	陈国霁	学习
17	2021年1月7日	文献管理工具zotero免费自动下载文献的方法	陈国霁	检索工具
18	2021年3月4日	百度搜索引擎中""的使用技巧	张学梅	搜索引擎
19	2021年3月11日	百度检索中intitle的用法	张学梅	搜索引擎
20	2021年3月18日	如何在CNKI中检索核心期刊论文	张学梅	数据库
21	2021年3月25日	如何对CNKI检索结果进行排序	张学梅	数据库
22	2021年4月1日	如何使用CNKI中的"一框式"检索	颜丙通	数据库
23	2021年4月8日	如何使用CNKI中的高级检索	颜丙通	数据库
24	2021年4月15日	学会使用CNKI中的作者发文检索	颜丙通	数据库
25	2021年4月22日	学会使用CNKI中的句子检索功能	颜丙通	数据库
26	2021年4月29日	毕业论文写作准备策略篇之文献调研（1）	罗金增	论文写作

序号	发布时间	视频名称	主讲人	类别
27	2021年5月6日	毕业论文写作准备策略篇之文献调研（2）	罗金增	论文写作
28	2021年5月13日	如何找到一本好书	陈国霁	阅读推广
29	2021年5月20日	查找网络公开课	陈国霁	学习
30	2021年5月27日	知识管理有帮手	宿瑞芳	检索工具
31	2021年6月3日	本地搜索Everything	宿瑞芳	检索工具
32	2021年6月10日	百度阅读	幸 娅	阅读推广
33	2021年6月17日	网易云阅读	幸 娅	阅读推广
34	2021年6月24日	如何免费下载网络文档	陈国霁	学习

三、项目过程

苏州市职业大学图书馆开展信息素养教育工作已超过20年，随着时代发展，陆续采用了包括开设信息检索课、开展信息素养讲座、举办新生入馆教育、组织信息素养大赛等在内的形式多样、内容互补的信息素养教育模式。

2020年上半年，由于疫情影响，学生返校推迟，学校全面开展线上授课。在这样的环境下，传统的信息素养教育模式无法满足现实需求，亟须变革。图书馆领导对此高度重视，重新起草《苏州市职业大学信息素养培养方案》，并将"利用新媒体开展信息素养教育"列为其中一项重要内容。

为确定具体的实施方案，我们首先在学生中开展调查并进行多次讨论。一方面，如今

"搜索达人养成记"项目成员在讨论栏目方案

"搜索达人养成记"宣传海报

微信已成为学生在线社交的主要工具之一；另一方面，目前短视频越来越受到青年学生的青睐，而且图书馆微信公众号运营5年多来，已具备良好的用户基础，有2万多粉丝关注。考虑到以上原因，我们决定尝试以"新媒体+短视频"的形式来开展信息素养教育，即录制信息素养教育短视频，并通过图书馆微信公众号进行传播。

为了拉近与学生的距离，我们希望为栏目取一个更加贴近学生的名字。"达人"一词在网络上是指在某一领域非常专业、非常精通、出类拔萃的人物，"搜索达人"即在信息检索方面的高手。"养成"一词含有一个教育过程的意义，在这里意指通过观看短视频进行学习，逐渐成为信息检索高手。最终我们为栏目命名为"搜索达人养成记"。

"搜索达人养成记"项目组经过多次讨论和研究敲定栏目内容，确定每周发布一条原创信息素养短视频，每期时长约3—5分钟，并制作统一的课件模板，将内容分为数据库类、搜索引擎类、检索工具类、政务信息检索类等9个大类（持续调整中），做好人员分工，并于2020年9月开学季播出第一期，此后坚持每周四推送新一期内容。

四、成效与影响

目前"搜索达人养成记"已经制作完成并在微信公众号推送信息素养教学短视频34期，总阅读量6232次，其中单篇最高阅读量727次。观看短视频的同学非常活跃，我们在微信后台共收到1382条读者的反馈留言，内容包括学生观看短视频后的收获和感悟、希望今后在栏目中能学到的知识以及对图书馆的感谢等多个方面（数据统计截止时间为2021年6月29日）。

"搜索达人养成记"凭借生动活泼的形式和短小有趣的内容，在学生心中种下了一颗积极提升自身信息素养的种子，并在全校学生中掀起了一场主动学习信息检索知识的热潮，引导他们从"不知信息检索为何物"到"立志成为搜索达人"。在2020年下半年举办的江苏省高职院校信息素养大赛和全国高职院校信息素养大赛中，我校学生积极响应，踊跃报名，经过激烈角逐，参赛选手最终取得了优异的成绩：全国高职院校信息素养大赛特等奖1名，二等奖1名；江苏省高职院校信息素养大赛一等奖2名，二等奖2名，三等奖1名。这些"搜索达人"将成为其他同学的榜样，激励更多同学努力学习信息检索知识，向"搜索达人"华丽变身。

馆员在信息检索短视频的制作中，进一步提升了理论水平、教学能力及新媒体素养。"搜索达人养成记"项目组中有3名成员荣获"2020年全国高职院校信息素养大赛"和"2020江苏省高职院校信息素养大赛"优秀指导教师奖，一名成员被聘为CALIS全国高职高专院校信息素养教育讲师团讲师。

"搜索达人养成记"系列中的短视频《知识管理之巧用标签》荣获"2020年全国高职院校信息素养大赛"全国终评阶段教师微课赛二等奖和2020年江苏省高职院校信息素养大赛教师微课赛二等奖。

五、分析与总结

（一）优点

信息素养教育是高校图书馆工作中的一项重要内容。利用"新媒体＋短视频"的模式开展信息素养教育，主要具有以下几方面的优点：

1.制作成本低

馆员只需要一台摄像机甚至一台有摄像功能的智能手机，即可完成信息素养短视频的制作，无须花费其他额外成本。

2.传播范围广、速度快

目前绝大多数高校图书馆都拥有自己的微信公众号，且已经具备了一定数量的粉丝。将信息素养教育短视频通过图书馆微信公众号进行推送，可充分利用现有的用户基础加快传播，从而达到事半功倍的效果。此外，校外读者只要关注图书馆官方微信公众号，就可以获得推送，通过本栏目进行信息检索知识的学习，从而实现高校图书馆的社会服务功能。

3.可复制性强

由于对硬件设施和技术层面的要求低，任何图书馆都可以采用该模式，根据本馆读者的需求特点，进行信息素养短视频的制作与传播。

4.互动性强

读者观看信息素养短视频后，可以在后台留言，写下自己的建议、感悟等。同学的留言被加为精华或得到回复，可使学生产生一定的成就感，从而增强用户黏性，提高用户参与度和学习效率，进而在无形中搭建起一个互动性强的信息素养学习平台，更好地满足大学生的学习需求、表达诉求和社交需求。

（二）需注意的地方

高校图书馆利用"新媒体＋短视频"开展信息素养教育，还需要注意以下几点。

1.融入思政元素

现在学生在课余时间刷短视频已成为一种普遍现象。目前网络上的短视频质量参差不齐，有些低级趣味的短视频会对学生产生消极的影响。"搜索达人养成记"系列短视频在制作过程中注意适时将思政元素融入教学过程，从而对学生思想起到塑造和引导作用。如《你知道全国有多少年轻人没有读过书吗？》短视频体现出忧国忧民的家国情怀，《站在巨人的肩上》短视频向学生宣传一种谦虚和尊重前人成果的科学态度，等等。

2.内容的趣味性

以《学霸的爱情，同学来了解一下》短视频为例，这条短视频以近期网络热搜上的新闻开场，激起学生的好奇心和兴趣，进而顺势引入数据库检索方法的讲授。这条短视频得到了469条留言，受到学生的喜爱和肯定。馆员需要时刻关注社会热点，将之与学生的需要及兴趣相结合，以全面激发学生的学习热情，进而帮助他们提高信息素养。

3.及时反馈

馆员要充分发挥新媒体的互动功能，及时对学生的留言加以整理和反馈。这样有助于从中汲取学生提出的建议与意见，了解他们的需求和兴趣点，以调整今后的视频制作内容与风格，进而增强用户的黏性，也为打造爆款信息素养短视频奠定基础。

4.发掘新的传播方式

除了微信公众号，有条件的图书馆还可以通过调查掌握本校学生观看短视频的倾向，根据实际情况尝试在其他流行的直播平台和短视频平台（如抖音、快手、西瓜视频等）开设图书馆官方账号，发布传播信息素养教学短视频，拓展传播渠道，从而扩大信息素养教育的范围和影响力。

张学梅（苏州市职业大学图书馆）

项目组成员及分工情况：张学梅，负责整个活动的策划、宣传、人员安排、制定视频发布计划、分析活动数据等；幸娅、于亚莹，参与活动策划、视频制作、视频发布、部分视频内容审核等；罗金增、宿瑞芳、颜丙通、陈国霖，参与活动策划、视频制作、部分视频内容审核等。

☞ 专家点评

"搜索达人养成记"项目利用新媒体技术，将短视频形态运用到图书馆信息素养教育实践中，在一定程度上解决了传统信息素养教育所存在的问题。此外，该项目在制作过程中注意适时将思政元素融入教学过程，有助于对学生思想起到塑造和引导作用。（李武）

案例八　朋辈教育模式
在图书馆信息素养竞赛中的实践

一、开展背景

为了检验近年来高职院校信息素养的成果与水平，促进高职院校信息素养教育的健康发展，广东轻工职业技术学院自2014年开始在全校范围内举办信息素养大赛。2018年，由中国高等教育文献保障系统（CALIS）管理中心和广东省高校图工委高职分委会指导，由CALIS高职高专图书馆信息素养教育基地（深圳职业技术学院）主办的CALIS首届广东省高职高专院校信息素养大赛正式启动。自2019年起，该赛事在省级大赛的基础上又升级为全国高职高专院校信息素养大赛。广东轻工职业技术学院作为国家高职院校"双高计划"建设单位，积极参与信息素养大赛，并在参赛过程中引入朋辈教育模式，创新性地提升了本校学生的信息素养能力，增强了信息素养的育人效果。

二、项目实施

朋辈教育，又称为同伴教育，是源自心理学的一个概念，它是强调具有相同背景或具有共同兴趣爱好的同伴在一起分享经验、观念或行为技能，借以见贤思齐、激发上进，实现优势互补、互相促进、共同成长的一种教育方式。广东轻工职业技术学院图书馆在备战省级信息素养大赛的过程中，从学生社团、读者协会、班级信息员、校级信息素养大赛优秀选手等学生群体中遴选成员，组建朋辈推广团队，由图书馆信息素养大赛领导小组负责管理。

朋辈推广团队多由大二以上年级的学子组成，通过馆员培训后，在信息素养大赛的宣传、咨询、培训和互助备赛等方面发挥积极作用。朋辈推广团队分为朋辈宣传团队、朋辈咨询团队、朋辈培训团队和朋辈互助备赛团队。

（一）朋辈宣传

朋辈宣传主要是指朋辈宣传团队成员经过馆员的引导和培训后进行信息素养大赛的宣传推广，利用线上线下相结合的方式对信息素养大赛进行有针对性的赛前宣传推广，吸引广大学子参与到信息素养大赛中来。线上宣传主要包括发布微信推文、网站通知等，线下宣传主要包括张贴宣传海报、进行现场推广等。宣传内容主要包含大赛的主旨、参赛形式、奖励办法等。朋辈宣传团队通过图文并茂的宣传文案让大赛充满吸引力，吸引更多的学子报名参赛，并组建大赛专用的QQ群。

朋辈宣传团队线下宣传信息素养大赛

（二）朋辈咨询

朋辈咨询是指朋辈咨询团队成员经过馆员的培训后，面向学生朋辈开展咨询服务。图书馆信息素养大赛领导小组在对部分优秀的读者协会会员和往届信息素养大赛优秀选手进行培训后，组成专门的朋辈咨询团队。虽然信息素养大赛领导小组会对所有参赛学生进行集中的赛前培训，但这种传统的集中授课式的培训方式无法满足所有参赛学子的备考需求，且由于大赛前期宣传效果较好，参赛学生较多，而参赛学子信息素养能力高低各不相同，因此负责组织的馆员老师将信息素养知识要点进行讲授之后，主要依靠朋辈咨询团队成员作为咨询助理在参赛群内进行日常的基础知识答疑。针对参赛学生学习时间不固定的特点，朋辈咨询团队随时咨询、随时解答，满足参赛学生的咨询需求。对于难度较高或朋辈咨询团队无法解答的内容则由馆员在参赛群内进行集中答疑。同时，朋辈咨询团队的加入，一定程度上扩大了图书馆参考咨询的外部营销渠道，缓解了本馆数字参考咨询服务的低知晓率、低使用率等问题。朋辈咨询团队的服务具有更好的亲和力，并一定程度上减轻了专业馆员的工作压力，使其能够将精力更多地转向深层次的咨询和辅导方面。

（三）朋辈培训

朋辈培训主要是指朋辈培训团队成员经过培训后参与图书馆的信息素养课程讲授和新生入馆教育，充分借助其与学生同伴更易沟通的能力，达到提升朋辈培训团队和学生朋辈信息素养能力的双重目的。广东轻工职业技术学院图书馆每年都会对新生进行入馆参观教育，主要由朋辈培训团队负责入馆参观内容的讲述。据统计，每年由朋辈培训团队组织并进行入馆参观教育200余场次，平均每年培训新生8000余人次。新生入馆参观教育提升了新生学子的信息素养能力，也为每年的信息素养大赛奠定了前期基础。不仅如此，自2014年开始的校级信息素养大赛至今已经延续了7届，每年产生的优秀朋辈推广团队成员会成为下届信息素养大赛的赛前培训指导老师。2018年省级信息素养大赛开启之后，这些选拔出来的朋辈指导老师继续担任省级信息素养大赛的赛前培训老师，辅助馆员进行一些知识点的培训和参赛经验的讲授。由于培训场地的限制，赛前培训需要进行多个场次，且涉及多个校区，加之负责培训的馆员人数有限，且要兼顾各种日常工作，因此，朋辈指导老师团队的存在大大缓解了图书馆人力不足的现状，促进信息素养教育在全校范围内的普及，也进一步提升了朋辈指导老师的信息素养能力。

信息素养大赛朋辈培训现场

（四）朋辈互助备赛

朋辈互助备赛是指图书馆的朋辈互助备赛团队成员在信息素养大赛备赛过程中，与所在学院或专业密切结合，自觉辅助班级参赛同学或同专业的师弟师妹，做好信息素养大赛的准备工作，与同专业的同伴实现互助学习。从连续7年的校级信息素养大赛和近3年省级信息素养大赛选拔赛的情况来看，许多同班同学集体参赛，个别班级参赛同学成绩特别突出，这与朋辈之间的互助学习方式密不可分。不仅如此，朋辈互助模式在提升广大学子信息素养能力的同时，也将信息素养能力与专业学习有机结

朋辈互助学习备赛

合，促使其专业信息素养能力的内化，在助力产学实训实践以及未来的毕业论文写作等方面都有很大的作用，提升了朋辈推广团队成员未来的职业竞争力。

三、项目成效

2014年以来，广东轻工职业技术学院图书馆借助大学生朋辈力量开展了一系列信息素养大赛实践活动，通过各类新媒体手段，多维度地与参赛学子进行多种形式的互动沟通与交流，提升了广大学子的信息素养能力和水平，活动效果得到业内的检验和认可。

2014—2017年，广东轻工职业技术学院图书馆每年在校内举办信息素养大赛，第一届资源利用大赛共吸引350多支参赛队伍共计700多名学生主动报名参赛；第二届资源利用大赛共吸引400多支参赛队伍共计800多名学生主动报名参赛；第三届资源利用大赛共有370多支队伍共计740多名学生主动报名参赛；第四届资源利用大赛共有420支队伍共计840多名学生主动报名参赛。通过借助朋辈的力量进行宣传推广，每年大赛的参赛人数有了保障。通过"竞"的模式宣传和推广图书馆的各类资源，激发了学生的学习兴趣，广大学子的信息素养能力不断得到提高。基于朋辈参与的信息素养大赛模式，本馆撰写的《基于"优化"的竞赛模式下高职信息素养教育的实证分析与评价》获得2015年全国高校信息素养教育研讨会第19届年会论文优秀奖，撰写的《优化竞赛模式下的高职院校信息素养教育创新案例》获得2016年全国高校信息素养教育研讨会优秀案例奖，撰写的《图书馆资源推广之数字资源知多少？》获得2016年首届广东省高职高专与民办院校微课程大赛二等奖。

2018—2020年，广东轻工职业技术学院图书馆开始参与省级以上的信息素养大赛。在2018年CALIS首届广东省高职高专院校信息素养大赛中，由该校轻化工技术学院信息员组成的朋辈推广小组积极发动和培训本学院的同学参与此次大赛。在初赛环节，全省共有61所高职院校的共计8800多名学子参赛，经过充分备赛，本校共有13名学子进入全省前100名，其中轻化工技术学院的学子占据8席，该学院朋辈推广小组成员黄怡芳获得全省初赛的第一名。在决赛环节，该学院朋辈推广小组成员张志强经过两轮激烈PK，最终获得本次省级大赛的第二名。

在2019年全国高职高专院校信息素养大赛广东省选拔赛中，广东轻工职业技术学院学子再次取得优异成绩。在全省前100名中，我校学子占据60席。在这60席中，有多名学子来自同一个班级或同一个专业，其中食品学院和轻化工技术学院占据了40席，朋辈的力量在其中发挥了重大作用，特别是在咨询和互助学习方面。

在2020年的全国高职高专院校信息素养大赛广东省选拔赛中，广东轻工职业技术学院学子中有6名学子进入全省前100名，并有2名学子成功入围全国赛。广东轻工职业技术学院图书馆获得2020年广东省高职高专院校信息素养大赛优秀组织奖、2020年全国高职高专院校信息素养大赛优秀组织奖等荣誉。

不仅如此，借助朋辈力量开展的一系列信息素养大赛也促使广东轻工职业技术学院图书馆的各类资源被广大学子所熟知，特别是电子资源的利用率得到极大的提升。以中国知网数据库和超星读秀知识库近三年的使用量为例，资源的检索量和下载量逐年得到提升。竞赛活动成绩斐然，吸引省内外多家兄弟院校来到广东轻工职业技术学院图书馆学习交流，在2017年的广东省高校图工委高职高专馆长年会上，本馆以"优化竞赛模式，助力数字资源推广应用"为主题在大会上作专题经验分享。

广东轻工业职业技术学院图书馆中国知网数据库2018—2020年使用量统计

单位：次

统计时间	登录	检索	浏览	下载	合计
2018年1月—2018年12月	179593	17948673	247360	255238	18627864
2019年1月—2019年12月	230910	45334922	307235	342037	46215104
2020年1月—2020年12月	742260	27626852	603490	434932	29407534
总计	1149763	90910447	1158085	1032207	94250502

广东轻工业职业技术学院图书馆超星读秀知识库2018—2020年使用量统计

单位：次

统计时间	资源访问总量	参考咨询量	合计
2018年1月—2018年12月	290288	279648	569936
2019年1月—2019年12月	417504	452393	869897
2020年1月—2020年12月	461060	453117	914177
总计	1168852	1185158	2354010

四、项目经验与创新亮点

（一）朋辈教育模式促进了信息素养教学模式的创新

由朋辈推广团队参与的信息素养大赛使信息素养教育的主体不再是馆员，大学生朋辈推广团队成为主角，从而在教学模式方面实现了创新。在信息素养大赛的宣传、咨询、培训及互助学习过程中，朋辈推广团队发挥同为学生角色的优势，全程参与，图书馆员只起到重点指导和辅助的作用，这大大激发了广大学子参与大赛的热情，也一定程度上缓解了图书馆信息素养教育馆员人力不足的现状，促使馆员将更多精力转向深层次的信息素养教育或参考咨询方面。

（二）提升了大学生群体的职业信息素养技能和专业学习研究能力

在朋辈教育模式下，由朋辈老师为学生进行信息素养教育，开展一系列结合专业需求的信息素养学习辅导。由于朋辈老师本身具备一定的学科背景，因此所提供的专业辅导和互助学习更具有针对性，提升了大学生群体的专业信息素养和专业学习研究能力，同时，在朋辈之间的交流学习中，朋辈老师自身的学习能力和信息素养技能也得到进一步的巩固和提升，增强了其在未来职场上的竞争力。

（三）丰富了校园文化，提高了图书馆空间和资源的利用率

朋辈教育模式使大学生成为图书馆组织活动中不可或缺的一员，成为主角，这使他们很容易在心理上找到归属感与亲切感，从而增强信息素养教育主体的力量，提高教育的针对性、生动性和有效性。在借助朋辈力量开展类似活动的同时，图书馆加强了与学生处、团委等各学生管理单位的合作，丰富了大学生的校园文化活动，同时也大大提升了图书馆在学校的知名度，提高了图书馆内外各类空间和资源的利用率。

赵苹　马江宝　莫扬海　杨佳　何秀姬

（广东轻工职业技术学院图书馆）

项目组成员及分工情况：赵苹，负责朋辈模式信息素养竞赛的组织及案例撰写；马江宝，负责案例撰写及大赛指导；莫扬海，负责信息素养大赛的培训；杨佳、何秀姬，负责朋辈团队的管理及信息素养大赛的具体实施。

☞**专家点评**

　　广东轻工职业技术学院图书馆将"朋辈教育模式"运用在信息素养竞赛中。经遴选与培训的大学生朋辈老师在信息素养竞赛的各个环节（宣传、培训、互助备赛）积极发挥作用，激发学生对信息素养竞赛活动的兴趣，吸引更多的学生参与到活动中。通过这项活动，大学生朋辈老师及参与活动的广大大学生的信息素养能力都得到了提升。同时，朋辈老师的沟通、表达、组织、协调等能力得到了全方位的提高。不足之处在于学生经过短暂的培训之后是否能够完全胜任朋辈老师，他们在进行咨询或者培训的时候会不会存在知识不足等问题。（蔡迎春）

第二部分　主题文献推广

案例一　领读者促进通识经典阅读

一、开展背景

高校图书馆既是大学课堂教育的延伸，也是大学开展通识教育、学生获得终身学习能力的第二课堂，承载着一定的教育职能。图书馆是大学生进行阅读的核心场所，是高校开展阅读推广工作的重要阵地。因此，图书馆应立足本职，将阅读推广工作融入学校人才培养工作中，促进通识教育的普及和深化。

"立身以立学为先，立学以读书为本。"多年来，上海财经大学努力打造"书香校园"品牌，倡导广大学子加强阅读，营造浓郁阅读氛围，培育优良学风、校风。为大力提升上海财经大学通识教育力度，全力打造书香校园，自2020年起，上海财经大学连续两年对外发布《上海财经大学通识经典阅读推荐书目》，以鼓励上财学子争做"好读书、读好书、读书好、书读好"的"四好青年"。

在此背景下，上海财经大学图书馆结合《上海财经大学通识经典阅读推荐书目》，推出了"SUFE①领读者"通识经典阅读与写作系列活动。

二、主要内容

自2020年起，结合《上海财经大学通识经典阅读推荐书目》，上海财经大学图书馆每年推出"领读文化经典，笔绘书香校园——上海财经大学'SUFE领读者'通识经典阅读与写作系列活动"，以征文比赛、专题书展、读书沙龙、人文行走、影片观摩、成果转化宣传等为主要内容，开展通识经典阅读推广工作。该活动旨在通过经典阅读丰富大学生思想，陶冶大学生情操，加强校园经典阅读氛围的营造，以支持学生开展经典阅读与写作的方式参与学校的通识教育和人才培养工作。

---

① "SUFE"是上海财经大学英文译名 Shanghai University of Finance and Economics 的首字母缩写。

三、项目过程

（一）活动启动阶段

征文比赛在每年1月开始启动，通过上海财经大学图书馆官方微信公众号、上海财经大学企业微信和微博发布征文活动通知，并同步举办线上线下经典书目的书展，鼓励同学们"带一本书过寒假"。参与征文活动的学生需从《上海财经大学通识经典阅读推荐书目》中挑选图书进行阅读，并撰写相关论文或阅读感想、心得体会。

（二）作品评审阶段

在作品评审阶段，邀请学校通识教育中心、团委、马克思主义学院、人文学院和图书馆等单位的学者、教授、专家组成专家评委组，采取匿名评审的方式，从文章的主题内容、体裁结构、语言表达、创新和亮点等方面入手，对征文作品进行盲审打分，评选出优秀作品，并对优秀作品进行专家点评。

（三）成果孵化与推广阶段

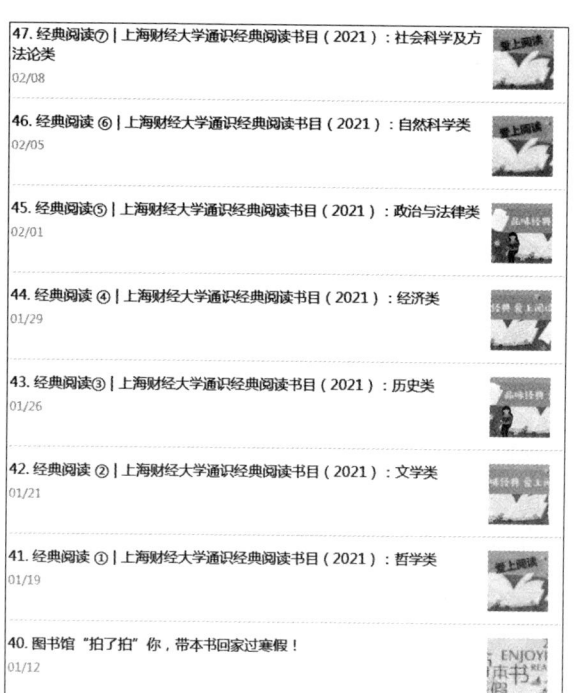

"上海财经大学通识经典阅读推荐书目"专题书展（在线书展）

1.开展《上海财经大学通识经典阅读推荐书目》专题书展

为配合征文活动，图书馆充分挖掘纸质馆藏资源，积极与数据库商合作，以线上线下相结合的方式同步开展"上海财经大学通识经典阅读推荐书目"专题书展。一方面，在图书馆开放区域设置书展会场，展示图书可供同学借阅；另一方面，通过图书馆微信公众号、微博等新媒体渠道，按哲学、文学、历史、经济等学科分类的方式陆续推出"经典阅读|上海财经大学通识经典阅读书目"系列在线书展，并提供电子书扫码即读的功能，以提高经典阅读的便利性，方便广大师生随时随地品味经典。

"上海财经大学通识经典阅读推荐书目"专题书展（线下书展）

2.举办"SUFE领读者"读书沙龙活动

结合征文中的优秀作品,图书馆策划组织"SUFE领读者"系列读书沙龙活动,由获奖同学作为"SUFE领读者"开展读书交流,实现"阅读一本书,了解一个人、一座城或一方文化"。截至2021年6月,图书馆已举办"红楼一梦,谁解其味——《红楼梦》分享与交流"、"《卡利古拉》:荒谬、反叛与自由"、西方古典文化经典作品《伊利亚特》和《奥德赛》导读、从《如何阅读一本书》和《金字塔原理》看通识论文阅读与写作方法、阅读与写作漫谈等十余场读书沙龙活动。大家在面对面交流中分享阅读思考成果,提升沟通能力。

"SUFE领读者"分享通识经典阅读话题

《卡利古拉》读书交流会现场

"SUFE领读者"分享经典阅读方法与写作经验

3.设计制作通识征文获奖作品汇编本

在活动开展的基础上，图书馆员进一步搜集学生获奖感言、专家点评等，将优秀学生作品、获奖感言和专家点评等汇集成册，衍生出《"爱阅读，悦分享"通识征文获奖作品集》，作为图书馆宣传品进行日常宣传推广，以分享同学们的阅读思考以及写作成果，向全校学生传播"爱读书，爱写作"的精神，引领校园阅读之风。

4.新媒体宣传与推广

上海财经大学图书馆将获奖作品、作者感言、专家点评和书目推荐等内容进行有机整合，形成专题文章，通过新媒体平台进行宣传。一方面，这有利于充分发挥项目成果的文化浸润功效，对校园文化建设起到正向影响；另一方面，有利于进一步加强对学生的宣传，通过朋辈效应吸引更多同学自主开展经典阅读，提高通识教育成效。

四、成效与影响

活动举办以来，"SUFE领读者"通识经典阅读推广活动在校园内形成明显的品牌效应，得到了学校领导和其他部门的高度认可，学生作品通过学校官方微信、微博、校报等不同渠道得到了持续转发推广。部分优秀作品成功入选了校常务副校长徐飞教授主编的《品味经典》第二辑。

此外，本项目获得了上海财经大学2019年度文明创建特色培育项目立项。

五、分析与总结

践行育人使命，服务通识教学，这是上海财经大学图书馆阅读推广工作的战略方向。经过连续举办该活动配合学校通识经典书目的推广，图书馆发挥自身资源、空间、服务的优势，逐步探索出自己的活动模式和特点，积累了一定的阅读推广工作经验，总结如下：

（1）在工作定位上，图书馆应紧密贴合学校人才培养具体目标，围绕"如何助力学生成长"这一中心主题开展阅读推广工作，激发学生阅读和写作内驱力。

（2）在工作方式上，积极寻求校内外组织合作。首先，在校园文化建设中，图书馆不是唯一的主体力量，学校团委、宣传部、通识教育中心、档案馆等单位也会开展各类文化活动。图书馆要主动出击，寻求合作，结合彼此工作优势，合力开展阅读推广，共同打造书香校园。其次，可与数据库商开展合作，由数据库商提供图书的电子全文，并实现扫码即读功能，其易获取性给大学生的阅读带来了极大的便利。

（3）在服务对象上，图书馆阅读推广活动的参与对象由校内师生拓展到上海财经大学校友、上海财经大学附属学校学生，拓宽了阅读推广服务广度。

（4）在宣传渠道上，线上线下齐发力，加强阅读推广宣传。线上，通过开展在线调研、书单分享和作品共读等活动，充分发挥新媒体平台的信息聚集和知识转化潜力；线下，邀请优秀学生作为领读者进行阅读与写作的交流分享，充分发挥朋辈效应，吸引同龄人进行阅读行为效仿。

当然，在活动举办过程中仍然存在一些困难与不足，主要体现为以下几点：

第一，跨部门、跨组织的合作有时存在一定的行政壁垒，在人员、经费、工作性质等方面有所阻力，合作力度有待加强。

第二，在图书馆阅读推广工作开展过程中，图书馆每年都收集到学生投稿的大量的优秀原创作品，这既是活动产生的衍生资源，更是学校重要的校内原生资源。当前，这部分原生资源仅能通过新媒体平台进行展示宣传，并未得到全面有效的管理，如何持续系统地保存阅读推广原生资源是今后亟须解决的问题。

戴洪霞 刘金涛 周丽 石琳琳 丁鹿原

（上海财经大学图书馆）

项目组成员及分工情况：戴洪霞，负责整体工作安排；刘金涛，负责项目统筹规划；周丽，负责项目实施及案例撰写；石琳琳，负责项目全过程宣传报道；丁鹿原，负责线下活动组织。

☞ 专家点评

> 该案例是上海财经大学在推广经典阅读与写作方面的积极尝试。图书馆结合学校通识教育，以经典阅读为抓手，营造书香校园，培养大学生的阅读习惯。该活动在形式和内涵拓展方面都有所突破。不过，"SUFE领读者"这个活动名称虽然对于该校的师生都很熟悉，但对于其他人来说，乍看有点费解。（李武）

案例二　红色文献展览与阅读推广相结合的"展读"模式

2019年以来，上海大学图书馆经过三年多的实践，探索出信息化时代新的阅读推广模式——"展读"阅读推广模式。该模式通过收集整理、分类展览展示、新媒体推送等方式，聚焦时代性强的热点主题内容，及时进行"展读"，以提升阅读推广服务效果。上海大学图书馆重点聚焦对红色资源的挖掘，打造"'展读'阅读推广"服务品牌，践行高校"立德树人"使命。

一、开展背景

"'展读'阅读推广"是指结合某一主题，将展览展示与阅读推广相结合开展用户服务。它借鉴"策展"理论与新媒体"展现"的方式，全面提升阅读推广效率。近年来，上海大学图书馆在坚持做好在"两季两月"（即毕业季、新生季、读书月、服务月）期间的常态化阅读推广服务外，主动谋划，结合五四运动100周年、上海解放70周年、中华人民共和国成立70周年、中国共产党成立100周年等重要时间节点，聚焦红色资源挖掘，创新阅读推广服务模式，打造"'展读'阅读推广"新模式，深化红色资源"展读"，践行"立德树人"使命，赓续红色基因，传承革命精神，拓展图书馆阅读推广的服务空间。

二、主要内容

2019年以来，上海大学图书馆在连续举办"书香上大"全校阅读系列活动的基础上，进一步聚焦红色资源挖掘，联合校内多个机构，精心谋划年度主题，结合红色资源推出"'展读'阅读推广"服务品牌，举办了一系列"展读"服务活动，具体包括：2019年举办"五四运动100周年纪念展""纪念新中国成立70周年系列老报纸展"等；2020年，除开展一系列线上"展读"活动之外，还推出"初心之地　红色之城——上海·党的诞生"巡展等线下活动；2021年，举办"伟大的开端——南昌起义史实展"以及党史文献展等。三年来，图书馆还积极与学校各学院共建育人基地，组织学生志愿者参与以常态实物"展读"讲解为主要活动形式的科学家精神传承和传播活动。

三、项目过程

上海大学图书馆共有4个分馆，其中宝山校区校本部有2个分馆，延长校区与嘉定校区各有1个分馆，形成了以宝山校区校本部为"一体"、延长校区和嘉定校区为"两翼"的"一体两翼、三区四馆"的分布格局。在阅读推广活动中，各分馆协调行动，统筹调配资源。活动围绕以下内容展开：

一是围绕世界读书日，持续多年开展"书香上大"全校阅读系列活动。相关活动结合当年的热点事件，每年都有相应的主题。例如，2019年是"书香上大·礼赞祖国"，以庆祝中华人民共和国成立70周年为主题；2020年是"书香上大·云聚力量"，聚焦"云"端读书、"云"享视听，并邀请作家网上讲书；2021年第四届阅读系列活动主题是"书香上大·红色传承"，以纪念建党100周年。其中，2019年的活动还邀请了退伍军人以及上海大学附中、上海大学附小的学生参加，形式多样，有经典内容诵读、军旅生活分享和中小学生舞蹈《子曰》，还邀请学校音乐学院学生现场演奏小提琴、钢琴，组织全校性的师生朗诵活动等。

2019年4月23日，"书香上大·礼赞祖国"全校阅读系列活动暨第七届读书月活动

二是创新阅读推广，丰富"展读"形式以提升推广活动质量。"展读"模式结合展览展示和阅读推广，借鉴新媒体的"展现"方式，以提升阅读推广效率，助力"立德树人"使命的实现。上海大学图书馆特别注重结合红色资源开展"展读"活动。例如，2019年5月举办"顾维钧与巴黎和会——五四运动100周年纪念展"（与嘉定博物馆合作）和"庆祝中华人民共和国成立70周年老报纸展之上海解放"专题展，9月举办"忆峥嵘岁月　铭初心使命——庆祝中华人民共和国成立70周年老报纸展之建国伟业"专题展等。2020年在严格落实新冠疫情防控举措的前提下，线上线下同时举办系列"展读"活动，包括：①开展线上党史图书阅读推荐活动，邀请《上海早晨——记中共创办的第一所大学》作者吴越、《大学生健康指南》编委罗春燕等做客直播间在线上与读者交流；②开设"初心如磐、使命在肩——'四史'专题图书推荐"专架，举办"初心之地　红色之城——上海·党的诞生"巡展、"99个瞬间——新上海成长史"专题展览等。2021年，上海大学图书馆于3月举办"心系乌蒙　情牵千里——钱伟长与毕节试验区扶贫记忆展"，4月举办《我的七爸周恩来》读书分享会、"固本强基筑堡垒——中国共产党早期支部建设图片史料展"，6月举办"伟大的开端——南昌起义史实展"等。

2021年4月23日，2021年全校阅读系列活动启动仪式暨《我的七爸周恩来》读书分享会现场

三是精心选择"展读"内容。展读内容的选择注重时效性、特色性。例如，2019年举办的"顾维钧与巴黎和会——五四运动100周年纪念展"是由上海大学图书馆与嘉定博物馆合作举办，展览的筹备时间很短，这就要求我们充分了解展览所涉及的资源，做到准确把握相关内容。又如，2021年举办的"心系乌蒙 情牵千里——钱伟长与毕节试验区扶贫记忆展"，这次展览的筹备时间较长，在筹备期间我们派人实地收集资料，与毕节试验区的当地相关部门联系并寻求支持，投入了大量人力物力；在展览的时间选择上，恰好是全国脱贫攻坚总结表彰大会召开期间；展览主角是上海大学老校长钱伟长，他曾是毕节试验区的专家组组长，我们将整个毕节试验区改革开放以来的脱贫故事和钱伟长作为专家组组长为试验区脱贫出谋划策、五次亲临当地视察的细节充分展示出来，系统回顾了钱伟长为毕节试验区经济社会全面协调可持续发展作出的重要贡献。这些内容使得上海大学师生深受教育，也达到了"展读"的目的。再如，2021年6月举办的"伟大的开端——南昌起义史实展"，除展出人民军队的建军历程外，还特地精选出当年参加南昌起义的33位上海大学师生的事迹作为展览的内容，让新时代的上海大学师生深受教育。

宝山电视台报道"心系乌蒙 情牵千里——钱伟长与毕节试验区扶贫记忆展"

四是活化馆藏资源，服务"展读"活动。上海大学图书馆收藏有大量民国时期的报纸，这些文献除了被用于学者、学生的研究外，还应该发挥更大的作用。上海大学图书馆也在着重谋划如何让这些文献"活起来"，并且"火起来"。在详细研究之后，我们决定以民国时期出版的《华商报》为基础，揭示和展出馆藏特色资源。为此，我们精选并举办了"庆祝中华人民共和国成立70周年老报纸展之上海解放"和"忆峥嵘岁月 铭初心使命——庆祝中华人民共和国成立70周年老报纸展之建国伟业"两个专题展览。《华商报》于1941年4月8日在香港创办,是中国共产党在香港创办的中文报纸,在当时起到了揭露国民党政府消极抗日、积极反共,宣传中国人民浴血抗战的积极作用。再如上海大学图书馆和南昌八一起义纪念馆合作,共享文献资料,深入挖掘双方历史文献,完善了当年参加南昌起义的33位上海大学师生的历史资料,提升了展览的质量。观展师生通过这些鲜活的故事,加深了对当年峥嵘岁月的了解,实现了"展读"目标。

2019年9月,"忆峥嵘岁月 铭初心使命——庆祝中华人民共和国成立70周年老报纸展之建国伟业"在上海大学图书馆举办

五是多方合作,提升"展读"效益。阅读推广作为图书馆的一项重要工作,应该积极为社会服务,在吸引更多人参与的同时,也要提升活动本身的影响。图书馆在筹办"展读"活动的过程中,要加强和学校宣传部门、学生工作部门等的密切合作,邀请出版社、期刊社以及校工会和附属中小学参加,使这项活动成为全校性的活动,这样可以共享各家资源。筹办的过程本身就可被看作是一个推广活动,能起到预热和宣传推广的作用,在这样积极的宣传推广下,活动开始后就一定会高潮迭起,效果频现。例如,宣传部门的参与能够大

幅度提高活动的推广效果，学生工作部门的参加可以进一步扩大在学生中的影响力。出版社、期刊社可以为活动开展提供资源上的保证。此外，与校外单位的合作也显得至关重要，例如上海大学图书馆与嘉定博物馆联办的"顾维钧与巴黎和会——五四运动100周年纪念展"就是基于双方资源的共享来实现的。

2019年4月，"顾维钧与巴黎和会——五四运动100周年纪念展"开展

四、成效与影响

上海大学图书馆通过近三年来的"'展读'阅读推广"服务实践，探索出了具有自身特色的项目实施方案，创新了阅读推广模式，开展不同形式的"展读"活动，不断丰富高校图书馆阅读推广内容，得到媒体的广泛报道和好评，有力推进了"'展读'阅读推广"服务品牌的形成，具体成效与影响如下：

一是形成了一套有效的"展读"项目实施运行机制。在每次筹办具体"展读"项目时，党委均谋划在前，对项目的专业定位、内容把关、展览设计、开幕式方案和宣传推广等进行顶层设计，把握展览的政治方向和内容导向。

二是锻炼了"展读"项目队伍。通过"展读"系列项目的实践，结合项目定位，上海大学图书馆初步总结出了一套有效的运行机制，即党委牵头、部门承办、人员跟进的三级联动模式。每次实施"展读"项目时图书馆均会成立专项工作组，围绕"展读"项目抽调馆内的精兵强将，明确工作机制，确定人员分工，有序推进项目实施，并在服务师生的过程中锻炼造就了一支优秀团队。

三是加强了与部门之间的协同配合能力。开展"展读"服务时，除了馆内独自承办需要调动各部门人员外，上海大学图书馆还充分利用场馆、资源等优势，与校内多家机构进行联合协作，精心谋划年度主题。例如，与校出版社、校工会、文学院等联合连续举办"书香上大"主题系列阅读推广活动，与嘉定博物馆联合举办"顾维钧与巴黎和会——五四运动100周年纪念展"（2019），与南昌八一起义纪念馆联合举办"伟大的开端——南昌起义史实展"（2021）等。

四是积累了大量"展读"项目案例资源。通过近年来的持续实践，上海大学图书馆注重宣传总结工作，在每次"展读"项目的推进过程中，注重及时宣传"展读"信息，并在活动结束后及时总结成效，保存相关记录，做好档案留存，积累了大量"展读"项目案例资源，为后续项目的策划与推进奠定了重要基础。

五、分析与总结

阅读推广和资源揭示是图书馆的一项重要工作，需要日常持续推进。上海大学图书馆作为主要服务学校教学科研和人才培养的机构，一直在持续推进具体举措，以保证图书馆资源满足学校发展的需求，也在不断思考和探索新的方法，在做好资源服务的同时做好阅读推广工作。

上海大学图书馆探索的"展读"活动是一种阅读推广的新尝试，目前已经开展了三年多，取得了很好的效果，提升了图书馆在服务学校教学科研和"立德树人"工作中的地位，实现了面向全校师生揭示馆藏资源的目的。这些活动客观上还实现了宣传学校和扩大学校影响力的目的。许多活动获得了社会媒体的关注，如新民网、上海教育新闻、宝山电视台、东方网等都进行了相关报道。同时，这些活动还丰富了校园文化建设内容，营造了良好的校园文化氛围。

回顾整个项目组织和开展的过程，我们认为高校图书馆在开展阅读推广工作时有四个值得注意的问题。第一是聚焦红色资源育人作用。要将梳理现有馆藏资源与收集特色资源相结合，例如图书馆对馆藏民国时期报纸《华商报》的资源揭示，以及钱伟长与毕节试验区扶贫工作相关资料的收集等。同时，图书馆作为重要的文化和育人场所,应积极参与学校的育人工作,例如培养学生志愿者等。第二是创新阅读推广手段。充分利用展览的方式和新媒体的推送功能,用正确的人生观、价值观占领文化宣传主阵地,以期达到主动出击的效果和宣传推广的目的。第三是过程要注重时效性。结合社会热点,突出时代特色,从而提升活动的关注度。上海大学图书馆在"展读"活动开展过程中,注重精选时代感和时效性强的主题,例如脱贫攻坚、五四运动100周年、中华人民共和国成立70周年和中国共产党成立100周年等。第四是注重多部门协同合作。积极与校内外各部门或机构进行合作,增大活动覆盖面,吸引媒体关注,以达到广泛宣传的目的。

王远弟(上海大学图书馆)

本项目由上海大学图书馆协调馆内及学校相关部门共同开展。项目组成员及分工情况:图书馆、博物馆、档案馆党委书记王远弟,图书馆副馆长倪代川,负责项目整体规划及活动策划;读者服务中心主任李柯、特藏与推广部主管康晓丹,负责项目执行及对外联络;馆员吴明明、助理馆员付丽等,负责活动大纲编撰及展陈设计。上海大学宣传部、文明办、出版社期刊社党委、学工办、党委研工部、统战部等部门都为本项目的顺利开展提供了帮助。

☞专家点评

> 本项目借鉴"策展"理论与新媒体"展现"方式确立"展读"的阅读推广概念,形成从专业定位、内容把关、展览方案到媒体宣传推广的一整套项目运行机制,对丰富高校图书馆阅读推广的内容有一定启发性。该项目结合五四运动100周年、上海解放70周年、中华人民共和国成立70周年、中国共产党成立100周年等重要时间节点挖掘红色资源,组织相关展览与阅读推广活动。这些活动是图书馆开展党史国情教育与红色资源育人工作的生动实践。"展读"项目在运行的过程中,既通过专项工作组的方式锻炼了馆内的工作团队,又与校内外机构联合搭建起了资源共享、交流合作的平台,将阅读推广的影响力扩大至社会上,这也是本案例值得学习的地方。(蔡迎春)

案例三　诵读经典，声动校园

——青岛大学图书馆经典诵读系列活动

2018年9月25日，教育部、国家语委印发《中华经典诵读工程实施方案》，提出："组织实施中华经典诵读工程，通过开展经典诵读、书写、讲解等文化实践活动，挖掘与诠释中华经典文化的内涵及现实意义，引领社会大众特别是广大青少年更好地熟悉诗词歌赋、亲近中华经典，更加广泛深入地领悟中华思想理念、传承中华传统美德、弘扬中华人文精神。"[①]

经典是代表一个民族文明程度的，具有典范性、权威性的作品。诵读是在声音的引导下探究文本内容的过程。经典诵读是利用语言文字与文化互为载体的特点，展示和传播优美语言所承载的中华优秀文化，使读者在诵读中亲近中华经典，热爱中国文化，弘扬中华文明，整合创新，增强民族自豪感和文化自信心。

一、开展背景

青岛大学图书馆以书籍为载体，以阅读为桥梁，营造"书香青大，悦读悦享"的校园文化氛围，在对大学生经典诵读需求进行调研和分析后，举办了以文化自信培养为核心目标，以传统文化经典为主要内容，新媒体时代诵读形式与特色活动相结合，学生广泛参与、深度互动的新型经典诵读活动。活动汇集各方力量，高校师生、中小学生、社区居民、社会人士等共同参与，活动形式有大小学生共读、亲子共读、师生共读等，打造了"诵读经典，声动校园"阅读品牌，实现了多层次、全方位的深度融合，拓展了阅读推广工作的思路，助

[①]　教育部　国家语委关于印发中华经典诵读工程实施方案的通知[EB/OL]. [2020-08-19]. http://www.gov.cn/gongbao/content/2019/content_5363076.htm.

力全民阅读的开展。

二、主要内容

"诵读经典，声动校园"经典诵读系列活动包括青大朗读、博学大讲堂、美文诵读、博学朗读亭等活动。系列活动的开展，发挥了图书馆的育人作用，拓展了图书馆的服务内容和方式，提高了文献资源的利用率，培养了大学生的良好阅读习惯。

（一）青大朗读

青岛大学图书馆将与中华经典著作及诵读相关的资源进行了整理，建立网络诵读资源导航，将优谷朗读的相关资源链接到图书馆微信公众号，开设了"青大朗读"栏目。"青大朗读"里面有"经典文学""名家示范""热门活动"等10个子栏目，"经典文学"子栏目中有"古诗词大汇""国学经典"等6项内容，用户朗读完成后可以发布，发布后点击留声卡，即可生成可自选封面的、带有二维码的卡片，扫描二维码就可以收听回放。后台会自动把作品上传，用户可以把朗读音频分享到微信朋友圈，让更多的人听到。青大朗读线上活动使读者能随时随地进行朗读，方便快捷。

（二）博学大讲堂

青岛大学图书馆秉承"阅读让生活更精彩，文化让校园更美好"的理念，邀请文化学者和相关领域的知名人士担任嘉宾，节选中华经典文学作品进行解读，让大学生理解经典文化的意义和作品所表达的思想感情，有利于大学生更好地诵读经典作品。在博学大讲堂活动中，青岛大学图书馆邀请文学院教授史玉峤举办了"找寻校园里的那份人生诗意"文化讲座，引领大家走进诗歌的世界，欣赏诗歌之美，让师生对经典作品有了更深层次的理解和全新的认识。

（三）美文诵读

青岛大学图书馆志愿者微信公众号于2019年4月开设了"美文诵读"栏目，挑选热爱诵读的志愿者录制经典朗读音频，并将作品和音频发布在公众号，目前已推出25期。诵读活动使大学生更加喜爱中华经典作品，同时也激发了他们的诵读热情，加强了文化认同。

（四）博学朗读亭

全民阅读朗读亭项目由青岛市文旅局、市广播电视台联合组织实施。"设置全民阅读朗读亭50处"于2020年、2021年两次入选青岛市市办实事①。朗读亭是集朗读、录制、分享、学习为一体的公共文化设施，具有广电级音视频录音设备以及多媒体传播分享系统，能为朗读者提供一个高品质的朗读和分享阅读平台。朗读亭自带唐诗、宋词、元曲等传统文化作品以及小说、散文等文学作品万余种，可让读者在朗读中领略中华文化的精髓，亲近中华经典。2020年9月5日，青岛大学博学朗读亭在金家岭校区图文中心试运行。青岛大学图书馆以朗读亭为媒介，通过诵读的方式，将经典书籍通过声音传送出去，广大读者可从朗读中汲取文字力量，感受思想微光。

三、项目过程

"诵读经典，声动校园"系列活动以朗读亭为载体，开展丰富多彩的创新型经典诵读活动，以满足广大师生的文化阅读需求。

（一）充分利用朗读亭开展诵读活动，让学生主动走进朗读亭

2020年9月5日，博学朗读亭开始试运行。此时教师节将近，青岛大学图书馆适时推出了"师生情四海，声诵表师恩"活动，通过图书馆志愿者微信公众号号召学生走进朗读亭表达对老师的敬爱之情。这是利用朗读亭开展的第一次活动，青岛大学图书馆在微信推文中详细介绍了朗读亭的功能、使用方法，鼓励大家尝试新生事物。

在2020年、2021年迎新季，青岛大学图书馆与校园之声770广播电台合作招聘校园新主播。朗读亭成为主播们的实践基地，凡在试用期的主播每周要到朗读亭至少录制三次音频，台长通过视频对新主播们的语音特点、播音风格等方面进行点评，表现优秀的主播会参与录制志愿者公众号的"美文诵读"栏目，通过公众号将他们美妙的声音传递出去。2021年10月，图书馆精选一批经典图书，之后由图书馆志愿者从思想内容、艺术特色、社会影响和读书感悟等方面对这批图书撰写书评，并开设"770读书坊"电台栏目，通过校园之声770广播电台向广大师生推荐图书。志愿者制作的朗读亭宣传片《享读青春，声动青大——我在博学朗读亭等你》在微信公众号、抖音等新媒体平台播放，让越来越

---

① 为更好地保障和改善民生，自1983年起，青岛每年筛选确定一批当年重点办好的城乡建设和改善人民生活方面的实事，简称"市办实事"。

2020年9月10日，"师生情四海，声诵表师恩"教师节诵读活动志愿者合影

多的学生认识朗读亭、走进朗读亭。

　　每年的4月和11月，青岛大学都会开展普通话水平测试工作。朗读亭设有普通话模拟测试系统。为了让同学们了解测试的内容、流程、注意事项，身为山东省普通话测试员的图书馆员孙惠英老师在每次测评前都会给大家开展普通话测试讲座。讲座有面对面交流环节，同时也通过云犀平台直播。图书馆还建立了"说好普通话"微信群，同学们到朗读亭进行模拟测试时遇到问题，可以在群里交流解决，也可以把朗读音频发到群里，让孙老师从发音技巧、朗读缺陷、说话内容等角度进行点评，以帮助学生取得好成绩。

　　（二）动员各方力量，发挥各自优势合作共赢

　　青岛大学图书馆还联合其他单位开展了一系列体验式、主题式、分享式的经典诵读活动。2020年9月29日，图书馆和崂山区青岛市南宅小学联合举办"大手拉小手，同声赞祖国"主题活动，图书馆志愿者和南宅小学的小学生一起走进朗读亭，共读一首诗，赞颂祖国辉煌巨变，激发学生的爱国情怀。南宅小学是一所农村小学，学生多为农村孩子和外来务工子女，他们走进大学校园，感受到大学浓浓的阅读氛围和文化气息，开阔了视野，激发了学习的热情，找到了学习的方向。该活动延续至今，双方多次开展了两校学生共读、师生共读、

亲子共读等系列活动，在社会上产生良好反响。2020年12月24日，青岛大学图书馆与南宅小学举办"悦读越精彩，文化迎新年"文化交流活动。大小学生欢聚一堂，以"朗读在校园，经典咏流传"为主题共同表演了朗诵、京剧、快板、彝族非遗表演等节目，将传统文化与朗读完美融合。经典诵读活动的多元化、特色化、全民化特点，搭建起了文化交流的桥梁，带动了周边社区和中小学的阅读推广活动，推动了校园文化建设，提升了学生的文化素养。

2020年9月29日，"大手拉小手，同声赞祖国"主题诵读活动参与者全员合影

2020年12月24日，青岛电视台对"悦读越精彩，文化迎新年"文化交流活动的报道

2021年是中国共产党成立100周年，青岛大学图书馆在朗读亭增设"青春正飞扬，颂歌献给党"诵读版块，精选100首爱国敬党、礼赞青春的经典文学作品上传朗读亭后台，以诵读的方式致敬青春、歌颂伟大的党、赞美亲爱的祖国。青岛大学图书馆以朗读亭为载体，开展红色经典诵读活动，让历史之光照进现实，传承红色基因。2021年6月16日，青岛大学图书馆与商学院在图文中心联合举办"青春正飞扬，颂歌献给党"大型诵读活动，300余人参加，大家重温入党誓词，国旗班和校园广播电台主播共同诵读《祖国颂》《青春》《永远的九岁》等经典美文。这次活动加强了学校图书馆与学院的交流合作，是图书馆助力学科发展、服务学院工作的新方式。这一天，博学朗读亭成为青岛市首台参与人数过万的朗读亭，青岛电视台对本次活动进行了现场直播，《青岛日报》的观海网也进行了报道。

2021年6月16日，青岛电视台现场报道"青春正飞扬，颂歌献给党"大型诵读活动

（三）上下齐心协力，以朗读亭为媒介搭建起沟通的桥梁

青岛大学图书馆领导非常重视朗读亭的各项活动，每次活动都积极指导、现场出席。2021年元旦和春节，图书馆领导带领全体馆员、志愿者在朗读亭共读一首诗，向大家送上新春的祝福，并制作成祝福视频。该视频通过青岛大学图书馆微信公众号、抖音号以及青岛电视台等多个平台进行传播，打造新时

代高校图书馆的新形象，为建设书香校园作出贡献。

四、成效与影响

在青岛市现有的正在提供服务的50台朗读亭中，青岛大学博学朗读亭的使用人数和朗读质量均居全市第一。广大师生通过诵读活动，传递时代声音，分享文字之美，起到了良好的传播效果，营造出浓厚的诵读氛围，朗读亭已经成为学生的网红打卡地。青岛大学官方微信公众号在2021年1月11日对朗读亭活动进行了专题报道。青岛电视台新闻直播栏目《今日》在2020年9月29日—2021年6月16日期间就博学朗读亭进行了5次相关报道。

青岛大学图书馆的经典诵读活动是青岛市全民阅读活动的重要组成部分。2020年，青岛市开展"纪念中国人民志愿军抗美援朝出国作战70周年特别策划"朗读亭诵读活动，青岛大学的学子积极参与了该活动。2021年3月，青岛大学图书馆组织学生参加青岛市英烈事迹演讲大赛，学生通过朗读亭录制了参赛视频，青岛大学图书馆获得活动颁发的"优秀组织单位"奖。青岛大学图书馆志愿者作为当代青年的代表，参与了2021年青岛市全民阅读工程宣传片的拍摄，志愿者走进朗读亭，诵读经典文学作品，传递时代声音，大学生健康、向上、青春、博学的良好形象获得社会一致好评。有15名参与朗读亭诵读活动的同学获得了2021年青岛市全民阅读社会实践证书。

五、分析与总结

青岛大学图书馆以经典为基础，搭建起文化交流的平台；通过诵读，大力弘扬优秀传统文化。在经典诵读活动中，青岛大学图书馆采用多方联动的形式和丰富多彩的活动内容，构建了以经典诵读、红色主题作品阅读为主体，以阅读素养培养、特色诵读实践、新媒体传播为特色的阅读推广模式。经典诵读活动的举办推动了校园文化建设，提升了大学生的人文素养和思想道德水平，提高了大学生的审美意识和表达能力，进而增强了大学生的文化凝聚力。

孙惠英　葛蕾　刘春燕　赛丽娜（青岛大学图书馆）

项目组成员及分工情况：孙惠英，项目负责人、案例作者，负责活动的策划、组织；葛蕾，负责案例资料的收集；刘春燕，负责活动的对外联络；赛丽娜，负责案例资料的整理。

本文系山东省艺术科学重点课题"新媒体时代图书馆经典诵读服务策略研究"（编号：L2021Z07070746）的研究成果之一。

☞专家点评

> 　　青岛大学图书馆经典诵读系列活动是一个优秀的诵读活动案例。组织方对于活动的方方面面考虑得比较全面细致，不仅重视诵读技巧培训（与电台和相关专家合作，请他们指导），而且在经典推荐、文本研读讲解方面做了较多工作。这样一来，大学生参与的积极性高，朗读亭的利用率也高。从这些都可以看出，青岛大学图书馆在活动组织方面是很成功的。特别要提到的是，在图书馆与南宅小学联合举办的活动中，志愿者带领农村小学生走进大学朗读亭，让孩子们体验大学文化氛围，接触新事物，从而鼓励他们多阅读。高校图书馆这一服务社会的做法令人感动，也值得其他图书馆学习。（邓咏秋）

案例四 立体阅读，让典籍里的文字"活"起来

——广东省立中山图书馆传统文化典籍阅读活动

一、开展背景

随着新技术和新媒体的发展，在传统的平面实体阅读方式的基础上，立体阅读诞生了。立体阅读融入了图片、声音、影像、游戏等多种元素，能充分激发读者的阅读兴趣，提升其阅读效果。

中华传统文化典籍阅读属于经典阅读中的一种，在阅读推广过程中面临着如何挖掘并生动系统地展示典籍文化内涵、如何激发读者的兴趣并持续吸引用户关注等困难与挑战。将立体阅读理念运用到新媒体经典阅读推广活动中，由点到面、由浅入深、循序渐进，能有效地解决和突破上述困难与挑战。为弘扬传承中华优秀传统文化，广东省立中山图书馆于2019年起推出"国粹经典 翰墨流香——'中华传统文化百部经典'教育推广活动"。活动立足文本，巧用立体阅读理念，广泛开展线上趣味科普及线下阅读体验等形式新颖的全民阅读活动，激发读者阅读兴趣，增强民族文化自信。

二、主要内容

案例围绕"中华传统文化百部经典"丛书书目，立足典籍文本内容，利用新媒体平台开展线上趣味品读活动，利用场馆阵地开展线下阅读体验活动，营造弘扬和传承中华优秀传统文化的浓厚氛围。

线上活动以"趣味推文+H5小游戏"的形式开展。每一本典籍开展2—4期活动，开展周期呈现系统化和常态化，使读者对品读典籍形成阅读认知体系。在撰写推文过程中，图书馆员依托馆藏资源，参考多学科专业性文献，以浅显而有趣的角度为切入点，立足文本进行分析解读，并以此为基础设计H5游戏，

带领读者品读经典。同时，利用H5游戏的强社交功能及自发传播优势，扩大活动辐射面。

线下活动利用数字人文数据库，梳理作者的创作轨迹，采用游戏思维，立足典籍文本内容，结合作者的人生经历设计活动，将文本内容拆分设计为数个游戏任务。每期活动设计5—7个互动阅读闯关环节，读者根据阅读活动指导手册完成闯关任务。如在品读《李白集》时，将李白的入仕之愿、求仕之"败"、隐遁之念、纯真之情、豪放之气和他超凡脱俗的作品融入层层游戏关卡中，带读者走近熟悉又陌生的李白。

三、项目过程

（一）线上趣味科普活动

1. 推文科普+游戏体验，动静结合

以当代人喜闻乐见的文风编写趣味科普推文，开展线上品读活动。推文生动活泼，引人入胜，以微信朋友圈的方式介绍《诗经》。结合每期主题，设计H5互动游戏，如《楚辞》植物趣味拼图、《山海经》萌兽消消乐等，让读者在游戏互动体验中加深对传统典籍的了解。

假如《诗经》也有朋友圈——《诗经》中的人间烟火气

原创 悦读荟 广东省立中山图书馆 2020-05-14

蠋

"五月斯螽（zhōng）动股，六月莎鸡振羽，七月在野，八月在宇，九月在户，十月蟋蟀入我床下。"

优秀如我，试问还有谁能写出这样的句子？😎

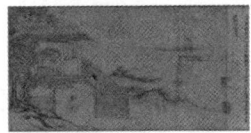

1分钟前　　　　　　　　　··

♡ 秦，魏，唐，召南，陈，周南，蠋

蠋："一之日觱（bì）发（bō），二之日栗烈。无衣无褐，何以卒岁。三之日于耜（sì），四之日举趾。"😑我还能写！！！

周南：同样是农事诗，是我《芣苢（fú yǐ）》不够有趣了。

魏回复周南：有空来看看我写的《十亩之间》😏

佚名："正月开岁，二月纣（gàn）香，三月桃良，四月秀蔓，五月鸣蜩（tiáo），六月精阳，七月流火，八月未央，九月授衣，十月获稻，葭月潜龙，腊月嘉年。"别问我是谁，请叫我行走的《诗经》😊

唐：不知道说啥，一首《蟋蟀》送给这位朋友吧~

周南：@魏 我也就谦虚一下😊

▲《七月》一诗中使用的是周历。周历以夏历（今之农历，一称阴历）的十一月为正月，七月、八月、九月、十月以及四、五、六月，皆与夏历相同。"一之日"、"二之日"、"三之日"、"四之日"，即夏历的十一月、十二月、一月、二月。"蚕月"，即夏历的三月。

品读《诗经》推文

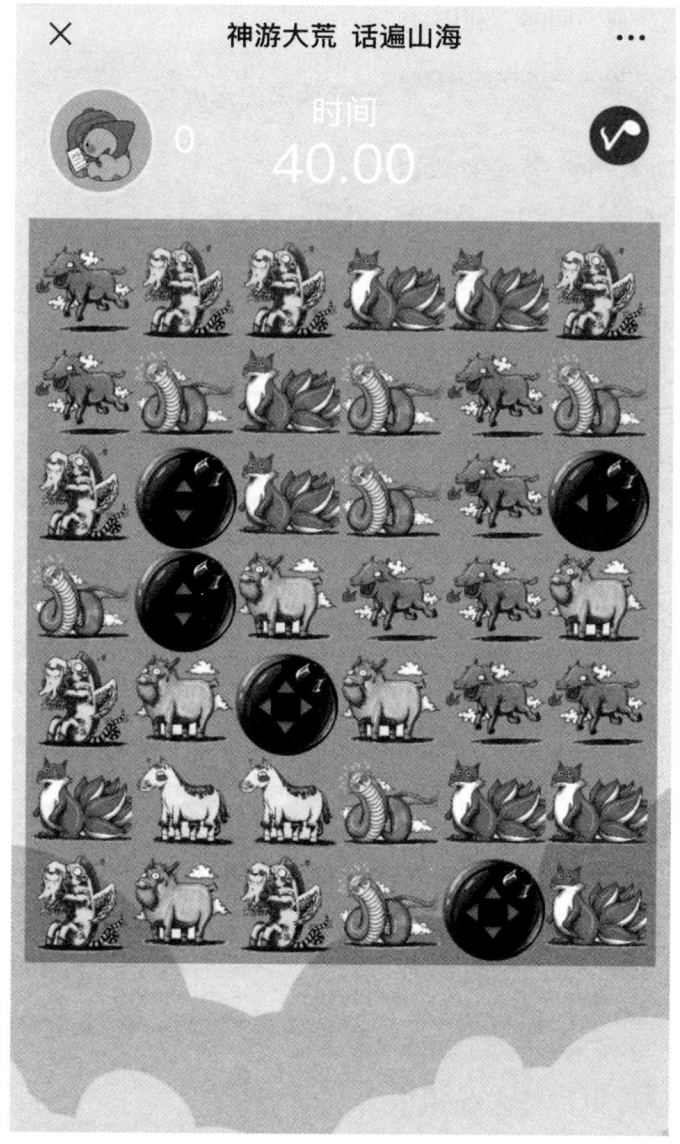

《山海经》主题H5互动游戏界面

2.多元化的内容形式与服务载体

利用新媒体平台推广活动，如在微信公众号、门户网站推送趣味推文；利用抖音、微博平台发布荐读短视频，部分视频已被新浪公司自有账号"微博图书馆"收录；利用馆员自主研发的小程序开展"朗声共读　汇聚成书"朗读作品征集活动，让读者参与典籍"云共读"。

3.注重读者体验感与获得感

探索推文编辑新技巧，运用SVG互动"点亮"功能编辑推文插图；运用思维导图的方式，以图文形式建立典籍关键词记忆链接；及时响应读者反馈，追加知识普及场次，例如就《离骚》经典名句引发的"曼漫之争"开展线上求证研讨会；结合馆藏资源，为读者推荐主题相关的优质版本典籍。

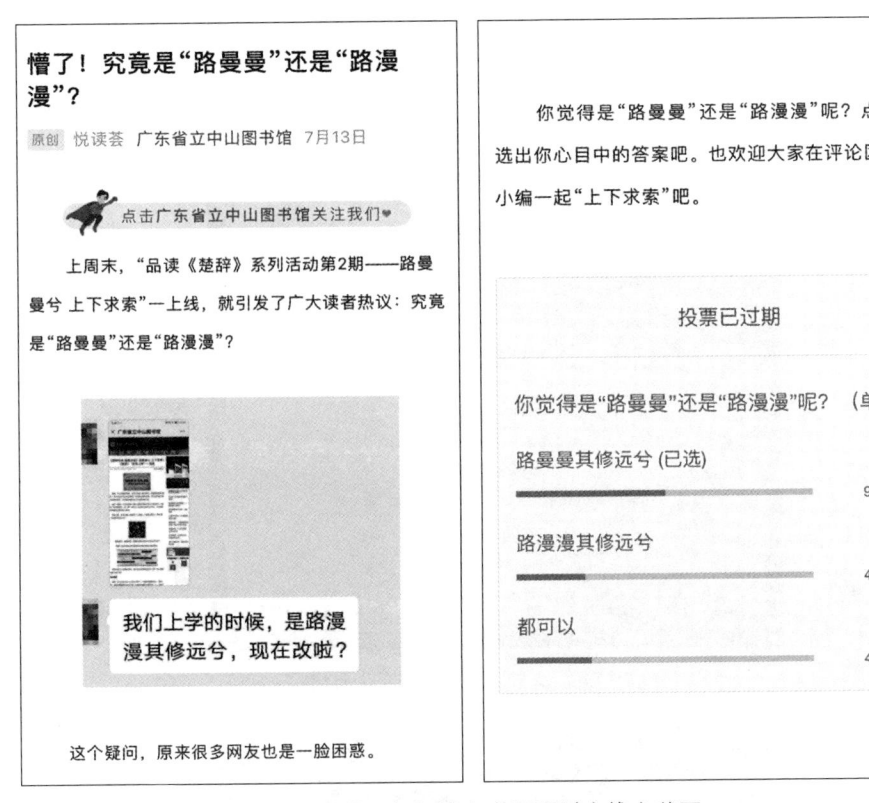

"曼漫之争"线上求证研讨会推文截图

（二）线下阅读体验活动

1.采用游戏思维设计阅读体验活动

活动采用游戏思维，围绕每期的主题内容，分别设计不同的游戏任务。以品读《白居易集》主题活动为例，设置大唐风貌、诗与远方、新题乐府、兼济独善、手作琵琶等环节，结合丰富的游戏形式，让读者了解典籍本身及其时代背景、作者生平等知识。活动配套设计了阅读指导手册，指引读者完成闯关任务。

"梦回大唐"之走近白居易活动海报

用户获得阅读通关标识

2.运用数字人文方法追寻"诗与远方"

利用数字人文数据库，梳理作者的创作轨迹，结合其人生经历设计活动。如在品读《李白集》的活动中，将李白的诗作按路线进行归类，设计缆车票、高铁票与船票等活动道具，让读者追寻诗人脚步踏上"诗与远方"的旅途，更深层感受典籍背后的人文气息。

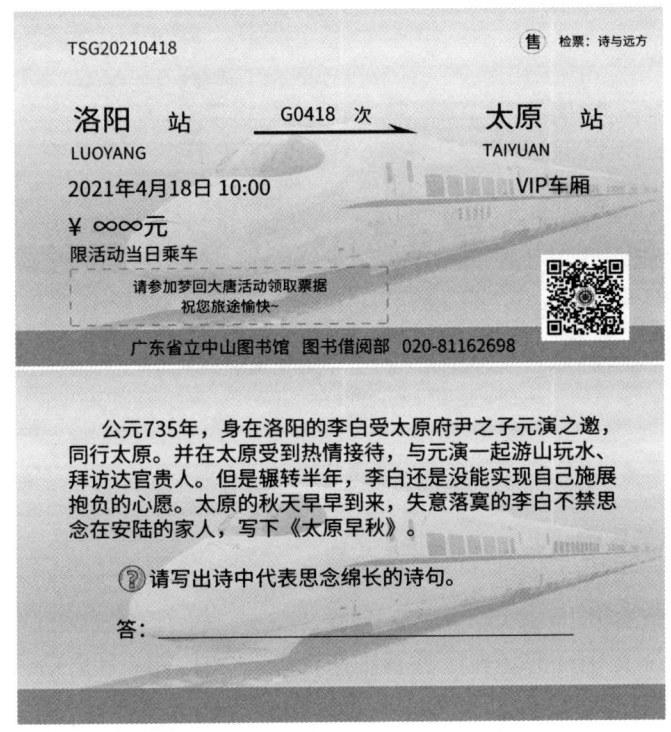

品读《李白集》"诗与远方"环节活动道具——高铁票正反面

3.通过个性化指导助力精准阅读推广

图书馆员可针对不同读者开展阅读指导，特别开设知识小课堂，根据受众年龄、文化程度等因素灵活调整任务难度。如在校园开展品读活动时，选用折纸、画脸谱等青少年感兴趣的内容设计活动；为老年读者提供阅读活动线索，协助其完成任务；为有深入了解需求的读者提供荐读书目，拓展其阅读面。

4.征集读者体验感受，调整、优化活动设计

每期活动均会设置"集思广益"环节，收集读者对活动的评价及反馈。活动后根据读者的反馈意见，及时在下一期的内容设计和游戏设计中进行改善和优

化。如根据读者的反馈在活动中加入诗歌吟诵，以及加大课堂PPT上的文字等。

馆员在小课堂开展阅读指导

四、成效与影响

（一）参与人群

"中华传统文化百部经典"教育推广活动于2019年6月启动，在广东省立中山图书馆每月举行一期，采用线上线下相结合的方式开展，读者反响热烈。截至2021年10月，该活动已举行40场次，线上科普推文阅读量超30000人次，阅读闯关环节通过率达95%以上，读者辐射面从广州市内延伸至广东省外。参与线下体验活动的读者涵盖各年龄段、各行业领域的人群。据回收的505份（每期活动控制在40人以内）有效调查问卷统计，在参与活动的读者中，15岁以下的为180人次（占35.7%），16—24岁的为74人次（占14.6%），25—40岁的为127人次（占25.2%），41—50岁的为32人次（占6.4%），51—60岁的为35人次（占6.9%），61岁及以上的为57人次（占11.2%）。

（二）回归阅读

活动立足文本，结合线上线下立体推广模式，通过趣味推文、荐读视频、

"云共读"及阅读闯关任务，有效指导读者阅读。馆员依托馆藏资源，依文学体裁的发展源流，参考大量有关诗歌理论、神话传说、文字学、语言学等多学科专业性文献资源，充分保障活动内容的专业性和系统性；在选题的策划、组织和安排上，充分发挥专业学科馆员的优势，立足文本进行分析解读，以浅显而有趣的内容为切入点，开展系统性、长效性的阅读推广工作，使得读者对荐读典籍形成一定的阅读认知。在此基础上，以当代人喜闻乐见的文风编写趣味科普推文，设计与当期推文内容相契合的H5互动游戏，制作与内容相关的趣味科普荐书短视频，并以"云共读"的形式让读者对文本进行个性化的演绎等，带领读者多角度地品读经典。在线下阅读体验活动中，巧妙运用游戏化服务理念，将文本内容拆分并据此设计数个游戏任务，通过读者的感官体验，激发读者对中华传统文化典籍的阅读兴趣，有效实现指导读者学习传统典籍阅读方法的目标。

（三）社交阅读

活动寓教于乐，引入立体阅读的理念，将传统文化典籍的内容融入图片、声音、影像、游戏等多种元素，并将这些内容置入不同感官阅读体验环节中，以充分激发读者阅读兴趣。在线上品读活动中，读者可以借助活动平台与负责活动策划的图书馆员进行线上反馈和交流，根据自身的阅读体验提出意见及建议。如馆员根据读者需求及时调整推文内容，对推文中提及的生僻字加注拼音，并在推文中同步推荐适合不同阅读水平读者的馆藏书目，精心制作相关推荐书目的趣味科普小视频，便于读者的延伸阅读。在线下阅读体验活动中，读者可以在参与活动的同时，借助活动平台更好地融入不同的社会群体中，而且可以针对每期的主题与不同年龄层群体进行面对面的探讨交流。活动后，读者可以选择加入活动微信群，在线上获取相关阅读资讯，建立长效交流机制。

（四）多方合作

活动兼具教育意义和趣味性，可复制性强，受到省内地级市公共图书馆及学校图书馆等同行的关注。2019年10月起，广东省立中山图书馆与中山纪念图书馆合作，结合中山纪念图书馆总分馆阅读推广项目，在中山市的多家基层图书馆开展6场四大名著教育推广活动，有效实现资源互通，充分发挥广东省立中山图书馆作为省级公共图书馆的示范引领作用。除与基层公共图书馆开展合作外，广东省立中山图书馆还积极推动中华传统典籍阅读推广活动进校园，与学科教育有机融合，充分发挥公共图书馆的社会教育职能。2019年11月起，广东省立中山图书馆联合广东省实验中学荔湾学校，在该校图书馆开展3场典籍阅读推广活动。此外，广东省立中山图书馆还积极借助多方社会团体力量，实现资源共享、合作共赢。2019年7月，在由广东省文明办、广东省文化和旅游厅主办的广东省"志愿童行"亲子文化艺术公益夏令营中，广东省立中山图书馆开展了主题为"趣游'三国'，品读经典"的专场活动。

五、分析与总结

（一）持续有效，开拓创新

区别于常见的"专家线上直播间""你讲我听"等经典阅读活动模式，该活动充分运用新媒体平台，以更具时代气息、更贴近生活的活动形式开展线上阅读活动。如在图书馆微信公众号、抖音、微博、微信小程序等新媒体平台，推送科普推文、发布馆员荐读短视频、开展朗读作品征集活动。借助这些新媒体平台，该活动使得文本、图片、声音、影像等多媒体信息与阅读载体有机融合在一起，让读者获得更丰富的阅读体验，创新经典阅读推广模式。在激发读者阅读兴趣的同时开展专业的阅读指导，鼓励读者发挥阅读主观能动性，主动感受、体验经典文本，与传统典籍在思想与心灵上展开对话，汲取智慧，陶冶情操，提升修养。

（二）更新迭代，影响广泛

活动自开展以来，活动主题、活动形式不断更新。线下的"梦回大唐"系列活动，以典籍文本为基础，深入挖掘其文化内涵，从艺术审美、文学创作、历史等角度出发，由点及面，深入浅出，设计出不同的活动环节；线上品读活动则借助新媒体平台，将大知识点拆解，将小知识点串联，以推送趣味科普推文、发布馆员荐读短视频、设计契合主题的H5小游戏等方式开展活动。无论是线下还是线上，活动都通过极具立体化的呈现方式，让书写在古籍里的文字"活"起来，帮助读者加深理解，激发阅读兴趣。

活动兼具教育意义和趣味性，可复制性强，影响广泛。广东省立中山图书馆多次与省内各地级市公共图书馆合作，充分发挥省级公共图书馆的示范引领作用；积极推动中华传统典籍阅读推广活动进校园，与学科教育有机融合，充分发挥公共图书馆的社会教育职能；加强与社会志愿团体合作，开展专场活动，扩大活动的受众面。

（三）激发创意，培育队伍

图书馆员是阅读推广人队伍的中坚力量，应该在阅读活动中发挥个人的聪明才智，同时也需要在活动中不断提升自身文化修养，为读者提供更专业的阅读服务。活动由图书馆身处一线岗位的阅读推广小组成员策划实施，他们了解用户需求，熟悉中华传统文化典籍相关馆藏资源的分布情况。图书馆员在确定活动主题之后，深入阅读原著，查阅大量参考文献，探讨活动所涉及的内容，并借助网络平台获取相关资讯，结合用户需求，最终将活动主题分解为若干个生动有趣的子主题。在确定子主题之后，图书馆员构思推文内容，设计配套的H5阅读闯关小游戏，利用各类新媒体平台，开展不同类型的活动。此外，图书馆员还应及时响应用户反馈，与用户充分互动。在此过程中，图书馆员的文化素养得到了提升，在阅读推广方面的专业能力与竞争力不断增强。

文利情　谭翔尹　游锦媛　马杰（广东省立中山图书馆）

项目组成员及分工情况：文利情，负责活动统筹、组织；谭翔尹，负责制定活动方案、协助组织策划；游锦媛，负责活动实施，协助制定活动方案；马杰、陈志芬、陆嘉瑶，负责活动环节策划与实施。

☞ **专家点评**

这实在是一个优秀的阅读推广案例！该案例将新媒体的技术手段用于推广传统的经典文献。通篇读下来，我切实地感受到了立体阅读的魅力。希望能持续下去，并不断地加以创新。相信它会取得越来越好的阅读推广效果！（李武）

案例五　打造立体化科普知识学习中心

一、开展背景

（一）政策支持

科学技术是第一生产力。2006年国务院发布《国家中长期科学和技术发展规划纲要（2006—2020年）》，将"合理布局并切实加强科普场馆建设，提高科普场馆运营质量"作为"加强国家科普能力建设"的重要策略[①]。《中华人民共和国科学技术普及法》规定："科技馆（站）、图书馆、博物馆、文化馆等文化场所应当发挥科普教育的作用。"[②]

（二）现实催化

广州图书馆作为广州市乃至广东省的文化窗口单位，承担着为公众提供文化培育及社会教育的责任。《广州图书馆2021—2025年发展规划》将"第三空间"理念融入广州图书馆科普中心的实践中，结合自身馆藏特点，打破了传统的图书分类方式，综合采用知识分类、主题归类的方式，将不同载体的科普资源有机整合在科普中心内，便于读者阅览和学习[③]。

广州图书馆科普中心关注智慧医疗、新基建、大数据、区块链、人工智能等热门话题，在信息爆炸时代，致力于为读者提供权威、专业、高品质的阅读内容。其"健康大讲堂"子品牌更是响应了"健康中国"的国家战略号召，自2017年创办以来，一直坚持为读者带来权威、科学、实用的健康知识，受众

---

① 国家中长期科学和技术发展规划纲要（2006—2020年）[EB/OL].[2020-04-15]. http://www.gov.cn/gongbao/content/2006/content_240244.htm.

② 中华人民共和国科学技术普及法[EB/OL].[2002-07-05].https://www.kepuchina.cn/more/201606/t20160610_12410.shtml.

③ 广州图书馆2021—2025年发展规划[EB/OL].[2020-04-15].https://www.gzlib.org.cn/devplan/index.jhtml.

广泛，影响深远。

二、主要内容

（一）主题空间的构建

1.阅读空间

广州图书馆将原科学技术图书区和综合性图书区整合，升级改造为广州图书馆科普中心，在满足读者基础借阅服务的同时，拓展阅读推广活动空间，以适应读者在场景式阅读、跨学科研究、公共社交等方面的不同需求。

2.展示空间

广州图书馆拓展与科普协会、科学院、医院、企业以及科普爱好者的联络，增加了创造、展示等多种形式的阅读活动，构建出整合了文献资源、社会合作伙伴、读者群体的多层次展示空间。

3.社交空间

以促进科普馆藏资源利用为目的，搭建读者与科普专家沟通的社交平台。

（二）文献资源的建设

1.丰富纸质资源

广州图书馆2020年2月的在馆文献资源数据显示，不含已借出的馆藏，科普中心仅在馆的图书文献已接近三十五万册。

2020年2月科普中心在馆文献数量分类统计

单位：册

分类	自然科学总论	数理科学和化学	天文学、地球科学	生物科学	医疗卫生	农业科学	工业技术	交通运输	航空、航天	环境科学、安全科学	综合性图书	合计
数量	2936	14372	10035	8652	91135	17244	171244	12657	1922	8743	6538	345478

2.海量电子资源

广州数字图书馆是广州市数字图书馆的中心门户网站，读者注册并登录后可免费使用所有数字资源。科普中心可提供服务的电子资源如下：①综合数据库，如中国知网、读秀学术搜索、万方数据等；②电子图书，如畅想之星电子书、超星电子图书数据库、书香中国电子图书、阿帕比电子图书等；③电子期刊，如龙源人文电子期刊阅览室、博看电子期刊。科普中心最富有特色的资源是其开放存取资源，包括来源于国家科技图书文献中心的"开放获取资源集成检索系统""外文回溯期刊全文数据库"以及"中国科技论文在线"等。所有最新的、热门的前沿科技信息在科普中心皆可不受限制地被获取，为技术型读者提供了极大的便捷。

3.特色资源服务

读者可通过"读者荐购"服务自主定制采购目录，图书馆可根据读者的需求进行倾向性采购，这样在提高科普资源利用率的同时，也满足了读者的个性化阅读需求，避免了盲目采购。

（三）活动的开展形式

1.主题讲座

科普中心举办大型主题讲座，邀请权威专家以深入浅出的方式讲解科普知识。

2.互动沙龙

区别于主题讲座，互动沙龙以小而精的读书分享会形式开展，缩近读者与专家的距离。

3.专题书架

科普中心根据活动的主题，以科学的方式甄选资源，设置主题阅读专架，便于读者在讲座后拓展阅读。

4.科普展览

科普中心不定时与科普机构联合举办科普知识宣传展览。

2021年，科普中心与广州市禁毒教育馆合作开展禁毒展览

5.科普小册子

科普中心精选特色主题讲座，汇编专家课件和常见问题解答的资料，结集成册，以飨读者。

6.科普专栏

科普中心在广州图书馆微信公众号开设科普专栏"科普在线"，定期发送相关的科普知识，内容包括对各类科普电子书、科普网站、知识频道、科普节目、纪录片的介绍，以及馆员书评、科普主题活动追踪报道等各类文章。

（四）推出精品品牌活动

科普中心旗下的系列化品牌活动包括"健康大讲堂""生态文明""AI：智能颠覆时代""宇宙漫步：从大爆炸开始的宇宙编年史""从一粒原子，到无穷宇宙""生命之美：奇异的动植物""营造法式：建筑与人文"等。

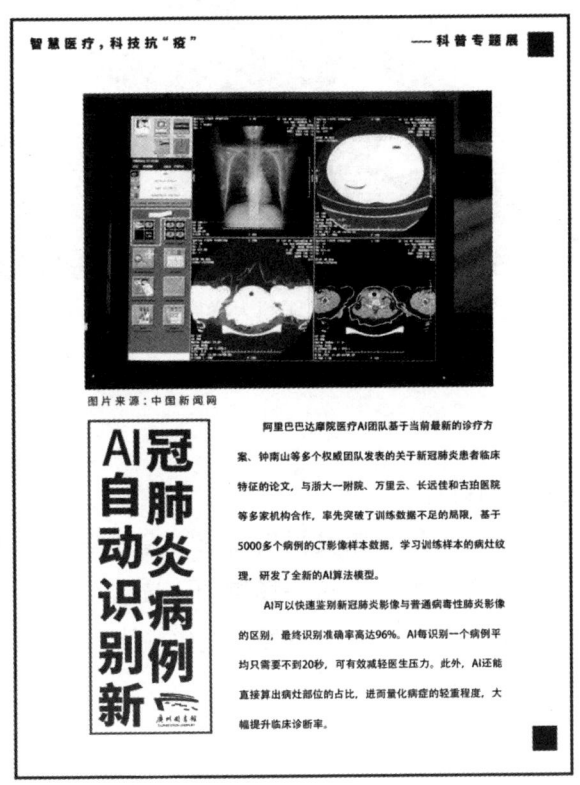

2020年开展以"智慧医疗，科技抗'疫'"为主题的科普专题展

其中，"健康大讲堂"是科普中心的精品品牌。"健康大讲堂"品牌与南方

医科大学第三附属医院开展合作，每期都围绕健康领域的主题为广大读者带来权威、科学、实用的健康知识讲座，讲座中还适时增加了互动和实操内容，可以有效调动听众的学习积极性，同时引导广大读者利用广州图书馆平台获取相关资源，有利于提高读者的信息知识素养。从2017年至今，"健康大讲堂"已走过4个春秋，共开展了28场56个不同主题的讲座活动，其品牌形象扎根于读者心中，形成了相对稳定的受众群体。

2020年1月，"健康大讲堂"活动现场，南方医科大学韩鲁浙大夫为读者讲解"甲状腺疾病为何重女轻男"

三、项目过程

（一）立体化的空间设计

科普中心的场馆设计由图书馆员提出需求，专业空间设计师实施设计改造，实用性强，视觉效果良好。在这一场馆中，读者可以"读"科普、"搜"知识、"观"展览、"聚"互动、"学"真知，五位一体的立体化服务一应俱全。

（二）品牌化的阅读推广

1. 品牌定位

科普中心旨在于通过线上线下的一系列活动，建立一个有特色、有吸引力的阅览空间，营造良好的科普文化氛围，打造城市新型科普文化基地，以期达到普及科学技术知识、倡导科学文化、弘扬科学精神的目的。

2.品牌战略

（1）设计文创产品。借文旅融合之契机，科普中心制作书签等文创产品并派发宣传，提高活动品牌认知度。

（2）编制宣传小册子。为强化科普宣传的效果，科普中心针对活动的主题，制作"精梳理、广宣传、深解读"的宣传小册子免费派发给读者，加深读者对活动品牌的认识。

（3）邀请媒体宣传。科普中心每期活动均得到南方生活广播、家庭医生在线、39健康网等媒体的广泛宣传报道，有利于提升活动的品牌形象。

（三）科学化的书目推荐

科普资源的特质要求图书馆推荐书目要严谨，专业化、规范化程度高。主题书架所推荐的图书均为科普中心馆员精挑细选，至少具备以下条件之一：①贴合活动主题；②借阅量高；③为"中国国家图书奖""世界华人科普奖"等的获奖图书；④是优秀出版社出版或由优秀作者编写；⑤活动主讲嘉宾的推荐。

（四）专业化的人才队伍

科普中心配备专门的学科馆员来进行项目活动推广，并定期对他们开展专项培训，以提高学科馆员的专业素质，充分发挥学科馆员的专业特长，使他们从读者的需求出发，深刻了解用户需求，提供学科化、个性化、知识化、泛在化的服务。科普中心还积极申报研究课题，以学术研究促进工作创新，提高学科馆员的科研水平。

四、成效与影响

（一）基于项目运作可持续性的成效与影响

1.权威的社会力量参与项目

以"健康大讲堂"品牌活动为例，活动主讲者均为南方医科大学第三附属医院副高以上职称的医学专家，临床经验丰富，科普内容严谨准确，在现场的解答特别有针对性。广东广播电视台南方生活广播《名医面对面》节目组为每期活动提供活动前预热宣传，活动中的主持人、设备以及活动内容全程录播等支持。

2.活动的内容扎根于大众

科普中心的活动主题均需通过读者调查得以确定，讲座内容会尽量避免

2017年"预防老年人跌倒有妙招"医学讲座宣传海报

涉及深奥的科学理论，兼备科学性、通俗性和趣味性，以普通大众或非专业人员为普及对象，用通俗易懂的语言传播科学知识和理念。

3.肩负社会责任，关注特殊群体

在"健康大讲堂"品牌活动中，老、幼、病、孕等特殊人群得到重点关注。①活动按照不同年龄段特殊人群的重点疾病设定主题，关注"老"和"幼"，如举办婴幼儿育儿护理、青少年饮食卫生、中年心理压力疏导、老年养生食疗等主题活动。②关注"病"，针对常见的职业病开展呼吸系统疾病防治、皮肤病防治和放射性疾病等职业病防治主题活动。③关注"孕"，针对孕产妇开展"母亲节的快乐 妈妈从孕期开始""三八妇女节关爱女性健康"等主题活动①。

"健康大讲堂"就特殊人群的重点疾病提供权威性的讲座内容，以达到科普效果最大化，并希望以此避免特殊群体

① 潘飞.基于4C理论的公共图书馆阅读推广活动创新研究——以广州图书馆"健康大讲堂"为例[J].图书馆工作与研究,2020(2):104-109,128.

因找不到获得科学知识的途径，而被虚假信息蛊惑，延误病情。

（二）基于图书馆阅读推广评价系统的成效与影响

1.活动相关区域的外借文献量

2017—2019年，科学技术图书区年外借文献量分别为66万册次、67万册次和63万册次，示范性服务体系效益显著[1]。

2.读者对图书馆活动的评价

广州图书馆2019年年报调查显示："受访者对广州图书馆品牌活动的整体满意度高达98.6%。其中，位列榜首的是活动现场氛围，满意度为97.4%；其次是活动开展形式，满意度为97.1%；再次是活动的互动性，满意度为95.6%；最后是活动宣传力度，满意度为93.9%。"[2]

（三）基于读者感知的成效与影响

1.阅读素养的变化

广州图书馆2019年年报调查显示："98.2%的受访者表示能够从活动中学到新知识，97.5%的受访者表示乐于阅读相关书籍，96.9%的受访者认为通过参加活动提升了个人素质和能力。"[3]

2.阅读行为的变化

广州图书馆2019年年报调查显示："95.8%的受访者认为通过活动加深了对图书馆的认知，91.1%的受访者表示愿意主动转发活动信息，分享活动心得。"[4]

从上述数据可知，读者对能够从活动中学到新知识的认同度最高，其次是乐于阅读相关书籍，说明广州图书馆读者活动能够有效结合文献资源进行文献推广，让读者学到新知识，提升个人素质和能力[5]。

五、分析与总结

（一）注重成果展示推广

1.汇编科普小册子宣传科普知识

为延伸科普中心宣传教育的范围，加深听众对科普知识的了解程度，科普

---

①②③④⑤　广州图书馆.广图年报[EB/OL].[2021-06-27].http://www.gzlib.org.cn/gzlibYearReport/index.jhtml.

中心在每期讲座活动后，会收集专家讲座的课件，并记录读者互动的知识问答，将科普知识和专家建议精编汇总，印刷成科普生活指南，免费发放给读者。

2.利用媒体加强社会宣传

（1）传统主流媒体报道。科普中心邀请社会主流电视台和报纸进行跟踪报道，充分利用信息化网络平台，积极宣传每期科普活动。

（2）利用新媒体平台宣传。科普中心利用新媒体成本低、宣传面广的特点，扩大宣传范围，将每期科普讲座内容及时汇总整理，在广州图书馆的微信公众号、官网和微博上宣传。

（3）利用合作方的影响力进行宣传。以"健康大讲堂"品牌为例，该活动每期讲座均邀请南方生活广播、家庭医生在线、39健康网及南方医科大学第三附属医院等合作方在其相关网站上宣传，达到信息共建共享的双赢局面。

2018年"健康大讲堂"合作方在"家庭医生在线"网站上宣传

3.录制科普学习视频，突破时间空间的限制

每场讲座均由专业机构录制成视频，相关工作人员通过后期加工将之制作成课程，在征得主讲人授权后发布到广州图书馆官网、官方微信公众号上，让读者可以通过网络点播学习所需的科普知识，突破时间、空间的限制，以此扩大受众群体。

（二）保障机制落实到位

1.项目化的分工统筹推进

（1）项目调查评估

①对现今科普需求进行分析；②对科普协会、科研单位、科技企业单位人

员进行访谈调研；③对馆内读者开展问卷调查。

（2）项目组织架构

①明确责任主体：文献流通部负责科普中心建设方案的提出及项目实施。②明确跨部门合作职能：业务办公室负责空间指引标识、科普中心服务流程与服务制度的审核；采编中心、网络服务部、纪录片中心提供关于科普中心相关馆藏资源的建议、意见以及特色文献资源的补充、支持；物业与资产管理部为招投标工作提供指导，提供必要的设备设施及物资的后勤保障；安全保卫部对空间改造中牵涉的消防安全问题提供意见；技术部提供技术支持。

（3）项目规章制度

①制定章程及其组织架构；②确定工作目标及其运作机制；③制定场地安排、工作协调与组织管理规范；④编制项目培训守则。

（4）项目策划实施

①统筹策划：前期撰写方案并规划分配任务；中期监控各项工作以确保项目有序进行；后期召开活动总结会并根据活动开展情况制定今后的发展策略。②外部联系：前期联系合作方并培训志愿者；中期接待合作方进行无缝协作；后期对合作方和读者进行回访。③宣传组织：前期与广告公司沟通协商海报设计，在图书馆官方网站、官方微信、部门微信及各楼层服务台电视屏上宣传投放；中期主持活动流程；后期撰写活动报道并发布。④阅读推广：前期配合主题做好专题书架设置计划，制作图书推荐幻灯片并通过图书馆、服务台显示屏等渠道发布；中期现场推荐书目；后期总结图书推荐的效果制定今后的推荐策略。⑤财物管理：前期申领物资；中期布置场地并调试设备；后期经费报账。

2.引入绩效评估机制

绩效评估基于图书馆的阅读推广活动评价，主要从图书馆角度出发，分析阅读推广活动开展中与图书馆相关的指标。包括以下内容：

（1）根据拟定的阅读推广主题组织策划科普活动的次数。

（2）分析活动的实施质量，判断是否达到预期目的。

（3）活动开支的预算以及需动用的人力。

（4）读者对科普主题活动及科普中心品牌的认知度。

（5）专题推荐图书的借阅量统计，推荐书目的可获取性，以及读者对文献资源的利用率。

（6）专业咨询服务次数。

（7）参与阅读推广活动的读者人数。

3.引入受众评价机制

基于读者的阅读推广活动评价主要从读者角度出发，分析阅读推广活动中与读者相关的指标。包括以下内容：

（1）活动是否让读者的需求和期待得到了满足。

（2）活动是否具有创意和新意，可以吸引读者前来参加活动，享受阅读。

（3）推广模式是否推陈出新，宣传口号是否鲜明、具有特色。

（4）读者参与活动是否便利。

（5）读者对馆员或其他工作人员服务态度是否满意。

张若兰　罗逸生　卢致尤（广州图书馆）

项目组成员及分工情况：张若兰，负责撰写案例材料；罗逸生，负责案例活动的馆内申报工作；卢致尤，负责撰写案例材料、主持活动的开展；陆庆强，协助完成活动开展；周洁霞、潘飞，负责调研活动案例服务实践、创新及未来发展研究；左晓琳，负责调研健康素养教育的特色亮点，明确开展活动的内容、方法和步骤；严晶晶、黄荣辉，负责协助日常活动的开展。

☞ **专家点评**

> 广州图书馆基于科普中心，从空间打造、文献资源建设、主题书架、活动等方面开展了系列工作，以促进用户对该空间的利用。科普中心打破了传统的图书排架方法，将同主题不同载体的资源集中到一起，更方便用户获取同一主题的资源，其交流空间的打造也很有新意。不足之处在于这个系列活动的内容较庞杂，作者主次摘选不太得当，篇幅虽然已经很长，但亮点与层次仍不太清晰，对于"健康大讲堂"以外的活动亮点展示不够。如果这是最大的亮点，不如就以"健康大讲堂"项目作为案例来写。分析总结部分写得偏长，但是没能深入挖掘出可供推广的经验。（邓咏秋）

案例六　辽宁省图书馆
红色经典电影阅读推广活动"聊影说书"

一、开展背景

随着多媒体技术和网络技术的发展，新媒体改变了人们的阅读方式和资源获取方式。辽宁省图书馆（简称"辽图"）顺应现今社会读者的需求变化，打造"多媒体阅读空间"，创建经典阅读品牌，利用先进的多媒体设备和资源，开展包括"聊影说书"电影阅读推广活动在内的各项多媒体阅读推广服务，以巩固传统阅读群体，吸引新型阅读群体，增加各类型读者数量，提高图书馆空间、设备和资源的利用率，让馆藏文献资源发挥最大的作用。同时，辽图还积极发挥馆员个人能力，以视与听、解读与分享相结合的方式开展经典阅读活动，从多媒体资源借阅转变为信息传导员，为读者提供个性化、专业化的服务。

"聊影说书"以电影为媒介介绍历史文化知识，依托丰富的馆藏文献类型，借助丰富的多媒体信息资源，推出红色经典、名著改编、获奖佳片赏析活动，通过线下、线上活动，开启常态化电影阅读服务，由读者观摩影片延伸至分享阅读心得、阅读经典书目、利用馆藏资源，使读者在满足视听之娱的同时，寓教于乐，获得新知。

2016年1月，辽图新馆多媒体服务区影音欣赏室开始向读者提供经典影音观摩服务，但随着多媒体阅读的逐渐深入，读者不再满足于影片欣赏，希望增加电影阅读推广活动的频次。时值中华人民共和国成立70周年之际，电影阅读推广活动一改以往仅在每年读书节期间开展电影阅读推广活动的形式，于2019年10月起推出常态化电影阅读推广活动——"聊影说书"活动。为达到电影引导阅读、增加阅读量的目标，辽图以现场活动为主体，在阵地推广的基础上，衍生创作"聊影说书"系列视频，加强微信公众号、网络视频和网络直播等线上推广，并辅以微信群、QQ群等社交平台工具，调动社会力量，在提升价值和效率的同时降低成本。

二、主要内容

"聊影说书"作为讲座型电影阅读推广活动，围绕全民阅读开展多元化红色经典阅读，以弘扬主旋律，传播正能量。包括：

（一）电影阅读推广讲座

辽图每月举办一场讲座，每期选取一部经典电影作品进行介绍。主创人员将"电影"和"书"有机结合，探究每一部电影背后涉及的历史背景、文化特征、传说故事以及相关书籍，旁征博引，使读者从新的角度出发知道电影怎么看、书怎么读。该活动在辽图移动图书馆App进行同步直播。

例如，在2020年4月23日《我不是药神》电影阅读推广活动中，辽图借北京大学经济学教授周其仁著《病有所医当问谁——医改系列评论》一书谈中国的医保与医改沿革；2020年5月6日的活动解读电影《厨子 戏子 痞子》，

2018年4月21日读书节期间，辽宁省图书馆影音欣赏室举办活动，解读由著名作家麦家的经典原著《风声》所改编的同名影片

盘点世界上曾发生过的细菌战和传染病事件，总览近百年来人类的抗疫历史，让读者深刻体会当前全球新冠疫情下中国人民的伟大抗疫精神。

辽图选取的红色经典阅读紧跟时下新上映的热点影片，如解读《金刚川》，学习抗美援朝精神。活动以全新视角为广大读者解读经典电影，回眸中国近当代史，看大国崛起之路，内容既涉及抗日战争、解放战争，也有改革开放以来在经济、法制、医疗、对外传播等领域的伟大成就，读者参与度高，活动现场气氛热烈。辽图移动图书馆 App 支持观看历次直播回放。

（二）主题影片观摩

辽图每周开展三场红色主题影片观摩交流和电子书荐阅的爱国主义宣传教育活动，观众可以以观后感的形式分享学习心得，图书馆联合电影数据库商在每月、每季、每年选出最佳读者，以资鼓励。

例如，2017 年 11 月 20 日至 12 月 20 日，辽图开展了为期一个月的国产 3D 红色经典动画影片《冲锋号》的观摩活动，吸引周边学校、幼儿园的学生前来观看；并于 2018 年 2 月寒假期间又进行了连续 15 天的展映，让学生在观影后写下感想。2018 年 10 月 21 日，为庆祝沈阳解放 70 年、改革开放 40 年，辽图组织观看浑南区党史专题片《难忘的记忆》，并邀请浑南人讲述浑南事，读者可通过当事人讲述的亲身经历的真人真事学习党史文化。2021 年 4 月至 12 月，辽图推出"光影铸魂　不忘初心"百部经典影片欣赏活动，以光影形式回顾党的奋斗历史，为本地区基层党组织、社会团体、个人提供多种形式的党史学习教育活动平台。辽图还通过线上电影图书馆开辟"红色影片经典回顾"专栏，读者只要注册成为辽宁省图书馆数字读者，即可通过辽宁省图书馆网站在线观看。该资源全省共享，为基层图书馆、广大乡村读者提供服务。

（三）"聊影说书"系列视频

每场活动中，辽图都会制作 4 至 8 条视频用于现场展示。在讲座结束后，辽图还要对讲座视频文本进行二次编辑，创作知识性短视频，并在本地 VOD 点播平台及辽图微信公众号、移动图书馆 App、抖音、腾讯、微博、斗鱼等平台发布。视频中附有馆藏电子书二维码，辽图注册读者可以即扫即读，实现线下讲座互动与线上数据库利用学习的结合。

2021年4月24日，沈阳市中兴街小学六年级部分师生观看影片《夺冠》，并通过朗读亭或朗读小程序抒发爱国情感

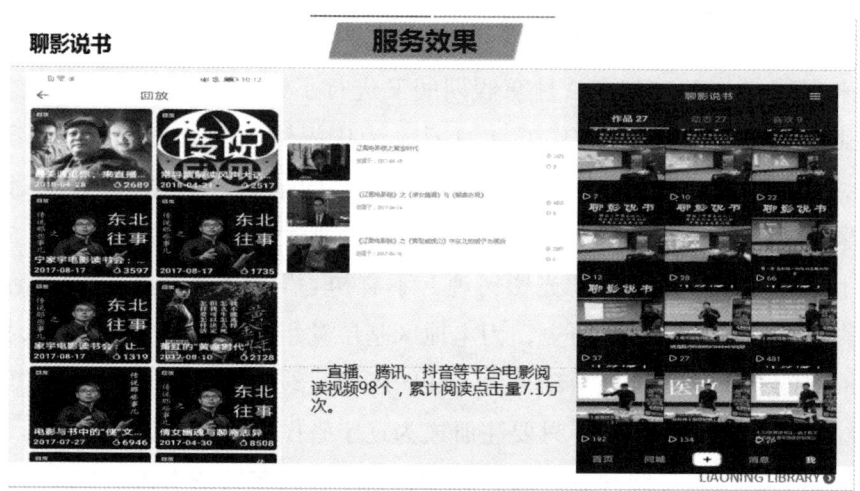

由"聊影说书"活动衍生而来的知识视频

三、项目要求

（一）组建团队

"聊影说书"活动团队以辽图馆员团队为核心，为受众提供相关服务信息，让品牌成为读者心目中的权威专家。

（二）重视品牌形象效应

团队对品牌内容、Logo、理念进行总体规划。

（三）打造多媒体阅读空间

多媒体阅读空间的环境设计和布局应符合电影阅读推广活动的需求，全方位营造温馨、舒适的活动环境，让读者"扎营"在图书馆。

（四）在图书馆内持续宣传

团队制作宣传材料、展板、海报和志愿者手册放置于图书馆内，定期进行品牌和内容宣传。

（五）提高辽图的认知度

辽图借用大众感兴趣的"电影读书沙龙""电影配音秀""电影配乐制作"等文化主题举办活动，助力提升辽图的大众认知度。

（六）提供丰富在线资源

辽图利用官网将电影数字资源和服务整合为一体，读者能够随时随地阅读辽图的馆藏电影资源和电影文献。

（七）注重对馆员的培养

辽图对馆员进行专业培训和业务训练，提升馆员的积极性，使其能够以营销意识参与服务。

（八）活动流程

活动策划阶段，"聊影说书"活动团队安排专人进行策划，在活动前一周完成宣传文案撰写，易拉宝海报设计与印制工作，并在图书馆布置易拉宝进行宣传；在辽图微信平台发布活动图文预告，及时了解活动报名情况。

在活动现场，基于图书馆的性质，"聊影说书"活动将单纯的影片欣赏转化为立体化的"电影+阅读"，由真人进行解读，注重电影相关文献的推荐，引导读者在观影中知书读书。活动在辽图移动图书馆App进行直播，基层图书馆可同步观看。现场还安排专人拍摄视频素材，以备后续存档和二次创作。

活动结束后，团队对读者的现场感受进行现场调查反馈。

四、项目营销方法

辽图将"聊影说书"建设成为自有优质文创品牌，在三个阶段对品牌进行宣传和推广工作。

（一）制订系统性营销计划

图书馆品牌营销不同于普通的宣传推广，要涵盖宣传推广、社会合作、读

"聊影说书"在图书馆大厅布置易拉宝进行宣传

者反馈、志愿者服务等多方面规划。"聊影说书"从读者的需求出发,科学制定全年营销战略规划,从品牌发展战略高度进行营销,围绕读者需求及反馈分专题、有步骤地制定每月主题,以时间为轴,结合当前热点,以影片为切入点,为读者制订由浅入深的阅读计划。

(二)确立有效的评估机制

辽图每月定期对服务实际效果进行评估,具体从服务对图书馆活动人流量的影响、服务对图书馆形象的影响、读者反馈和宣传组织成本四方面入手,注重服务前后的绩效量化对比分析。及时总结服务创新的成果和经验,改进工作中的不足,并对后续活动进行及时调整,这样可以形成一个螺旋上升的良性循环。

(三)以新媒体为平台,加强用户体验,制定多方营销策略

在新媒体时代,图书馆要利用社会合作和多渠道分销等外部力量,为更广泛的读者群体提供品牌信息。

(1)社会合作。品牌注重与社会团体和专家的合作,定期邀请专业阅读推广人和电影爱好者进行交流。

（2）新闻传播。辽图通过《辽沈晚报》《沈阳日报》、北方网新闻等媒体对活动开展新闻宣传报道，在业界和社会公众中产生影响力。

（3）视频推广。活动在多平台同步直播，活动视频在全网分享，实现资源共享，从而完成精准传播和品牌视频化。

（4）利用微信公众号、微信群、QQ群、直播平台等新媒体平台为读者提供点对点式的服务。辽图利用图书馆读者管理系统发布活动信息，读者随时可以通过微信公众号中的"辽图活动"了解图书馆的各项活动，及时报名参加；通过大数据分析研究读者群体，实现活动主题的精准推送；通过QQ群和微信群为读者提供即时问答服务，读者可在群内找到电影同好者；开设网络直播，读者可在馆外同步观看或回放电影阅读活动。

五、项目效果与影响

（一）读者参与度

2016年至今，辽图开展"聊影说书"电影阅读推广活动621场，到场读者18363人次，线上通过移动图书馆App、斗鱼、一直播等平台同步直播及短视频抖音、腾讯视频点击观看量22万余次。在微信公众号中有关多媒体活动信息的读者浏览量为647870次。推荐阅读书目近千种，每场活动结束后数字图书馆的注册用户均有增加，累计拥有数字读者13111人，利用新媒体平台开展多媒体阅读在引导读者利用数字图书馆、移动图书馆方面发挥了很大作用。

（二）读者覆盖面

"聊影说书"电影阅读推广活动每年读者关注度都呈上升趋势，同时读者类型也在不断丰富。通过对读者类型的分析，活动及时调整活动的内容、时间、场次安排，使读者最初对活动的好奇心逐渐发展为对电影和读书的兴趣，进而留住读者，据此形成了稳固的读者层。我们利用品牌影响力为读者提供更深层次服务的同时，也提高了读者对影片的鉴赏能力，丰富了读者的休闲时光，形成了具有辽图特色的读者受众层。

（三）文献品种

"聊影说书"活动得到了辽图领导的大力支持，因而视听文献的馆藏资源量在2019年得到一个明显的提升。同时还新增了影院版数字电影，这大大缩短了新片与读者见面的时间。

（四）项目影响力

1.辽宁省图书馆的服务主要着眼于辽宁地区

辽宁地区受众的受教育程度普遍来说比较高，不只满足于基本的观摩影片需求，"聊影说书"解决了辽宁地区缺乏此类面向大众的电影阅读推广活动的问题。在新冠疫情防控期间，图书馆阵地服务停摆，但线上电影阅读推广活动的开展满足了本地区读者的电影观赏和书籍阅读需求。

2.搭建爱国主义教育、党史宣传大平台

红色经典电影阅读选题紧跟时代，视角独特。"聊影说书"活动用中国共产党取得的伟大成就激励读者，用中国共产党的优良传统教育读者，最终达到"宣教有用、工作有用、做人有用"的目的。

（五）读者反馈

读者对活动的评论能使我们了解活动的反响如何，并据此及时作出改进。例如，辽图在2020年1月元旦、春节期间推出3场电影读书活动，包括以基层士兵视角回溯解放战争中可歌可泣的英雄故事的《集结号》，以新东方、海尔等为例解读中国企业创业发展历程的《中国合伙人》，和以谍报史为切入点回顾中国人民与侵略者的智斗的《厨子 戏子 痞子》。读者反馈说："确实精彩，活动就连周一也能满座。老师语音动听，语言表达能力强，讲述电影故事引人入胜，扣人心弦，科幻、战争、商战都有所涉及，知识之渊博令人叹服！聊电影，说好书，听故事，真是辽宁省图书馆奉献给读者朋友们的最好礼物！"也有读者反馈了一些问题，例如："老师在讲座中有时语速快、思路跟不上，推荐阅读的图书没记住。""观看讲座完整回放时间有点长，能否精练？"根据反馈，我们把电影阅读活动精彩部分剪辑做成短视频，在"聊影说书"抖音号及电影阅读微信群等平台进行分享。讲座中推荐的延展阅读图书《激荡三十年》成为辽图2020年度读者借阅量排行第四名的图书。

（六）媒体报道

辽宁省图书馆"聊影说书"活动受到了《辽沈晚报》《沈阳日报》等多方媒体的关注。2020年5月13日《沈阳日报》发表《"云"中聊电影》报道；2020年8月4日《辽沈晚报》发表《辽宁省图书馆推出线上电影读书讲座》报道；2021年4月21日辽宁文化演艺集团官网发表《辽宁省图书馆举办百部国产优秀影片欣赏活动》报道。

六、项目意义

"聊影说书"将电影和文献有机地结合在一起，用电影引导经典阅读。阅读推广人的解读带给读者不一样的体验，实现从电影到阅读的跨越。辽宁省图书馆通过"聊影说书"活动，让越来越多的人喜欢阅读、享受阅读，有效地推动了全民阅读，对拓展全民阅读的广度、挖掘全民阅读的深度具有借鉴意义。

侯小云［辽宁省图书馆（辽宁省古籍保护中心）］

项目组成员及分工情况：侯小云，负责项目组织、策划及研究；姜浩天，主持项目工作；肖海鹰，负责项目中电影读书讲座部分组织运营与监督；吴嘀，负责项目主题影片观摩部分组织运营与实施；杜铮，负责项目主题影片观摩部分组织与实施。

☞专家点评

> 该案例的关键词是"多媒体"。首先，"聊影说书"不是一项单纯的图书阅读推广项目，而是一项以电影为媒介的多媒体阅读推广服务。其次，"聊影说书"在服务推广中充分运用了新媒体平台，制作系列视频并上传进行阅读推广。这种推广形式不仅有利于巩固传统的阅读群体，而且有助于吸引新生代阅读群体的参与。（李武）

案例七　以传统文化之美培育医学生文化自信

传承传统文化，坚定文化自信，已成为营造校园主流文化的重要组成部分。图书馆作为文化育人的重要场所，肩负着弘扬传统文化的重任。本项目通过打造"人间最美是《诗经》"、诗韵传"飞花"、雅颂猜灯谜、妙笔送"祝福"和民俗话剪纸等传统文化新体验活动，以传统文化之美启智润心，培育大学生文化自信，引领当代医学生筑牢医德信仰之基。

一、开展背景

2021年春节，河南卫视春晚《唐宫夜宴》舞蹈节目一播出，便收获诸多好评，它把文物背后的中华传统文化魅力、人文情怀和艺术神韵真真切切传递给了观众，这就是它能火"出圈"的最大原因。从李子柒到汉服热，从《诗词大会》到《国家宝藏》，年轻人在不断提升自身文化自信的同时，也把传统文化玩出了新花样。高校图书馆是弘扬传统文化的重要阵地，让传统文化焕发新的生命力是图书馆人追寻的目标。

河北医科大学图书馆打造培育传统文化阅读下的医学生文化自信系列活动，主要基于以下三方面的考量。

（一）传统文化强大的生命力

时尚根植于传统，传统也会随着社会发展不断创新，因此近年来我们看到传统文化频频"出圈"。而"出圈"这个概念也带来一个思考：传统文化有其内在的精气神，其凭借对内的凝聚力和对外的吸引力传承至今，看似是创新性的"出圈"，其实也是一种向传统的回归。

（二）新时代青年的发展需求

青年人对文化缺乏自信，主要是因为对传统文化缺乏了解，缺乏对本土文化的全面认识。青年时期是一个人成长与发展的关键阶段，其世界观、人生观和价值观正处于可塑与定型的交叉点上，需坚定文化自信，为其成长与发展提供持续动力、正确方向、坚定立场。

（三）医学生成长的现实需求

新冠疫情当前，无数医护人员冲锋向前，生动诠释着医务工作者的责任与担当，这也要求医学生在具备扎实的医学知识的基础上，兼具高尚的道德情操与强烈的社会责任感。医学教育与中国传统文化中重理论、重道德、重生命的思想相一致，这也是我们希望医学生学习传统文化，坚守医者仁心的初衷。

在此前提下，河北医科大学图书馆通过打造一系列传统文化之美"出圈"体验，为医学生奉上一场别样的传统文化之旅，激发传统文化的新活力。

二、主要内容

（一）设计思路

学习传统文化，贵在推陈出新，传统文化中凝结的才智之美、设计之美、创意之美是吸引青年人的终极要素。因此，深入挖掘传统文化内涵，打造优质的文化产品，强化青年人的文化认知，才能引领青年人从文化认同走向文化自信。中华民族是一个诗意民族，诗歌反映了中国人的一种生活观念，教会人们用艺术的眼光来看待人生。这种诗意的美是一种对生命的理解和感悟。中华传统文化中以人为本、对生命的敬畏也贯穿于医学教育的始终。

因此，河北医科大学图书馆选择从《诗经》出发，打造具有意境悠远之美、思绪飞扬之美、迷思穿梭之美、指尖流淌之美、虚实灵动之美的传统文化系列活动。活动从《诗经》开始，回归传统文化的源头，感受诗歌之美，以此寻根文化自信；以飞花令、猜灯谜的传统形式延续诗词之旅，感受不同场景带给我们的诗词意境之美，以此感悟文化自信；在凝聚了中华民族几千年文化和历史的书法、剪纸中感受传统文化的创意表达之美，以此表达文化自信。

（二）活动项目

1.意境悠远之美——人间最美是《诗经》

历史悠久而又博大精深的中华优秀传统文化积淀着中华民族最深层的精神追求，而诗词中蕴含了传统文化的核心价值观。河北医科大学图书馆通过

"人间最美是《诗经》"活动海报

诗词带领学生感受传统文化带来的心灵洗礼。活动之所以选择《诗经》，是因为它是中国古代诗歌的开端，其中饱含着亲情、爱情以及爱国主义精神等美好情感。

活动从鉴、赏、诵三方面打造多维沉浸式体验。

鉴，即通过《诗经导读》尔雅课程和《诗经》精讲在线学习给大家带来专业解读与鉴赏，带领医学生感悟《诗经》的深邃文化内涵。

赏，即开展以诗词歌赋为主题的丰富的线上线下主题书展，欣赏《诗经》等经典文学作品。

诵，即通过朗诵表达诗歌作品蕴含的思想与情感。通过开展《诵读艺术》学习讲座以及线上朗诵比赛，将医学生的理性与《诗经》的浪漫相融合，使二者得到尽情抒发。

这种多形式的呈现，令学生从中感受《诗经》文化精神与品格，在厚重的文化熏陶中净化心灵，不断提高自身修养。

2.思绪飞扬之美——诗韵传"飞花"

飞花令原为古人行酒令时的文字游戏，后逐渐演化成一种诗词游戏，它所呈现的美学意象充满生命的情趣。第一期"飞花韵和春"活动以"春、夏、秋、冬、花、月、夜"为令，感悟美好春光；第二期"热血丹心飞花令"以"战、马、国、军、戎、丹、剑"为令，庆祝中国共产党成立100周年，并开启了线上传飞花功能。图书馆通过这一活动，让学生感悟诗词韵律之美，探索生命的价值与人生意义。

3.迷思穿梭之美——雅颂猜灯谜

灯谜是一部"微型文学作品"，其内容表现了典章名著、民俗等知识以及人们对社会时政等的隐喻，蕴含着无尽的巧思。第一期猜灯谜活动以古诗词猜灯谜的方式探索诗词的奥秘；第二期设计了医学版猜灯谜，通过嵌入教学内容，让学生辨识解剖卡片，增长医学小知识。

4.指尖流淌之美——妙笔送"祝福"

古人从不为写书法而写书法，他们在书法中寄托了自己的精神追求与高尚气概。第一期"墨香笔韵"战"疫"书画活动用艺术的笔触讴歌战"疫"英雄，礼赞战"疫"事迹；第二期"描福字，送祝福"活动通过书法艺术体验，向医护人员致以美好祝愿。

读者参与"描福字，送祝福"活动

5.虚实灵动之美——民俗话剪纸

中国剪纸作为一种民俗文化，具有丰富的艺术形态，散发着质朴、生动的艺术魅力。河北医科大学图书馆设立了"趣剪纸"体验区，并配以中国民俗主题书展。学生在此可以叠纸、画形、剪样，展现自己的创意。这种将医学生严谨的科学精神与艺术灵感相结合的创意活动，让同学们充分地感受到了中国剪纸艺术的文化内涵及造型寓意的美。

读者参与传统剪纸体验

三、项目过程

（一）前期准备

河北医科大学图书馆在深入调研的前提下，确定以寻根传统文化、树立医学生文化自信作为活动主题。图书馆选择了极具代表性的民俗、艺术来策划文化活动，在实践的基础上加以创新；同时依靠读书协会等学生社团以及大学生第二课堂对活动进行广泛宣传。

（二）注重活动的直观性

活动注重学生对传统文化的直观体验。《诗经》语言优美、精巧，但晦涩难懂，需配合专业讲座以及朗诵比赛，才能使《诗经》更加深入人心；飞花令活动中，河北医科大学在传统形式的基础上利用移动平台开发了线上传飞花功能；猜灯谜活动则创新编写了医学知识名词灯谜，让医学生在传统与创新的升级体验中感受中华文化的恒久魅力；在书法绘画活动中，同学们为战"疫"送祝福，抒发个人情感；在剪纸活动中，河北医科大学图书馆设立民俗剪纸活动场所并配合主题书展，让学生可以亲自体验剪纸艺术，各种栩栩如生的剪纸作品展现了医学生精益求精的精神。

（三）项目延伸

为了使活动更深入、持久地开展下去，河北医科大学图书馆除了举办朗诵比赛、书展、民俗体验外，还专门设立了"传统文化月"，将传统文化推广进行到底。同时，还计划举办传统艺术培训课，如古典诗词朗诵、戏剧表演、书法、国画等课程。

四、成效与影响

活动开展近两年来，逐渐汇聚了一批热爱传统文化、弘扬传统文化的青年学子。"人间最美是《诗经》"朗诵比赛征集作品859件；诗韵传"飞花"第一期共计140人参与，第二期线上线下共计1168人参与；雅颂猜灯谜第一期诗词灯谜共计200人参与，第二期解剖学知识灯谜活动共计216人参与；妙笔送"祝福"第一期战"疫"书画征集作品1298份，第二期"描福字，送祝福"共计342人参与；"民俗话剪纸"两期活动共计323人参与。在活动过程中，河北医科大学图书馆相继举办了"遇见《诗经》"和中国民俗线上线下主题书展，并围绕"传统文化月"主题，通过微信公众平台发送推广信息上百条，点击率达上万次。

其中，河北医科大学图书馆就"人间最美是《诗经》"朗诵比赛参与情况进行了统计分析。由下表可以看出，低年级学生参与较为活跃。今后可针对不同年级人群，推送更为个性化的活动内容。

《诗经》朗诵参与者情况分布

年级	参与人数
2018级	135
2019级	378
2020级	346

通过对作品主题的统计分析，我们发现，同学们对《诗经》有了更为深入、广泛的了解，不再仅限于《采薇》《关雎》《桃夭》等令人耳熟能详的爱情

主题作品，对描写欢乐气氛的《鹿鸣》，以及描写劳苦者艰难境遇的《绵蛮》等不同题材的作品也有了更多的关注与理解，从而激发医学生的丰富情感，强加医德教育。

传统文化系列活动影响面广，可持续性强，同学们在学习与体验中收获了知识，培养了兴趣。该活动与图书馆文化育人的职能相辅相成，达到了推广阅读、弘扬传统文化和增强医学生文化自信的目的。

五、总结与展望

河北医科大学图书馆开展的以感受传统文化之美为主线的一系列活动，引领医学生享受传统文化的滋养，探寻根植于传统文化中的思想结晶，培育医学生文化自信，坚守医德信仰。

（一）创意聚焦，展传统文化之美

活动用创意形式挖掘传统文化内涵，发现传统文化之美。"人间最美是《诗经》"活动将诗词鉴赏、主题书展的传统学习方式与吟诵的演绎方式相结合，让学生更好地领悟诗词的含义，感受其中蕴含的深刻道理。活动也注重在传统文化中融入时代主题，如主题"飞花"活动在建党百年推出热血丹心飞花令；书法绘画以抗疫为主题传递温暖与力量；医学解剖知识灯谜、医学元素剪纸活动主题突出并富含美育的寓意，将传统文化与现实相结合。河北医科大学图书馆通过打造互动、开放的传统文化美学空间，实现医学生对传统文化的认同。

（二）科技赋能，为自信之旅插上一双翅膀

河北医科大学图书馆积极利用媒体融合，打破传统文化固有圈层的方式。"人间最美是《诗经》""飞花令"等活动利用网站、微信公众号以及各类App打造多途径、多维、立体化的活动体验，打破时间与空间的界限，极大地提升了活动参与度；通过分析整理各类数字化平台产生的大数据，推动今后相关活动的内容创作与创意设计，成为在新技术条件下推动传统文化创造性转化、创新性发展的有力支撑，如用大数据为读者画像，实现内容的精准推送。

（三）文化筑基，引领医学生恪守医德信仰

大批医护人员在新冠疫情防控期间冒着生命危险奔赴疫区，彰显了他们"医者仁心、敬业奉献"的大爱精神，也生动体现了他们对中华优秀传统文化价值观的接续与弘扬。传统文化系列活动滋养医学生的心灵，潜移默化地提升医学生的思想境界及精神追求，引领医学生走向文化自信，激励医学生用仁心、仁术造福人民。

焦玲霞　路青　易静　马岩　任婕（河北医科大学图书馆）

项目组成员及分工情况：焦玲霞，负责活动策划与指导；路青，负责活动方案策划与具体实施；易静，负责活动方案策划与宣传推广；马岩、任婕、芦丽娟，负责活动具体实施。

☞专家点评

社会主义核心价值观植根于中华优秀传统文化，而弘扬中华传统文化也成为营造校园主流文化的重要组成部分。近年来，这一主题也成为图书馆活动关注和策划的重点。本项目充分结合医学院师生的特点，设计了以感受传统文化之美为主线的系列活动，让学生在享受传统文化滋养的同时，探寻根植于传统文化中的思想结晶，从而培育医学生的文化自信，加强医德教育。本项目主题突出、推广渠道多元、组织形式立体。（蔡迎春）

第三部分　阅读分享与空间建设

案例一　一个长期可持续的校园读书会

——"净月·阅读分享会"

一、开展背景

"净月·阅读分享会"由东北师范大学净月校区图书馆阅读推广小组（以下简称"净月阅读推广小组"）从2019年开始策划与组织实施，以图书阅读或主题分享为活动内容定期举办线下活动，是以培育、养成、提升和开阔学生的阅读兴趣、阅读习惯、阅读能力、阅读视野为目标的一项大学校园阅读推广活动。经过不断的探索、优化与实践，该活动现已成为有一定特色和知名度、在校内外有一定影响力的阅读推广项目。项目曾获评"2019—2020吉林省图书馆行业阅读推广活动优秀案例"（吉林省图书馆学会阅读推广委员会评），项目主要策划、组织与分享者刘青华研究馆员也因此获得"2020年度最佳阅读推广人"荣誉（吉林省图书馆学会评）。

"净月·阅读分享会"的策划与开展，有其紧密的社会、学校和个人背景。

（一）社会层面

近年来，公共图书馆与高校图书馆积极响应国家"全民阅读"倡议、加大实施力度，各具特色的阅读推广活动如火如荼地进行，产生了许多优秀的、可借鉴的、可复制的阅读推广案例，涌现出许多有情怀、有能力、有影响力的阅读推广人。培育和践行社会主义核心价值观、展现中华文化的永久魅力和时代风采，既激励着图书馆人，也鞭策着图书馆人。

（二）学校层面

作为全民阅读示范基地，东北师范大学图书馆一直积极配合学校建设"书香校园"，着力打造有影响力的阅读推广品牌，如"方册精粹"和"书影随行"[①]。学校建有两个校区，即自由校区（也称主校区）和净月校区，两校区学生数量大体相当，但校区图书馆发展不平衡（因发展定位与经费所限），净月校区图书馆（简称"净月馆"）的馆员人数仅占全馆总人数的1/6，活动经费也很有限。如何在一个远离主校区的校园，打造出有影响力、有师生参与度、能持续发展的阅读推广项目与品牌，对于净月馆既是一个考验，也是一个挑战，更是一种追求。

（三）个人层面

"净月·阅读分享会"的主要倡导与策划、组织者为本案例笔者刘青华。笔者于2019年学校换届调整时从副馆长岗调整到净月馆参考咨询岗，出于对阅读和阅读推广的热爱与激情，笔者试图沉下心来，力求以"小步快跑"的策略逐步打造一个在净月校区落地生根、开花结果的阅读推广项目。在馆员身份之外，笔者作为硕士生导师，在图书情报专业的本科与研究生课程中讲授阅读推广活动策划与实践、案例分析等内容。同时，笔者也是中国图书馆学会阅读推广委员会委员、吉林省图书馆学会阅读推广委员会副主任，接受过中国图书馆学会的培训，获得了"阅读推广人"资质证书，还在省内外、校内外多次作有关"阅读与阅读推广"主题的报告和分享。2019—2021年，笔者作为报告人（分享者）参加的活动有25场，作为策划组织者和主持人参加的活动有27场。一种"阅读推广人"的理论自觉与行动自觉促使笔者策划此活动。

二、主要内容

（一）活动名称

净月·阅读分享会。

（二）活动标语

"阅读分享　见证成长"（主）、"我阅读　我分享　我成长"（副）。

（三）活动形式

活动以线下为主，线上为辅。举办地点以馆内举办为主，馆外举办为辅。活动分享者以东北师范大学校内分享者（教师/学者/馆员）为主，现场参与者交流为辅，后逐步发展到一些校外学者与本校学生也作为分享者参与活动。活

---

① 周秀霞,刘万国,刘青华."书随影行":东北师范大学图书馆的阅读推广探索[J].大学图书馆学报,2016（2）:76-79,75.

动每周一期，每月四期，其中三期为主题分享，一期为互动交流，后来还演化出师生共读与分享等形式。

（四）活动宗旨

践行知行合一、推进"全民阅读"、建设"书香校园"；彰显图书馆价值、提升图书馆地位，体现馆员专业素养、展现馆员专业情怀；对在校大学生，要培养其阅读兴趣、养成其阅读习惯、提高其阅读能力、开拓其阅读视野。

（五）活动主题

本活动从2009年6月开始正式以"净月·阅读分享会"之名举办，截至2021年末共举行了40期阅读分享活动。活动的主题如下：共读《书于竹帛》《儒林外史》；作为信息时代的民众——共读《信息简史》；探索与通向电影的圣殿——共读《荣誉》《通向电影的圣殿》；我为人间送小温——共读《汪曾祺散文全集》；文本与支点——共读《百年孤独》；模型思维的养成——共读《模型思维》；在地理中理解历史——共读《四夷居中国》；阅读时光播种时光——"时光管理"系列图书共读；探寻内心深处的小确幸——绘本阅读；俳句的读"写"译；因陀罗之网——共读《维米尔的帽子》；共读《娱乐至死》兼论新媒体的阅读逻辑和创作逻辑；我是谁我在何处——共读《尘埃落定》；在善与恶边际摇摆的人性——共读《路西法效应》；一页宋版书的前世今生——百字曾巩《局事帖》；楮墨芸香华夏纸韵——特藏文献参观活动；春风遍吻书卷小室静候少年——阅读交流活动；当我们谈论村上春树我们在谈论什么——作品共读与分享；先生之风山高水长——唐宋八大家主题文物展解读；如何界定全球化——共读《全球化面面观》；学习如何学习之共读万维钢；残破的樱花与其凋谢之路——共读《金阁寺》；阅读，一剂世界的解药；今夜，以故事讲述阅读；古书之美——古籍收藏阅读琐谈；从卡片写作法到"三意"写作观；两千年宏观视野下的历史真实——共读《秦制两千年》；文以载道——庄子眼中的宇宙与人生；文艺作品中的心灵；"乡·土·人·情"——理解费孝通；阅读中的信息素养；思维导图与阅读笔记等；以我们的漫谈告别阅读分享2021。往期分享活动概要，大多可在东北师范大学图书馆的官方微信公众号上查询浏览。

（六）宣传方式

第一，通过学校企业微信公众号发布每期活动信息，同时通过阅读推广小组成员、师生自媒体、校内海报张贴、口口相传的方式进行宣传。第二，设计与印制活动海报。制作精美海报同款版式明信片作为读者参加活动的小礼物，后期又设计制作纪念徽章，读者参加活动次数达标即可获得。第三，举办年度阅读分享会海报展，该展计划每年持续进行，以期产生持续影响。

（七）活动组织

①图书与主题分享者（主讲人）的选择与邀请，是"净月·阅读分享会"难度最大的挑战。但净月阅读推广小组以个人情谊、专业情怀、公益精神为切入点，成功打开局面。②选取分享书目，提供馆藏文献资源，并尝试寻求社会赞助。③现场组织活动，逐渐积累经验。④设计精美活动海报，制作明信片、活动徽章等。⑤招聘和培训阅读推广学生大使、学生助理，该项工作已顺利开展，海报设计与新媒体宣传也有了学生团队的参与。

"净月·阅读分享会"主题分享海报

同期同款海报版明信片（部分）

（八）合作机构

活动已有过合作的机构有当当网、超星公司、净月校内书店"乐读书社"等，校内学生社团有东师逗号文学社等。

（九）场地环境

①活动有固定场地，目前主要在净月馆"微格创新与阅读空间"举行，但今后也将逐步走出图书馆。②活动场地专门配备了SEEWO一体机、86寸互动智能电视系统，价值5万元。③场地设置有便于书写的大面积白板、阅读主题文献展示的书架以及张贴活动海报的软木墙面。④场地设置有美观舒适、便于组合、可移动的桌椅。⑤场地可容纳30—70人。

三、项目过程

笔者作为"净月·阅读分享会"的主要策划人，在2019年开始的各种阅读分享与阅读推广报告与活动中，逐渐探索、慢慢尝试，主动设计并不断在实践中调整，最终形成现阶段的活动模式。笔者对于下一步改进和发展的方向也有较为清晰的思路。

2019年，笔者在转型思考中，将自己定位为"一个学习型、研究型的参考咨询馆员和阅读推广人"，并力图通过三方面的工作去创造品牌和拓展自身，体现专业价值和彰显专业情怀，即"一个人的经典共读"（对图情专业的贡献）、"一个人的信息素养"（岗位职责与专业技能）、"一个人的阅读推广"（个人兴趣和社会责任）。2019—2021年，笔者在省内外与校内外进行了25场次"阅读与阅读推广"有关的报告与分享，并尝试以"经典共读"和"阅读分享会"方式开展活动，分享有多个主题，如中国纸与印刷文化史、书于竹帛、用阅读对抗孤独、用阅读享受孤独、阅读与推广、"盲"与"元"的阅读姿势、"花开无声读书有痕"、阅读与成长、阅读与专业发展、阅读中的文本与支点、阅读推广服务实践、日见亦思——阅读为什么、阅读的感悟等。这些活动既锻炼了笔者的现场分享能力和活动策划组织能力，又吸引与凝聚了一批阅读爱好者到笔者身边，还帮助了一批对阅读认识不足或兴趣缺乏者，这些活动直接"催生"了"净月·阅读分享会"。

当笔者认识到"净月·阅读分享会"需要长期的坚持、需要有志同道合的阅读推广人同行之后，开始认真找寻阅读分享人。我们首先从身边的朋友开始寻找。大学校园的优势之一在于有知识、有文化、能分享的教职员工数量较多。第一步是"减负"，在开始阶段，我们对活动分享的主题与图书不做过高要求，也不做学术前沿性上的要求，先从阅读本身、文本本身、读物本身出发。这一步的设计，对标的是前些年国内外流行的"真人图书馆"模式，既是阅读一本书、一个主题，也是阅读一个人。为了"减负"，净月阅读推广小组有意在本校附中、附小寻找分享者（实践结果非常成功，读者参与度很高，反馈效果很好）；再后来，分享者从校内教师（含图书馆员）扩展到校外人员，并有意识地遴选学生分享者。这一做法也获得了成功，具有一定的示范意义。

因为经费原因与未来可持续发展的问题，净月阅读推广小组正计划招募"阅读分享合伙人"（公益无报酬式），现已有多位校内老师加入。对阅读推广学生大使、阅读分享会学生助理的招聘与培养工作也进展顺利。

总而言之，通过借鉴笔者个人的阅读分享会和主题报告的部分实践经验，进行主动认真策划、利用现有条件、克服现实困境，"净月·阅读分享会"终于坚持了下来，并在2019—2020不到两年的时间内（2020年因新冠疫情原因，举办场次较少）成功举行33场活动，产生了积极的校内外影响。

四、成效与影响

本活动已举行33场，读者线下参与超过1400人次。截至2021年10月29日，图书馆微信公众号发布活动信息33期，拥有15000次以上的阅读点击量。

"净月·阅读分享会"拥有固定的分享场地、精美的海报设计、有效的活动组织，在校内有一定知名度。2021年上半年开始，东北师范大学党委统战部正式提出与"净月·阅读分享会"合作，每年为统战部办3—5场"东北师范大学党外专家大讲堂"活动；民盟东北师范大学委员会也已与阅读分享会商定好合作方式——联合创办"东师民盟·阅读分享月"品牌活动，并提供一定经费支持。学校一些职能部门与图书馆也商讨将本阅读推广活动移植与复制到本部校区，真正为建设"书香校园"提出具有更大贡献的可行性方案。

"净月·阅读分享会"分享现场

最让我们感动的还是"净月·阅读分享会"的师生参与者，许多读者（包括校内外教师及其孩子）始终热情参加，有的同学无一场缺席。有同学在给我们的微信或邮件中写道："老师，我和我的朋友都觉得您是净月之光，感谢有你。""谢谢老师……阅读分享会真的给了我太多抽离的、美好的、后来能够反复回味的时光……（阅读分享会）是我们大学生活里独特的注脚。""谢谢刘老师，对我们成长发出的邀请。""刘老师的分享会，是让我从泥泞的生活琐碎中抬头仰望的星空，让我感怀曾经的梦想。"我们觉得，正是因为学生的真正热爱与想要改变的愿望，才让我们净月阅读推广小组有了更大的动力继续坚持活动开展。笔者作为主持人，在每次分享会的开场白与结束总结时总会提问一句话："今天的阅读分享，你是否见证了自己的成长？"或提出一句忠告："听他人的分享，永远无法真正替代我们自己的阅读。"毕竟活动的初心是让同学们爱上阅读，坚持阅读。

参与"净月·阅读分享会"的读者

五、分析与总结

下面笔者将总结净月阅读推广小组两年多来的做法及思考、面对的现实困境和挑战。

（一）打造阅读推广团队

"净月·阅读分享会"主要由东北师范大学净月校区图书馆阅读推广小组

设计与实施，小组成员包括净月校区图书馆的主管副馆长于浪川以及参考咨询部、学习中心和办公室馆员（净月校区图书馆的所有部门），组成了一个长期的、有合作意识与合作精神的馆员队伍。核心团队是负责活动策划与主持的刘青华、负责海报设计与制作的牟川、负责读者宣传与组织的迟雨辰组成的三人组。

（二）设计与印制海报和明信片

每期活动海报都由有丰富经验的馆员设计，一期一款，印制海报与明信片。明信片作为活动现场小礼物，得到很好的评价与反馈。设计明信片时，我们尝试了"盲盒式"励志文字。此外还设计与定制"净月·阅读分享会"金属Logo徽章，读者参加达到一定次数均可获得。每次活动的主题分享海报有分享人签名，读者交流会海报有全体参与者的签名，每期活动现场A4版海报设有读者签名版。这些海报的原件都将被留存，在年度海报展览中展出（已成功举办2019—2020年的"净月·阅读分享会"海报双年展）。

"净月·阅读分享会"海报双年展（2019—2020）现场照片

（三）培育与打造品牌

从活动第一期开始，净月阅读推广小组就按打造阅读推广精品的要求去设计和实施，注重长期影响，不求一时之成效。经过两年共33期活动的检验，我们能感受到活动的影响力越来越大，在许多方面超过了最初的预期。

（四）坚持初心不变

净月阅读推广小组本着推广全民阅读、建设书香校园、播撒阅读种子、推动社会化阅读的宗旨，坚持体现图书馆服务与活动的公益性。所以在邀请作主题分享的学者或教师时，所花费用很少，分享者越来越看重参加此项活动所得到的"荣誉感"和"认可度"。同时，不断发掘优秀的学生分享者，鼓励他们进行分享，现已成功举行了两场分享会。

（五）注重活动可行性

①各学科专业背景的学者（教师/馆员）都可以以一本书作为切入点（也要求"必须"从一本书出发开始分享），让参与者领悟"共读"或"我读"的心得。②在活动参与者的宣传与聚集方面，我们建微信大群只做宣传，建小群聚焦核心参与者和真正兴趣者，这样可以有效保证每期活动的基本人数，效果很好。③在预定场次，若分享者临时有事无法参加，馆员要能自己"冲"上去进行分享，以保证活动的连贯性与可持续性，馆员分享场次可达40%。④对于好的分享者，要提前邀请与预约。对已分享过的教师或学者，可与其商谈下年能再办一场，这样可以不断积累分享者，也保证了活动数量的稳定性。⑤笔者的重要经验是：活动策划人与组织者最好能够成为"最佳第六人"（NBA术语，即最佳替补），随时以一个优秀的分享者出现在分享活动中。

（六）选取优秀主题

学者、馆员的分享活动，有的主题效果很好，甚至可能被其他图书馆邀请作分享（有多次成功案例）。本部校区师生也期望能复制主题优秀的阅读分享活动（让人感动的是，有学生始终坚持从本部到净月校区参加活动）。

（七）培育阅读参与群体

"净月·阅读分享会"的真正目标在于打造长期、自主、互助、成长的阅读推广团队，所以非常注重线下非主题式阅读座谈与分享会。阅读分享主要让师生从以下四个方面入手准备与分享：选择自己阅读过的一本书当作分享机缘，以阅读内容与自身经验的关联为切入点，将阅读中收获的感悟和新知撰写为案例，用10页左右的PPT进行分享。活动中学生参与积极性很高，分享发言十分踊跃。

（八）正视现存问题

本活动存在以下几方面问题：①活动时间的选择。通过调研我们发现，各时间段均无法满足所有爱好者的需求，遂取最大公约数，牺牲馆员时间，确定在每周五晚上举办活动。阅读推广小组也曾尝试在周六日举行。②活动暂限于净月校区。自由校区的师生与一些领导有需求、请求与要求，但调配资源需要人财物支持，更关键的是活动在组织者与主持人的选取上应有坚守；③努力让阅读推广活动走出图书馆。2021年春季学期的"一张宋版纸的前世今生——百字曾巩《局事帖》"主题分享后，小组组织了"楮墨芸香　文明记忆——东北师大特藏文献参观活动"。2022年春季学期拟策划在"东北民俗与历史"主题分享后，组织参观东北民俗博物馆；策划在"远古密码——中华秋沙鸭的生态故事"主题分享后，组织参观吉林省自然博物馆，之后再逐步扩展到省博物馆、省图书馆等，最终目标是让读者从书籍和图书馆走向博物馆、走向文化遗产、走向大自然。此外还策划举办阅读分享交流评比等活动。④分享人的"非东师化"。阅读分享人如何扩展到更多的校外学者和专家，仍需我们不断思考。⑤阅读中的信息素养教育。关于如何在开场白、总结语、分享案例与主题中加入图情专业的信息素养内容，我们有过几次尝试，但仍需积累经验。⑥活动已经举办近三年，我们对本阅读分享活动的评估研究需要进行认真的思考与准备。同时，本活动的初心是让不喜欢阅读的人喜欢上阅读，慢慢却发展成了喜欢阅读的师生们的定期"聚会"，如何更好地坚持初心，也是要在未来加以重视的。

（九）笔者的两点感悟

在我国著名的阅读推广理论研究者范并思教授的学术文章和学术报告中，有两个观点深深地影响了笔者。①阅读推广是"一项活动"。两年多的阅读推广实践让我们深刻地体认到这一点，在将其定位为一项活动时，以"活动"作为研究对象，其策划、组织与实施，经费、场地、人员、绩效和社会影响评估等，都与图书馆普通业务工作有很大不同。②阅读推广的"科学精神和职业理念导向"。范并思教授认为图书馆阅读推广需要接受图书馆学理论和现代图书馆理念的指导与检验，才能成为图书馆服务的有机组成部分。图书馆人应秉承科学精神和专业理念开展阅读推广，才能使阅读推广沿着科学、专业、高效的道路前行，更好地服务于全民阅读。如何找寻与对焦阅读推广需要面向的特殊人群、图书馆资源使用于阅读推广时的公平与合理性、阅读推广服务的价值中立或读者阅读权利的尊重，都是我们遇到的现实问题。

阅读推广需要理论的指导。正如多年前笔者在自己的博客中写道："它们（图书馆学理论与理念关怀）就像是图林人士职业旅途中的一座大山，现在它屹立在你的面前，你可以不跨越而选择绕行，但从此你不得不正视它的存在。"

刘青华（东北师范大学图书馆）

"净月·阅读分享会"主要由东北师范大学净月馆阅读推广小组设计与实施。项目组成员及分工情况：于浪川，项目主管；刘青华，负责活动策划、主持与分享；牟川，负责海报设计与制作；迟雨辰，负责活动宣传与组织。

☞专家点评

"净月·阅读分享会"是一个以"小步快跑"策略打造在净月校区的阅读推广项目，这类项目的难点在于分享质量的保障。项目的核心团队由三人组成，分别负责活动策划与主持、海报设计与制作、读者宣传与组织。他们积极寻求与校外机构、校内书店、文学社团的合作，招募教授加入"阅读分享合伙人"，开展阅读推广学生大使、阅读分享会学生助理的招聘与培育工作等。"净月·阅读分享会"运营稳定，长期可持续，聚集了一批喜欢阅读的师生。此外该项目还从阅读分享会延展出阅读会签名海报双年展、博物馆与文化遗产参观等其他泛阅读分享活动，让阅读分享会不仅是一次次活动，更成为一个平台、一座桥梁、一种氛围，通过阅读把师生连接在一起。（蔡迎春）

案例二　阅读分享，以书会友

——长春工程学院图书馆"阅享书友会"

一、开展背景

长春工程学院图书馆同伴学习交流中心是为长春工程学院湖东校区大学生打造的学习分享交流平台。目前，同伴学习交流中心有三个服务品牌：以学习经验分享为主的"学享群英会"、以读书交流分享为主的"阅享书友会"和以感受交流为主的"感享畅谈会"。图书馆同伴教育专职图书馆员和社团成员一起设计各种大学生感兴趣的话题与活动，吸引大学生主动参与其中，为大学生打造校园内的分享、交流平台，以促进大学生同伴间的学习交流与共同进步，并逐步形成图书馆服务品牌，扩大图书馆的校园影响力。

"阅享书友会"的服务宗旨是：阅读分享，以书会友。其定期举办不同主题的读书交流活动，邀请爱读书的同学来分享自己喜爱的图书。"寻找最美知'情'人"就是"阅享书友会"推出的一次阅读分享交流活动，其主题是"难以忘怀是亲情"，活动引导并鼓励书友们一起分享自己读过的最打动自己的有关亲情的书籍，寻找书中那些关于亲情的温馨故事，谈谈亲人之间那些藏起来的爱。下面以这次主题活动为例介绍"阅享书友会"的阅读分享交流活动是如何开展的。

二、主要内容

"寻找最美知'情'人"活动的具体流程如下。

首先是图书分享环节。在这一环节中，同学们分享自己带来的图书，讲述书中感人的亲情故事，并分享自己在读书时的感受。接着是交流互动环节。在这一次环节中，台下的同学对亲情这一话题展开热烈的讨论。然后是以书换书环节。在这一次环节中，同学们将自己带来的书与他人进行现场交换。最后是活动结束后的阅读推广环节。"阅享书友会"将活动的精彩内容发布到微信公众号上，并对活动中涉及的图书进行介绍和推广。

三、项目过程

（一）活动策划

（1）图书馆同伴教育专职馆员与"阅享书友会"会长开会，最终确定活动主题为"难以忘怀是亲情"，活动名称为"寻找最美知'情'人"。

（2）"阅享书友会"召开全体会议，讨论活动相关事宜，会后起草活动方案，并将方案上报图书馆同伴教育专职馆员。

（3）图书馆同伴教育专职馆员与"阅享书友会"会长对活动流程进行梳理，对活动细节进行深入分析，最终确定活动方案。

（二）活动前期宣传

（1）图书馆同伴学习交流中心同伴宣传部（以下简称"同伴宣传部"）成员设计精美的活动海报，将海报打印出来并粘贴在图书馆、食堂、教学楼等醒目位置。

（2）同伴宣传部成员在"长工程图书馆同伴学习交流中心"微信公众号上对活动进行发布。

（3）"阅享书友会"在活动宣传文案和海报上附了活动咨询QQ群的二维码，有兴趣参与活动的同学可以扫描二维码进入群聊，在方便报名的同时，也能更好地咨询活动内容和接收活动临时调整通知等信息。

长春工程学院图书馆"寻找最美知'情'人"活动海报

（4）图书馆同伴学习交流中心成员在本人社交账号对活动进行转发与宣传。

（5）图书馆同伴教育专职馆员将微信公众号的活动链接发送到学校的班长QQ群里，并要求各位班长将活动传达给其所在班级的同学。

（6）图书馆同伴教育专职馆员将微信公众号的活动链接发送到读者服务QQ群。

（三）活动现场的布置与保障

（1）图书馆同伴教育专职馆员与同伴宣传部部长沟通活动现场的布置与保障情况。

（2）同伴宣传部部长召开部门会议，落实各环节人员安排情况。

（3）同伴宣传部部长将活动中会场布置、活动现场录像、活动现场拍照、活动现场文字记录以及活动后会场整理等环节人员安排情况上报专职馆员。

（4）主持人提前准备好PPT，活动开场前检查麦克风、投屏等设备情况。

（四）活动流程

（1）主持人进行开场致辞。

（2）报告参加活动的同学分享书籍环节。同学们分享了《目送》《家》《活着》《我的母亲手记》《人生》《红手指》《红豺》这7本书中的亲情故事。

（3）现场交流互动环节。图书分享以后，同学们积极上台讲述自己藏在心底的亲情故事。

（4）以书换书环节。以书换书是每一期"阅享书友会"活动的保留节目，目的是促进同学们的交流以及提高图书的利用率。分享书籍环节中同学分享的图书可以作为交换的内容，同时，现场的同学们也可以将自己喜爱的图书带来进行交换。首先，同学们需要分别介绍自己带来图书的内容，供其他同学了解和选择。然后，互相感兴趣的同学现场交换图书。如果带来的图书没有成功交换，在图书持有人同意的前提下，图书可以被无偿分享给其他有需要的同学。本场活动中，同学们带来的《我们仨》与嘉宾分享的《家》实现了交换，《白金数据》与《宇宙超度指南》也实现了交换。其他未实现交换的图书，均被无偿分享给了现场有需要的同学。

（5）收集现场参与同学对本期活动的反馈。图书馆同伴学习交流中心提前在微信公众号上设计好了本次活动的调查问卷，在活动尾声提议在场同学对本期活动进行现场反馈。这样一方面主办方可以了解本次活动的效果，另一方面也可让到场同学关注同伴学习交流中心的微信公众号。

（6）图书馆同伴教育专职馆员周萍对到场同学表示感谢，对活动进行总结并与同学们合影留念。

长春工程学院图书馆"寻找最美知'情'人"活动合影留念

（五）活动后期总结与二次推广

（1）同伴宣传部对活动照片进行整理与存档，并将照片上传至"图书馆同伴学习交流中心"QQ群相册里，供全体成员浏览。

（2）同伴宣传部成员结合活动过程中的文字记录、照片与录像，对活动进行回顾与整理，形成"活动精彩回顾"的文字材料，上交专职馆员审读。

（3）图书馆同伴教育专职馆员对文字材料进行审读与修改，着重强调活动中所涉书籍的内容和嘉宾对书籍的感受等，最终形成活动总结报告，并将报告回传给同伴宣传部。

（4）同伴宣传部成员根据报告，在"长工程图书馆同伴学习交流中心"微信公众号上对活动精彩内容进行发布，分享给没能来现场参与活动的同学。

（5）图书馆同伴教育专职馆员将微信公众号上本次活动精彩回顾链接发送到读者QQ群和班长群，同时，图书馆同伴学习交流中心全体成员在个人社交账号中对活动内容进行分享和二次推广。

四、成效与影响

"亲情"这一主题易令人产生共鸣，每个人对其都有深刻的体会，无论是嘉宾们分享图书时，还是同学们交流讨论时，现场气氛都温馨感人。图书分享完毕，7本书深受现场同学喜爱，被一抢而空。活动尾声，对现场同学的问卷调查显示：100%的同学对本期活动效果满意，愿意向别人分享自己喜欢的图书，喜欢通过书友会来分享图书。

五、分析与总结

自长春工程学院图书馆同伴学习交流中心成立以来，其活动宗旨就是把每次活动办到学生心坎里，不在乎活动的规模，而要重视活动的品质以及活动给同学们带来的收获。每场活动后，同伴学习交流中心都要收集到场同学的反馈。我们希望每举办一个活动都成为精品，不能流于形式。

（一）成功举办原因

（1）图书馆对同伴教育工作高度重视，设立了图书馆同伴教育专职馆员。专职馆员对活动各环节全程参与并指导，对活动进行总体部署，对细节进行把控，与社团成员进行充分、有效沟通，保证了活动的顺利开展。

（2）图书馆同伴学习交流中心拥有一支有奉献精神、执行能力强、办事效率高的学生团队。这个团队是图书馆与大学生之间的桥梁，他们愿意奉献自己的个人时间、精力、智慧，参与到图书馆同伴教育工作中来。这支学生团队有明确的分工，能够密切配合专职馆员的工作，高效完成专职馆员交代的任务，成为图书馆同伴教育工作中重要的补充力量。

（3）活动流程标准化，后期活动可复制。"阅享书友会"有着标准化的活动流程，活动从前期策划、宣传、组织到后期推广都能够按部就班，有条不紊。

（4）活动主题共鸣感强烈，充满正能量。在活动的前期报名中我们发现，尽管同学们的阅读倾向多样化，但是对于"亲情"这一话题普遍充满期待。因此，图书馆对于每一场活动主题的把握显得尤为重要。

（5）学生分享的图书针对性强，同伴影响力大。图书馆只给定主题，由学生来选择所分享的图书，灵活性大。原本担心这样的图书推荐方式可能会带

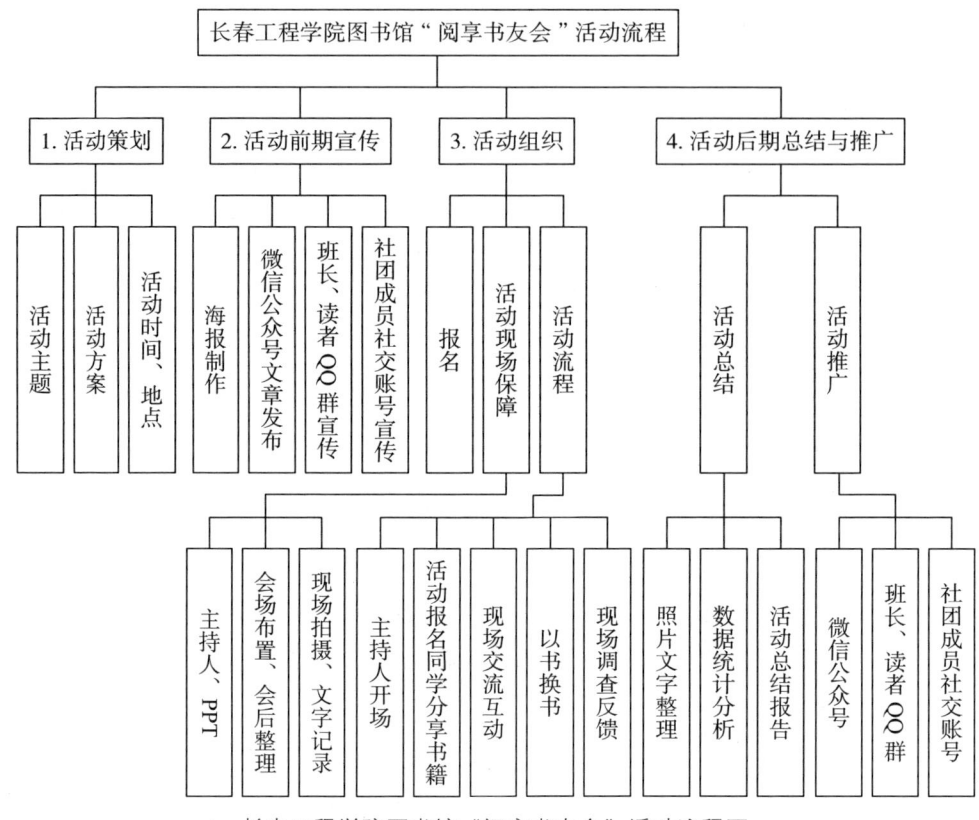

长春工程学院图书馆"阅享书友会"活动流程图

来许多不可控因素，但从报名情况来看，学生根据相关主题所推荐的图书很有针对性和代表性，且几乎所有图书的作者都有一定的影响力。同时，从活动现场情况看，学生所推荐的7本书深受现场同学的喜爱。因此，图书馆在选定合适的主题后，应该充分相信学生荐书的能力，并相信同伴之间相互的影响力和传播力。

（二）活动特色分析

（1）学生主动参与阅读推广全程，图书从学生中来，到学生中去。以往阅读推广活动的主体是图书馆，图书馆通过线上或线下的方式主动向读者推荐阅读书目，或者通过书友会、讲书堂等形式，单一地解读某一本书，参与人数较少且读者较为被动。此次活动中，这些被大学生主动推荐与分享的图书比较符合大学生的兴趣、特点，容易被更多的同龄人接受。大学生对图书的推荐与分享贯穿阅读推广活动的全程。

（2）鼓励交流互动，促进共同成长。高校图书馆阅读推广活动比较看重活动的次数和规模，容易忽略活动效果以及对大学生的影响。一些图书馆会为读者推荐自认为有益的书目。然而，大学生有着自己的阅读倾向，完全有能力选择其感兴趣的图书，他们需要的也许仅仅是一个分享、交流、展示自我的平台，通过交流来促进彼此的共同成长。

（3）分享式的活动后期宣传与推广。活动的后期宣传并不只是为了进行简单的总结和报道，而是为了将图书的线下推广范围扩大到线上，要把图书的精彩内容、同学们的感受和活动中的精彩瞬间以图文或视听的形式分享给同学们，让那些由于各种原因没有来参加活动的同学感受到活动现场的气氛，即使只浏览网页也能够得到实实在在的收获，启发感悟。

（三）难处与不足

（1）调查反馈不全面。首先，从现场情况看，到场人数近70人，只有25人参与了问卷调查。这可能是因为需要先关注公众号再进行投票，流程较为复杂。因此，今后的活动应该尝试简化现场投票反馈的过程。其次，图书馆向班长群发了活动链接，希望班长将链接分享给同学们，但是，只有25%的班长转发了通知，积极性不高。这可能是因为图书馆对班长的约束力有限。最后，图书馆没有对活动中图书的纸本借阅量和电子书的下载量进行统计分析，未能准确评估活动的后期影响力。

（2）受众范围相对较小。本期活动就"亲情"主题进行图书分享，针对性强，吸引了一些同学，但受阅读倾向的影响，也缩小了受众范围。

（3）活动经费缺乏。学生嘉宾们非常真诚地与同学们进行了交流分享，这也是他们的一次难忘的经历，图书馆如果不受经费限制，应该为其提供一些纪念品。另外，对于参与活动的同学，图书馆应该准备相应的伴手礼，这样能更好地提高同学们参与活动的积极性。

（四）展望

在李萌萌同学分享东野圭吾的《红手指》时，我们发现台下的观众中有很多人喜欢东野圭吾的作品，且现场就有人提出希望图书馆举办关于东野圭吾作品的专场活动。考虑到同学们的兴趣爱好广泛，阅读倾向具有差异性，今后图书馆应该尝试举办不同主题、题材和作家等的阅读分享交流活动，吸引不同阅读倾向的大学生群体参与，促进彼此的互动交流和共同成长。

好的东西会被真实而自然地分享，而无须刻意地雕琢和渲染。比如说，图书馆为了提高宣传文章的传播力，完全可以通过学工部门来转发通知；然而，凭借学生自发的口口相传一样能受到关注，这样的结果也更为真实。图书馆不能指望通过一次活动就获得好口碑，还应该靠今后多次精彩的活动，不断将营养和能量输送给学生，让他们从中获益。

周萍（长春工程学院图书馆）

本项目由周萍负责，主要工作包括项目的策划、活动主题的确立、活动现场的组织与调度、案例撰写等。

☞专家点评

长春工程学院图书馆的这一案例是其成立的同伴学习交流中心下"阅享书友会"的活动之一，在阅读推广中体现了图书馆对同伴教育工作的高度重视。该活动以"亲情"这一具有广泛共鸣性的主题为引导，让学生自主选择分享的图书，打破以往阅读推广活动以图书馆为主体、学生被动参与的局面，强调活动当中学生自发的参与、分享和交流讨论。同时，同伴学习交流中心在活动中摸索形成了一套完整可复制的书友会活动流程，特别是活动后期的总结与推广部分，这对进一步改进优化活动、形成长期影响有重要作用。此外，培育打造有奉献精神、执行能力和办事效率的学生团队，也是活动成功的重要因素。图书馆可以考虑如何在阅读推广活动中更好地发挥平台建设、主题引导、活动保障的作用，让喜爱阅读的师生来到台前，成为阅读推广活动中的主角。（蔡迎春）

案例三　哈尔滨工业大学科学家
精神宣传教育基地建设

一、开展背景

为深入贯彻落实《关于进一步弘扬科学家精神加强作风和学风建设的意见》①精神，加快推进优良学风培育，高校图书馆作为学生的第二课堂和校园文化建设的重要基地，责无旁贷地要承担起校园的学风建设和思想政治教育的重任。哈尔滨工业大学（简称"哈工大"）图书馆改造之后，凭借宜人的环境、丰富的资源、先进的设备和优质的服务，吸引了大批学子驻足。哈工大图书馆利用自身的优势和资源，以20世纪50年代的一批扎根边疆，不畏艰难，挑起学校教学、科研大梁，为国家工业化建设作出巨大贡献的哈工大"八百壮士"为基础，搜集整理海内外著名科学家、学者成长成才的事迹以及在中国航空航天领域作出贡献的杰出校友的先进事迹，通过开办主题图片展览、主题图书展等形式，宣传科技工作者刻苦钻研的精神和爱国主义情怀，在图书馆建成科学家精神宣传教育基地，引导学生学习爱国、创新、求实、奉献、协同、育人的新时代科学家精神，以到家的"功夫"锤炼过硬本领，树立为国争光、为国奉献的远大理想，激励学生努力学习、刻苦钻研、不断创新，在攀登知识的高峰中追求卓越，成长为中国科技领域的后备军。

---

① 中共中央办公厅　国务院办公厅印发《关于进一步弘扬科学家精神加强作风和学风建设的意见》[EB/OL].[2022-06-07].http://www.gov.cn/zhengce/2019-06/11/content_5399239.htm.

二、主要内容

哈工大科学家精神宣传教育基地的主要工作内容围绕弘扬科学家精神开展，以开设主题图片展、主题图书展的形式为主，搭配基地线上平台宣传、宣讲活动，采取线上与线下相结合的方式，对科学家的风采、成果、精神等进行宣传教育。截至2021年8月，基地已完成了三期展览的编辑、整理、设计工作，科学家精神主题教育宣传视频的拍摄、制作工作以及基地线上平台的建设工作，并于2020年12月7日在哈尔滨工业大学一校区图书馆二楼大厅成功举办了基地的揭牌仪式。

基地揭牌仪式

（一）科学家精神主题教育宣传展览

哈工大科学家精神宣传教育基地已完成哈工大"八百壮士"专题、航天领域杰出校友专题以及"东方红一号"航天科学家精神专题三期展览的设计工作，并依次成功举办了展览。其中，第一期展览采取了线下线上同步展出的方式，第二、三期展览由于新冠疫情的原因以线上形式进行展出。

三期展览的主题分别为："传承历史，引领未来""逐梦航天，探索宇宙""'东方红一号'航天科学家精神"。第一期展览的内容主要包括了哈工大"八百壮士"的定义、精神、历史、贡献以及哈工大"八百壮士"代表人物的事迹介绍、名言展示等内容。通过展出传播哈工大"八百壮士"响应时代召唤的爱国主义精神、崇尚科学技术的刻苦钻研精神、敢于迎接挑战的开拓进取精神和海纳百川的团结合作精神。第二期展览的内容主要包括航天领域杰出校友的生平简介、主要成就、在哈工大学习时的主要经历以及名言展示等内容。通过哈工大航天领域杰出校友的事迹以及在中国航空航天领域作出的重大贡

第一期展览：传承历史·引领未来

献，展现科学家们艰苦奋斗、求真求实、刻苦钻研的精神以及爱党爱国的高尚情操。第三期展览的内容主要包括"东方红一号"大事记、"东方红一号"群英谱、中国航天三大精神、卫星科学家们的故事等内容。通过对"东方红一号"主要事迹以及科学家精神的展示，展览让读者走近科学家，汲取老一辈科学家的精神力量，传承他们的优秀品质，探索更多未知的科技之路。

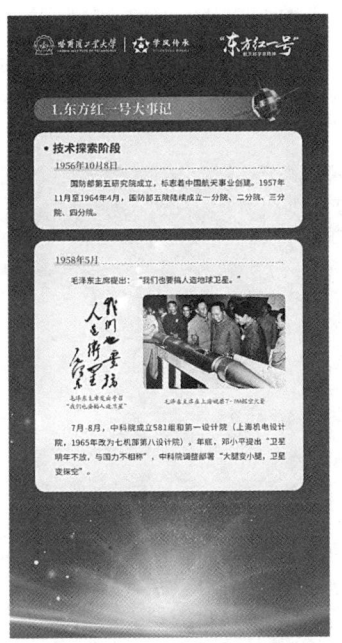

第二期展览：逐梦航天，探索宇宙

第三期展览："东方红一号"航天科学家精神

（二）科学家精神主题教育宣传视频

基地集合校宣传部、档案馆、博物馆等部门力量，搜集、整理、制作以传承科学家精神为主题的视频作品，通过基地线上平台、图书馆宣传平台进行宣传、展播。截至2021年8月，已完成"我和我的哈工大"系列视频作品的展播，其中包含黄文虎、杜善义、沈世钊、强文义等共10位哈工大老一辈杰出科学家的访谈内容，让学生听老一辈科学家讲述他们的哈工大故事，听他们如何将青春奉献给党、奉献给人民、奉献给国家的教育事业，由此传承老一辈科学家的精神，学习如何树立正确的世界观、人生观和价值观，树立崇高的理想和追求，将智慧和力量贡献给伟大的祖国。

（三）"正能量"宣讲团

基地与哈工大离退休职工"正能量"宣讲团合作，以老教授现场教授、分享的讲座形式，带给学生一个个科学家精神的故事，让青年学子坚定理想信念、铭记责任担当。"正能量"宣讲团的成员多为在国家建设和科学发展中作出突出贡献的两院院士、学科创始人和行业专家，年龄最大的为98岁，最小的为70岁。他们的人生经历就是科学家精神的最好体现。2020年12月8日，基地开展了"弘扬科学家精神——做一个有出息的人"主题讲座，主讲人董申教授分享了自己对于"规格严格，功夫到家"校训精神的新感悟，提出要"急国家之所急，做一个有出息的人"。

"弘扬科学家精神——做一个有出息的人"讲座现场

三、项目过程

（一）成立专项工作组保证基地的可持续性发展

为保证哈工大科学家精神宣传教育基地的可持续性发展，哈工大图书馆特别成立基地专项工作组，集合了图书馆阅读推广部、资源建设部、办公室、读者服务部、技术部等部门的业务骨干14人，通力合作，保证了基地各项工作有规划、有目标、有秩序地开展。

基地建设工作的主要内容包括线上与线下展览的设计、制作工作，基地的宣传工作，基地展览相关内容的宣讲工作，基地线上平台建设工作以及基地工作的日常管理。由图书馆领导层组成的决策组负责基地建设的整体规划、工作部署以及基地相关重要工作的决策；宣传组主要由阅读推广部的老师组成，负责基地展览内容的素材收集、整理、编辑以及展览的设计、宣传推广工作；基地资源采购工作由资源建设部的老师负责，包括基地电子资源、纸质资源、数字资源的采购；基地线上平台搭建与管理由技术部的老师负责；基地日常管理，与其他校区、高校等单位的联系工作由办公室老师负责。

（二）具体实施过程

哈工大图书馆科学家精神宣传教育基地建设工作从前期的准备到后期实施历时一年的时间，具体的工作安排如下：

第一阶段，搜集整理相关资料，采购数字资源。

第二阶段，完成数字资源的编目工作，完成科学家主题展板建设工作。

第三阶段，完成宣传工作，基地空间、线上平台建设工作和展示宣讲工作。

四、成效与影响

目前，哈工大科学家精神宣传教育基地已搜集整理完成哈工大"八百壮士"事迹及图片、国家最高科学技术奖获奖科学家事迹及图片、"东方红一号"航天科学家事迹及图片，收集整理相关著作及数字化资源共计1000种，完成数字化资料编目1000件，并将电子资源分类上传至科学家精神宣传教育基地网站；设计三期展板共50块，现已开展第一期展览；线上展播浏览量累计达到20000人次。该项目已成功申请为"2020年度学风建设资助计划项目"（项目编号：XFCC2020ZZ004-05），根据基地工作内容设计的海报被选为全国第八届青年

校区图书馆与校本部图书馆共建科学家精神宣传基地

发布时间：2021-05-14

在喜迎中国共产党建党百年和庆祝哈工大建校101周年之际，威海校区图书馆与校本部图书馆共同举办的科学家精神宣传教育基地图片展于近日开展。本次图片展聚焦哈工大"八百壮士"群体、国家最高科学技术奖获得者群体、"东方红一号"卫星研制团队等3个科学家群体，以图片展形式讲述科学家故事、展现科学家精神、彰显科学家情怀。

为持续深入学习贯彻落实习近平总书记贺信精神，学习贯彻习近平总书记在两院院士大会中国科协十大上的重要讲话精神，图书馆充分发挥公共文化空间功能和作用，积极争取和利用校本部图书馆相关资源，在一楼展示区举办科学家精神宣传基地图片展。

哈工大"八百壮士"展区以人物介绍为主线，深情回顾了"八百壮士"群体的生动事迹和卓越成就，回顾哈工大建校101周年的砥砺发展历程，引领大家感悟以"八百壮士"为代表的哈工大人爱国奋斗、建功立业的信念追求。"八百壮士"群体所蕴藏的许党报国的红色基因已经成为哈工大人的气质和追求，他们的赤胆忠诚、他们的坚韧执着、他们的傲然风骨、他们的人格魅力，共同铸就了哈工大百年发展的辉煌。

国家最高科学技术奖于2000年由中华人民共和国国务院设立，是中国科技界的最高荣誉。国家最高科学技术奖授予在当代科学技术前沿取得重大突破或者在科学技术发展中有卓越建树，在科学技术创新、科学技术成果转化和高技术产业化中创造巨大经济效益或社会效益的科学技术工作者，每年授予人数不超过两名。图片展示了国家最高科学技术奖获奖科学家袁隆平、黄旭等的先进事迹，从他们胸怀祖国、心系人民、敢于担当、勇于超越的崇高精神，展现他们勇担科技强国时代重任的高贵品质。

哈工大威海校区图书馆基地展览新闻

学术论坛海报展的参展海报进行了展示。基地利用校园网、哈尔滨工业大学科学家精神宣传教育基地网站及微信公众号等宣传平台发布新闻报道及推文，开展了广泛的宣传工作，得到了全校师生的高度肯定。基地现已成为哈工大红色主题教育的重要见学基地，是哈工大具有代表性的文化名片，传承了新老八百壮士精神，打造了航天精神文化名片，创建了哈工大自己的文化品牌。基地的建成为培育爱国良才、加快推进优良学风培育提供了保障；是学生学习爱国、创新、求实、奉献、协同、育人的新时代科学家精神的最佳途径；助力学生打磨爱国奋斗、建功立业的思想之刃，为培养中国科技领域的后备军提供了有力的支撑。哈工大科学家精神宣传教育基地为党育人、为国育才，利用基地讲好哈工大人爱国奋斗的励志故事，在润物细无声中厚植学生的家国情怀、科学精神，做到"三全育人"。

五、分析与总结

哈尔滨工业大学科学家精神宣传教育基地是哈尔滨工业大学立德树人、科研育人的重要基地。目前由于部分航天校友处于未脱密阶段，所获资料不够全面并且也不便做官方宣传；另外，基地建设工作的覆盖面仅涵盖哈工大主校区，虽已开展与威海校区图书馆的联合展出活动，但在加快形成一校三区融合发展新格局，加强一校三区命运共同体、价值共同体、文化共同体建设工作方面稍显不足。基地应继续强化哈工大文化建设的内涵研究，加快推进媒体深度融合发展，实现百年文化创造性转化和创新性传播，大力弘扬哈工大文化传统和优良校风。

　　高校图书馆作为文献信息资源中心，是大学校园里最主要的精神文明建设阵地，是高校人才培养体系的重要组成部分和"三全育人"体系的有机组成部分，是对师生尤其是广大青年学生进行思想政治教育的第二课堂，既承担着传承知识与文化的重任，更肩负着"为党育才，为国育人"的天然使命。哈工大图书馆科学家精神宣传教育基地的建设工作是发挥高校图书馆思政教育效能的创新形式之一。基地的建设最大限度地发挥了哈工大图书馆改造后的智慧空间优势、信息资源优势以及新媒体宣传优势，为增强大学生对党的创新理论的政治认同、思想认同、情感认同，将每名青年学生培养成既专攻博览又心系国家、敢于担当的社会主义事业接班人作出贡献。

韩祎楠　于海涛　严彦（哈尔滨工业大学图书馆）

　　项目组成员及分工情况：韩祎楠，负责材料收集、基地宣传推广、展览宣传品设计工作；于海涛、严彦，负责项目资源分析统计、采购工作。

☞专家点评

　　哈尔滨工业大学科学家精神宣传教育基地建设项目结合本校文化资源特色，建设"人无我有"的特色资源，值得其他图书馆学习。弘扬科学家精神对全社会都具有重要意义。"展板＋视频＋老专家宣讲"相结合的方式也比较立体，容易让受众印象深刻。案例写作中未提到的对科学家文物的收集、科学家精神基地向校外的推广，似可在今后的工作中注意加强。另外，对科学家的访谈视频，如果借用口述历史的一些方法来深入开展，是否会更好？（邓咏秋）

案例四 四川师范大学图书馆主题阅读空间"俯仰间"

四川师范大学图书馆在读者服务部借还书处开辟一隅空间,作为"微书展"主题阅读空间,并为其征名为"俯仰间"。截至2021年底,"俯仰间"已运行1年多,面向读者推荐图书共计700余种,深受读者喜爱。

一、开展背景

（一）近年来,图书馆的纸质图书借阅率不断下降

2017年,四川师范大学图书馆对全校读者展开了阅读需求的调研,结果表明读者的阅读热情较高,但是也存在着一些困难,例如低年级读者想读书却不知道读哪些方面的书,需要图书馆进行阅读引导。在图书馆的阅读马拉松活动中,也有部分读者表达过这方面的困惑。这就要求图书馆调整馆藏资源,对读者的阅读进行专业指导。调研结果还表明,读者更倾向于纸本阅读,若在图书馆寻架无果,经常会自费购买图书来阅读。

（二）分类排架方式的弊端需要得到改善

四川师范大学图书馆流通书库的排架方式是按照《中国图书馆分类法》的22个基本大类确定的,这种分类可能会导致读者在借阅图书时容易被类别所局限,缺乏跨类别的发散性思维。主题书展可以让所选图书在内容构成上呈网状结构,打破分类排架的线性结构。

（三）"微模式"教育方式的开展

随着网络和移动通信的飞速发展,现在的读者更适应"短、平、快"的生活节奏。四川师范大学图书馆在信息素养教育活动和阅读推广活动等方面通过分析读者的喜好,创新地采用了符合时代潮流的"微模式"教育方式,从加法

到减法，让读者在有限的时间里接收到丰富有效的信息[①]。在四川师范大学图书馆"微模式"教育取得的成效的基础上，精练的"微书展"应运而生，这一方式更加符合大学生的喜好。

（四）丰富的志愿者服务工作经验

四川师范大学图书馆在志愿者的选用、管理与培养方面采取了一系列的举措，建立了志愿者服务工作的长效机制，让志愿者充分参与图书馆的各项服务工作。志愿者的服务经验让微书展的持续开展有了中坚力量。

基于以上四个原因，四川师范大学图书馆设立了主题微书展阅读空间，做回归阅读初心的推广活动。

二、主要内容

2020年新学期开始，四川师范大学图书馆将读者服务部一楼读者流通量大、比较显眼的位置打造成主题微书展展区。馆员与志愿者一起从读者的需求入手，围绕学校当前的重要事项和社会热点等自发拟定主题，并围绕此主题精心挑选图书。每期微展为一个主题，展览时间为2—4周，推荐图书40—80本。志愿者在展架的醒目位置放一些标语、图画、手工作品等，可以极大地激发读者的好奇心，让他们主动走近展架，看到感兴趣的图书亦可随手翻阅；在书架旁边挂上留言本，读者可以在留言本上写下自己的阅读体会、反馈等各种信息，以便馆员们能更好地了解读者的动态，为下一阶段的阅读推广活动提供参考信息。

三、项目过程

（一）空间改造及征名

图书馆根据阅读空间设计要求，增添图书展示架、置物架和条凳，对服务空间进行改造。在改造期间，图书馆面向全校读者为主题阅读空间征名，师生们踊跃参与，在规定的时间内图书馆共征集到18位师生的21个命名。评委们本着名称立意鲜明、寓意深刻的原则，经过几番讨论，最后将这一隅空间命名为"俯仰间"。空间改造前后如下图所示。

---

① 张英敏.大学图书馆信息素养教育"微模式"的"威力"[J].辽宁教育行政学院学报，2015（6）：32.

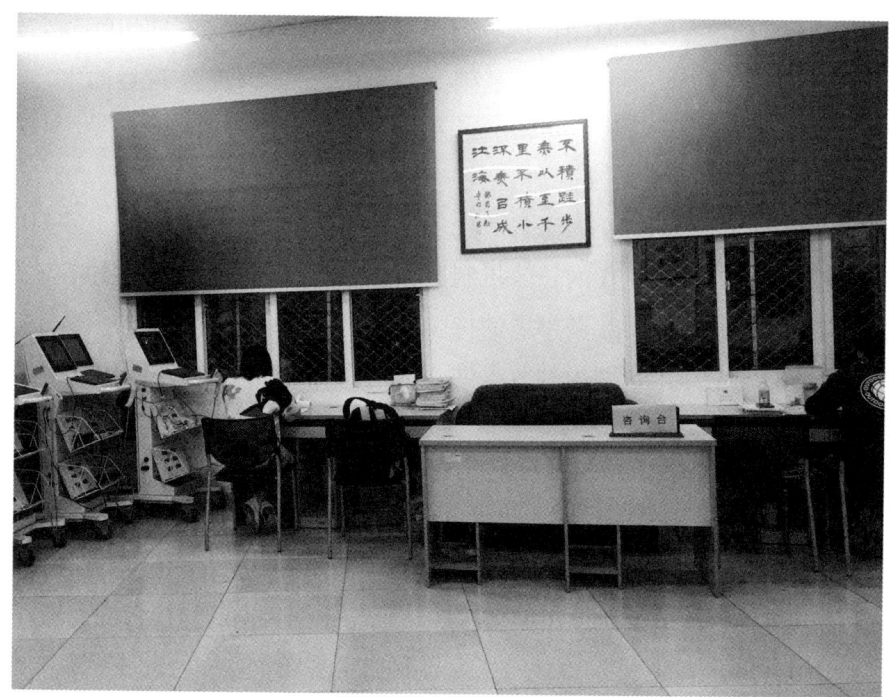

空间改造前为志愿者服务台

空间改造后为"微书展"主题阅读空间

（二）组织与宣传

在组织方面，志愿者挑起大梁。微书展由学管委下的策划部主体负责，成员均为志愿者。志愿者将工作落实，细化每期活动分工，将策划、宣传、实施等工作内容安排到人头。整个活动由一位专门的志愿者与馆员进行总体协调。在宣传方面，突出图书馆特色，充分利用实体和网络两个平台。在每期书展开始前，图书馆不仅在馆内放置海报，也会在图书馆官方微信平台上发布书展的相关内容。

李劼人主题书展的宣传海报

（三）围绕主题深入挖掘纸质馆藏资源

馆员会与志愿者一起设计活动主题并确定书单。该书单围绕活动主题，推荐馆内的经典馆藏。下表为2021年5月至10月微书展所拟定的主题及推荐的图书数量。

2021年5月至10月"俯仰间"书展主题及图书册数

期数	主题	展出书目/种
1	"四史"学习	48
2	春来正是读书时	56
3	福尔摩斯的同行们	38
4	葡语国家（地区）及葡语作品展	44
5	历届文津图书奖获奖图书展（部分）	81
6	读书可消暑	59
7	李劼人主题书展	36

（四）主题微书展不局限于俯仰间

每期书展图书馆都会根据实际情况对细节进行调整，力求将展出效果最大化。譬如在"四史"学习主题书展上，志愿者在展架上放置很多经典"四史"著作以供读者借阅，但图书馆还有很多关于"四史"学习的珍贵馆藏资源，这些资源不便直接放在展架上借阅，便以图片展的形式放在图书馆的入口处。书展与图片展同时进行，相辅相成，如下图所示。

在图书馆入口处的"四史"学习：《共产党宣言》珍贵版本展示

（五）融入文创作品展示，营造书香氛围

"俯仰间"与狮语堂①协同合作，在"俯仰间"做主题书展的同时，将狮语堂课程内师生手工制作的工艺品诸如折纸花、石头画、泥塑、书法等摆于展架上。在书展中融入文创作品展示，营造出了一种文艺的氛围，如下图所示。

与图书一起展出的狮语堂手工作品

（六）"俯仰间"融入阅读推广整个系列化的活动中

馆员在每期主题微展结束后，会继续跟进项目，一方面可以在书展结束后继续线上推广，另一方面也可从书展内容中延伸出其他的阅读推广活动，将"俯仰间"融入阅读推广的系列化活动中。譬如，在"四史"学习

---

① 　狮语堂是四川师范大学图书馆于2016年4月打造的一处融才艺交流、阅读推广阵地和空间服务为一体的小型多功能创新交流文化空间。狮语堂成立后，开设了书法、绘画、棋艺、茶艺、软陶、粤语等免费课程，自助搭建了以学生为主要授课者的免费课程体系。见：崔紫媛.高校图书馆特色空间建设实践与思考——以四川师范大学图书馆"狮语堂"为例[J].办公室业务,2021(3):166-167.

主题书展后，图书馆继续加强线上推广，不间断地在官微上进行"四史"学习新书速递，并在新书速递后进行征文活动，形成了一系列完整的线上推广工作方式。又如举办历届文津图书奖获奖图书主题书展阅读分享会，在1.5—2小时里，大家对所读的获奖图书畅所欲言，让书与读者、读者与读者之间有更加深刻的交流，让阅读推广工作得到拓展和延伸。

历届文津图书奖获奖图书展后的阅读分享会

四、成效与影响

四川师范大学图书馆立足"三全育人"，致力于探索阅读推广的具体实践，取得了一定的成效，受到了读者的广泛关注和一致好评，让更多的读者从阅读推广中受益。

（一）增加了纸质图书的借阅率

在每次主题微书展结束后，馆员都会通过图书馆管理系统对所展图书的借阅情况进行统计。通过统计我们发现，所展图书的借阅次数有所提高，这表明主题微书展不只停留在推荐层面，而是取得了一定的实际效果。例如，葡语国家（地区）及葡语作品展里的一些图书对读者来说相对陌生，展览将近年来没有借阅记录的《痛苦的晚餐》《滴漏》《维罗妮卡决定去死》等图书重新带到了读者的眼前，实现了零借阅的突破；文津奖获奖图书展里的34本推荐书目总借阅量得到大幅提高，借阅总次数为85次，其中《上学记》《星际穿越》《城记》排在图书借阅量排名的前3位。

（二）专业分类法与主题分类法交叉式推荐图书，带动读者延伸阅读

微书展将分散在不同学科的图书聚集为一个主题，并从不同的层面去延展这个主题。所展图书内容丰富多彩，奇妙有趣，吸引更多的读者去阅读图书。有读者在参观主题微书展后表示，自己平时看的书过于束缚在某一类上，视野过于狭隘，现在格局打开了，知识结构也更完善了。

（三）读者参与整个推广活动，拉近了与图书馆的距离

从最开始的征名活动，到由主题阅读延伸出来的读书分享会，再到读者所做狮语堂作品的展示以及在留言本上留下的阅读心得体会，"俯仰间"的所有活动全程都让读者参与其中。活动的高参与度让读者感受到图书馆就在他们身边。与此同时，图书馆也能随时关注到读者的想法和需求，并以此逐步拉近与读者的距离。

（四）主题微书展以点带面，带动了其他的阅读推广活动

"俯仰间"吸引了更多的读者参与阅读推广活动，扩大了图书馆的宣传面，营造了良好的读书、学习氛围，引导全校师生阅读，从而形成良好的阅读风气。

（五）馆员的职业认同感更高了

新的主题微书展和新的阅读推广方式，让参与跨部门合作的馆员都有了更高的职业认同感。对馆员来说，服务读者不再局限于常规的阅读推广活动或者帮助读者借还书等，而是通过新的方式方法去了解读者、服务读者，同时也找到了新的工作目标。

（六）激发了志愿者服务热情，提高了志愿者服务质量

在"俯仰间"出现之前，读者服务部的志愿者主要做一些理架、倒架的体力工作。现在，志愿者可以参与到"俯仰间"的工作中来，这样的工作更有挑战性，更能激发志愿者的兴趣。微书展让志愿服务精准落地，志愿者既是活动的参与实施者也是读者，更清楚现下的读者最想看什么书、需要推荐什么书，然后按照读者的需求分门别类、有针对性地列出书单，提升活动的整体服务质量。

（七）扩大影响力，吸引了更多的同行来交流

主题微书展经过多方媒体报道，吸引了更多的读者和同行前来观摩交流。乐山师范学院的同行来四川师范大学图书馆参观时，对主题微书展做了详细的

了解，对整个书展的运行及读者参与度都给予了很高的评价。

五、分析与总结

在主题微书展实践中，我们对于开展阅读推广活动工作也有了新的认识和更深刻的理解，具体如下：

第一，线下的阅读推广活动必不可少。与线上的电子文献相比，线下的书展能让读者有亲临现场的体验。对于喜欢传统阅读的人来说，手捧一本印刷精美的书籍细细阅读一番，是再美不过的事了。

第二，阅读推广活动的开展中，读者的参与不可或缺。阅读推广活动只有让读者积极响应并参与其中，才能让图书所展主题更加贴合读者的需求，吸引更多的读者参与活动，以达到好的推广效果[①]。

第三，阅读推广活动要注重媒介宣传。无论是在书展筹备之初，还是在书展开展过程中及结束后，都要进行宣传，扩大影响力，吸引更多的潜在读者来参加活动。

第四，阅读推广活动要注重读者的反馈，以便改进推广内容。在每次微书展后，我们都会对各个类别的参与者通过电话、短信、问卷调查等多种方式广泛地征求意见，并根据这些意见对下一步的工作做出调整，力求完美[②]。

第五，多部门需协同合作，贯彻"三全育人"理念。学校通过主题微书展等一系列的阅读推广活动来促进读者养成良好的阅读习惯，建设美好的"书香校园"文化。学校多部门应合作建立可持续的发展机制，将阅读推广活动常规化、系列化，形成有特色的阅读推广项目体系，达到持续吸引读者、营造良好书香氛围的效果。

陈昌崇　沙玉萍（四川师范大学图书与档案信息中心）

本项目由陈昌崇和沙玉萍共同负责，主要工作包括指导协同志愿者改造图书服务空间、拟定每期图书展出主题、挑选图书、进行线上宣传推广等。

---

① 兰晶. 图书馆时尚阅读推广的探索——以北京大学"密室逃生"阅读推广为例[J]. 四川图书馆学报,2017(5):63-66.

② 曹炳霞. 图书馆阅读推广的新形式——读书达人秀[J]. 大学图书馆学报,2013(6):97-102.

☞专家点评

　　四川师范大学图书馆主题阅读空间"俯仰间"项目是阅读推荐活动的新探索，对其他图书馆有参考价值。把想推荐的好书、可能吸引读者的好书放在一个他们容易看到的地方，占用的空间也不大，作用却是巨大的，可节省读者去书库中寻觅的时间。主要靠读者志愿者来运营的方式也增加了读者的参与性。建议图书馆今后可以打破现有的主题，让更多的读者来推荐他们读了以后认为好的、想推荐给其他读者的书。不足之处是，效果评估方面做得还不细，读者知晓度与参与度是多少，推荐书架上的图书被借阅率是多少，是否高于它们在大库里的借阅率……这些从文中都不得而知，文中只陈述了借阅总次数（且无时间范围），这个数据是不充分的。因为图书馆的复本有限，不如用推荐专架上图书的借阅率来体现本活动的效果。（邓咏秋）

案例五　打开耳朵听世界

——宁波图书馆"天一听书"

一、开展背景

近年来，"听书"已经成为越来越多人用来补给精神食粮和获得文化慰藉的选择。面对这一阅读新态势，宁波图书馆（简称"甬图"）积极探索新型阅读推广服务，致力打造更有效的阅读模式，挖掘更深远的推广价值，"天一听书"项目在此大背景下应运而生。作为宁波图书馆匠心打造的全民阅读"听书"品牌，"天一听书"旨在通过最便捷的数字化"扫听"方式，突破时间、空间限制，在馆内及馆周边约1.5公里范围内，开通全方位扫码听书服务。此外，宁波图书馆借助"宁波图书馆有声图书馆"暨"天一听书"微信小程序平台，提供包括甬图原创有声资源在内的VIP听书服务，为广大读者用户创造"8000+本"电子书全覆盖的数字图书馆平台，让读者可以在相应范围内于线上"邂逅"海量书籍，驱动全民阅读意愿，引领全城听书风潮，为宁波这个城市注入更多有价值的文化养分。

二、主要内容

（一）打造以原创内容为舵的全方位听书"航船"

有别于其他公共图书馆主要以采购第三方数字资源作为有声图书馆的资源，"天一听书"项目以宁波图书馆原创阅读推广品牌活动内容为主要"原材料"，力求将原创内容垂直细分，再将其制作转化为音频专辑，通过馆内"耳机森林"区域的原创听书墙进行推广。"天一听书"三大原创专辑包括：

"打开耳朵听讲堂"专辑。本专辑收录宁波图书馆公益讲座品牌"天一讲堂"百期精选讲座有声作品，将每场长达2小时的线下名师讲座的精彩内容，浓缩为20分钟内的知识观点数字音频，带领读者感受古今变迁，探寻人文精神。

"打开耳朵听音乐"专辑。"天一音乐"是宁波图书馆于2015年推出的特色音乐文化推广品牌，旨在为大众提供鉴赏音乐、解读音乐、研究音乐的平台。本专辑收录"天一音乐"三大优质有声系列作品——"秋帆乐话，如是我闻"贺秋帆音乐文化沙龙、"和乐之道"东方音乐美学赏析以及Mini音乐会，引领读者身临其境，畅游于五彩音乐国度。

"打开耳朵听《诗经》"专辑。本专辑收录由宁波图书馆"天一约读"阅读分享平台中的"悦读经典"阅读推广沙龙举办的"人人都爱读《诗经》"活动制作而成的有声作品，多角度理解诗句中的脉络与含义，在浅显易懂的有声语言里与读者一起重拾经典，共品《诗经》。

读者只需戴上定制耳机，进行手机蓝牙搜索匹配，选择喜爱的原创专辑，扫一扫对应二维码，即可开始声音之旅。

位于宁波图书馆新馆三楼的"耳机森林"原创听书墙区域

（二）构筑"图书馆无处不在"的馆内听书区域

除了"耳机森林"区域以外，宁波图书馆新馆内还辟有三大听书区域，以期满足全域读者的文化需求，让"打开耳朵听世界"逐渐成为读者到图书馆来的另一种常态化阅读模式。

1."中央书架"走廊

"天一听书"有声二维码错落张贴于新馆最具特色的"中央书架"上，即2至4楼走廊玻璃围栏的上方，当读者穿行于这条最美"中央书架"走廊时，可随心从书架上扫一本书，邂逅一段文化之声。

读者可在"中央书架"走廊体验手机扫码听书服务　　　"中央书架"走廊全景

2.社科图书借阅区

宁波图书馆制作了精美的"天一听书"有声二维码桌牌，错落放置于一楼社科图书借阅区的书桌之上，这些每日被秒抢的黄金自修学习区域，有了"天一听书"的"加持"，就像是为读者用户匹配了一位声音"小书童"，为其增添片刻的放松，让学习与阅读事半功倍。

3.儿童阅览区"听书魔方"

在声音王国里，怎能没有天真无邪的孩童之声？"天一听书"特地为不同年龄段的孩子准备了绘本故事和历史学说，读者来到儿童阅览区的"听书魔方"，扫一扫听书二维码，就能为孩子打开声音的大门，引领他们畅游知识的海洋。

读者正在扫描社科图书借阅区的有声二维码桌牌，试听《蒙曼品最美唐诗》

目前，有声二维码涵盖范围除了宁波图书馆原创内容及喜马拉雅App免费内容之外，亦有喜马拉雅App相关付费内容，可实现定点区域范围内免费收听，张张专辑堪称经典。优质的听书内容唤醒了读者"我想听""我要听"的听书意愿。

（三）开启融入"畅听"技术的虚拟文化生态圈

除了馆内的听书区域，"天一听书"亦在图书馆周边设置核心地理位置范围，读者在对应范围内，即在宁波图书馆、市政各服务中心及五一广场周边，均能实现相关VIP付费内容免费听。读者可以一边感受相邻的生态长廊的静谧美好，一边畅听线上阅读资源，亲身融入自然与精神一体化的文化生态圈。

（四）搭建"8000本＋"的无门槛数字阅读空间

宁波图书馆以原创内容为根基，在微信小程序平台搭建"天一听书"暨宁波图书馆有声图书馆平台，营造虚拟的图书馆氛围，构筑创新型数字阅读空间，读者用户只需拿出手机进行扫码，即可实现在线直接收听，同时自动在该读者的微信小程序界面生成"有声图书馆"一栏，以便读者试听到更多经典书籍，真正实现阅读的无门槛。目前，有声图书馆小程序主要包括"馆长推荐""精选书单""甬图原创""历史人文""教育培训""商业财经""亲子儿童"等栏目，后台定期更新内容，每隔一段时间扫码试听，均能获得不同书籍内容，读者用户可根据内容分类进行听书，还可以直接收藏该有声图书馆，在相应范围内开启收听。

（五）策划具备人文地域关怀特色的原创阅读推广活动

为了提升读者用户与"天一听书"品牌线上和线下的交互体验感，不断加强读者用户黏度，"天一听书"积极策划原创阅读推广活动。如2021年2月10日（腊月廿九）至2月17日（正月初六）期间，宁波图书馆围绕经典文学作品，推出"声音的余味"系列之"为你读新年"主题活动，通过馆员的原创解读和倾情朗诵，邀请读者重温记忆中的新年模样。活动涉及的文学经典作品包括：梁实秋《过年》、莫言《过去的年》、冰心《童年的春节》、沈从文《忆湘西过年》、老舍《北京的春节》、刘绍棠《本命年的回响》、琦君《春酒》及孙犁《记春节》等。同时，在微信平台发放读者互动福利，鼓励读者留言分享记忆中的年味儿。

"双语共阅一座城"活动推广海报

2021年5月适逢宁波建城1200周年，宁波图书馆推出宁波建城1200周年专题活动——"双语共阅一座城"。活动邀请一群生活在宁波的来自不同国家和城市的听友，齐聚天一听书"小听的听友圈"，通过声音分享他们在宁波这座城市的生活点滴。截至2021年底，活动已陆续邀请在宁波生活14年的宁波诺丁汉大学国际事务与国际关系学系现代史助理教授Joseph Benjamin Askew，以及在宁波生活了15年的杂志编辑、自由撰稿人、翻译扬子等嘉宾，于线上推荐自己喜爱的书籍，传递在甬外籍人士对书籍与文化的尊重，扩大这个城市的听友圈。

三、项目过程

2020年7月，宁波图书馆正式启动全新阅读推广品牌"天一听书"筹备工作，通过对公共图书馆如何听书及有声图书馆建设的相关调研分析，在突出原创和"听书无处不在"的理念基础上，依托宁波图书馆优质原创内容，同时辅以国内音频分享平台喜马拉雅App的海量有声内容，搭建"由线上原创优选内容，向不同线下场景投放"的创新型数字阅读空间。秉持着"一面墙+若干有声二维码，就可以是一座图书馆"的模式，宁波图书馆积极对接第三方，实现内容多样化、阅读数字化、听书简单化，解决了传统书籍不易携带、数量有限、更新维护成本过高的难题。每一个二维码内的图书还会定期更换，实现一码多书，一面墙就相当于一个不断更新的图书馆。

除了在内容上的前期精心筛选，在"听书"的实现范围上，宁波图书馆"天一听书"项目亦做了全新的探索。在了解到喜马拉雅"畅听"技术之后，宁波图书馆致信上海喜马拉雅科技有限公司，本着保障宁波图书馆新馆本部与在邻近的宁波市政府内所设分部的使用要求（两点距离约为1.5公里），提出关于扩大电子围栏使用范围的申请，即希望将宁波图书馆有声图书馆暨天一听书平台由原先的500米试听范围扩大至1.5公里，并且最终得以实现。

经过几个月的策划调研及空间打造，2020年10月31日，在"书香宁波日"系列活动启幕当天，天一听书"耳机森林"区域率先亮相。2021年1月，宁波图书馆微信公众号"天一听书"服务全面发布，为读者用户带来了一个全新的数字化阅读服务模式。

四、成效与影响

近年来，宁波市委、市政府高度重视文化事业，提出"书香之城"的建设目标，积极倡导读书风尚，推动全民阅读融入市民生活。数字化阅读作为全民阅读的一种新型模式，亲近科技、亲近阅读、亲近生活，日益受到读者的青睐。自2020年10月推出后，"天一听书"于当年年底即荣登2020喜马拉雅政务榜指数分榜——文旅系统榜（其他机构）的第9名。截至2021年10月底，"天一听书"总播放量超35万人次。实时更新的线上海量文化资源和个性化的线下阅读推广活动，使"天一听书"成为全民阅读的传播新阵地。

五、分析与总结

"天一听书"服务推出一年多以来，我们发现，对于公共图书馆读者而言，优质的听书内容尤其是优质的原创内容，是促使其真正愿意"打开"耳朵的核心要素，也唯有如此，才能保证更高的"听书"完播率，让人一听到底，甚至听了还想听。此外，应进一步借助新技术以求不断拓展付费内容的免费试听范围，真正打造一座"无处不在的有声图书馆"。

关于平台的合作及内容版权方面，图书馆需妥善厘清公共图书馆、音频主播（如天一讲堂主讲嘉宾）与第三方合作单位的权利与义务，在进行有声内容的平台分发及上传之前，需提前与关联人员（单位）签署相关版权授权协议，确保所上传的内容符合相关法律规定，有效推动数字化阅读服务有序开展。

徐益波　陆艳　章笑笑　薄峰　司徒伊宁（宁波图书馆）

项目组成员及分工情况：徐益波，全面负责"天一听书"的品牌整体规划及调控；陆艳，全面负责"天一听书"的品牌规划、设计及项目统筹；章笑笑，负责"天一听书"品牌项目的具体落地及策划运营；薄峰，负责"天一听书"实体空间的日常管理以及有声平台的技术维护；司徒伊宁，负责"天一听书"实体空间的日常管理及活动宣传。

☞专家点评

> "天一听书"项目很有特色，是图书馆新型阅读推广服务的代表。通过便捷的"扫码听书"方式，读者可在馆内及馆周边约1.5公里范围内，实现全方位扫码听书（包括喜马拉雅App相关付费内容）。这个项目还重视原创内容建设，以原创内容为基础，通过微信小程序搭建数字图书馆平台，用户可以利用自己的碎片时间随时用手机听书，轻松接触经过筛选后推荐的优质内容。"天一听书"总播放量超35万人次，可见其在阅读推广方面效果显著。这一项目有推广价值，期待宁波图书馆为我们带来更多的分享。（邓咏秋）

案例六　图书馆的博物展览空间

一、开展背景

近年来，上海杉达学院图书馆在馆藏资源、读者服务等方面稳定发展、不断提升，成为上海民办高校中率先达到纸质馆藏图书生均100册指标的图书馆，并在图书借阅、文献检索等方面为读者提供优质的服务，获得了师生读者的广泛好评。然而，我们一直在思考：高校图书馆像是一个大学的客厅，我们去别人家做客，通过客厅，就可以判断这家主人的品位、趣味和格调。那怎样才能使得我们这个客厅足够引人入胜呢？想要做到这一点，不仅仅在于硬件条件的提升，也不仅仅在于藏书量的提升，我们认为更重要的是氛围的营造，如阅读的氛围，交流的氛围，展示、分享与碰撞的氛围。在这样的认知背景下，我们致力于打造更好的师生共享学习交流的空间，其中一个举措就是推出"图书馆的博物空间"系列活动。在博物空间开展的活动获得了校内相关部门和学院的支持与帮助。从2018年6月开始，上海杉达学院图书馆已经推出了3期展览及相关活动，包括"中国历代货币"展览、校长捐赠品展览、学生陶艺优秀毕业作品展。第4期展览正在筹划之中，拟推出"仰韶文化韵味文创展"。

二、主要内容

上海杉达学院图书馆依托学校专业特色、教师资源、教学科研成果等，开展形式多样的博物展，并联动推出培训讲座、实践教学等，营造更加生动、多元的交流氛围与共享空间。

目前已经开展的3期活动，具体如下。

（一）"中国历代货币"展览

图书馆与学校商学院金融系联合举办"中国历代货币"展览，展区位于图书馆二楼大厅。展品由商学院金融系提供，部分展品由学校老师无偿捐赠。本次展览分为三个阶段，分别是古代篇、近代篇和现代篇，展品涵盖中国历代的货币以及国外多个国家的货币，为期3个月。

时任校领导与观展师生热烈交流

展览期间，在图书馆承办的货币知识专题讲座上，同学们认真听讲

（二）校长捐赠品展览

博物空间推出校长捐赠品展览，由上海杉达学院陈以一校长捐赠的模型、艺术作品及部分书籍为主体的实物展，吸引了师生的关注。此次展览的展品包含经典的专业类书籍、多种建筑模型、中国陕北延长剪纸、魅力绍兴集邮纪念册等，展览为期3个月。

陈以一校长捐赠的工艺模型之一

陈以一校长捐赠的剪纸作品纪念册

（三）学生陶艺作品展

图书馆与学校艺术设计与传媒学院陶艺工作室合作，发掘优秀的学生陶艺作品，经过精心挑选与布展，展出了两组系列作品，分别为《二十四食节》和《问心溯源》。此次展出的作品来自艺术设计与传媒学院视觉传达专业学生薛黎明、黄皓杰的毕业设计，其中蕴含着作者与指导教师共同的心血，也是实践教学的成果展示。此次展览为期两个月。

《二十四食节》系列作品海报

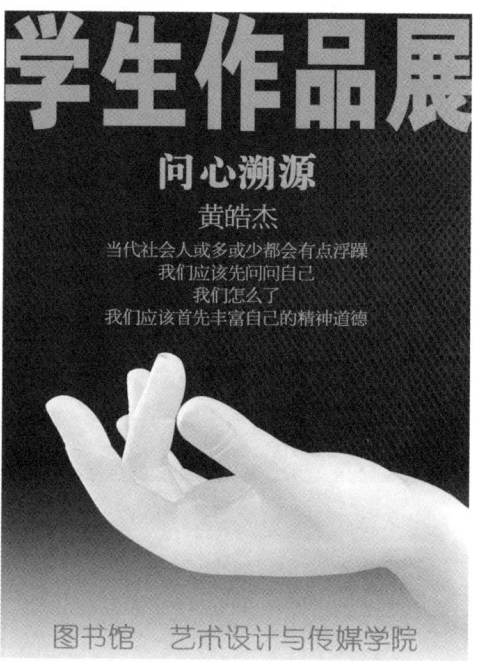

《问心溯源》系列作品海报

目前，第4期展览正在筹划之中，拟推出"仰韶文化韵味文创展"。2021年是仰韶文化发现暨中国现代考古学诞生100周年，三门峡市委托河南仰韶科技开发有限公司与上海杉达学院签订合作协议，委托师生进行文创设计，最终诞生了40余套具有仰韶文化韵味的现代文创产品。作品受到合作方的高度认可和赞许，部分作品已经投产。图书馆博物空间筹划这次展览，旨在通过多种多样的系列文创作品，展示教学实践中产、学、研的深度结合。

三、项目过程

上海杉达学院图书馆致力于打造更多元、精彩的师生共享交流空间。秉持着这样的理念，图书馆积极研究、多方联系可依托的专业资源。首次博物展"中国历代货币"，图书馆与学校胜祥商学院金融系负责人联系沟通，依托学院资源，确定了"中国历代货币展"的主题，并积极进行布展操作。展品以时代顺序依次陈列于展柜中，每个朝代的古钱币均配有文字概述，介绍其产生的背景。

这次展览开辟了上海杉达学院图书馆专题展览服务的先河，并通过同时开展讲座的方式，进一步提升了展览的影响力。展览期间，图书馆承办了由学校商学院金融系和浙江泰隆商业银行上海分行主办的"货币知识专题讲座"。讲座在图书馆会议室举办，由银行业界讲师主讲，有70余名学生和老师参与。

虽然后续由于新冠疫情原因，相关活动的开展受到一定影响，但图书馆一直在积蓄力量，一方面更积极地、有针对性地进行资源考察与积累，另一方面继续购买和收集合适的展柜、展架。

2020年底到2021年初，陈以一校长向学校捐赠藏品，图书馆第一时间进行了藏品的分类加工，并精心挑选了其中的部分藏品，陈列在6个玻璃展柜中，在博物空间进行展示。除了师生自发来馆进行观赏之外，图书馆还特邀相关校领导与教师进行参观，提升展览的影响力。

陈以一校长捐赠品展览持续一段时间后，一年一度的毕业季来临，图书馆策划实施了陶艺优秀毕业作品展来接棒。早在陈以一校长捐赠品展览开始时，图书馆就已经先期和学校艺术设计与传媒学院的陶艺工作室取得联系，为此次展览进行准备。通过与学院相关负责人、陶艺工作室专业教师的反复协商与沟通，最终选定两组优秀毕业作品作为展品。展品确定后，图书馆又与相关专业教师共同确定了每组展品的解读文字，帮助观众更好地理解和欣赏作品。最后，图书馆进行相关标签制作并布展。

目前正在组织之中的第4期展览（仰韶文化韵味文创展），展品已经收集到位，即将进入布展阶段。图书馆在得知学校师生受委托设计仰韶文化相关的现代文创产品这一消息时，敏锐地把握住这一机会，结合仰韶文化发现暨中国考古学诞生100周年的时事热点，及时联系相关负责人，双方顺利达成合作意向。图书馆还多次向专业人士咨询作品的创意解读方法。

四、成效与影响

（一）打造高校图书馆的共享交流空间，形成良好氛围

图书馆的博物展览空间，通过多元的主题、丰富多彩的展品、灵活多样的相关活动，营造了浓厚的文化学习氛围、交流展示氛围和分享碰撞的氛围。走进图书馆的师生发现，图书馆正在悄悄地发生一些变化，在这里不仅可以读书、自习，还可以通过观展的方式，获得更多的知识和精神享受。

（二）进一步促进图书馆资源的利用

一方面，观众与博物空间的展品之间展开无声的精神对话，能够得到更多书籍以外的收获，让他们更加乐于走进图书馆，这样可以提高师生入馆率，进而促进藏书与图书馆空间的有效利用。另一方面，有时展览作品本身的创作过程也会依托于图书馆文献资源，在展览期间，作者更会意识到图书馆资源对于其创作的重要性，激发其更多的入馆、借阅、查询等行为。例如，正在筹办中的仰韶文化韵味文创展，其中一位作者是大三学生，他进行创作时到图书馆查阅了不少相关考古书籍，设计了多件作品，最终设计出以红腹锦鸡为原型的团扇、茶具，获得了专业人士的肯定。在展览举办时，这位学生就忆起在图书馆查阅资料的时光，产生了许多感悟，从而在心理层面强化了其对图书馆的情感。

（三）形成图书馆与学校其他资源的互动，促进资源整合

图书馆的博物空间，既需要依托学校的多种资源来开展，同时也对学校其他资源进行二次激活。比如，"中国历代货币展"使学院与业界得到充分互动，学生在获取知识的同时，还获得了更多的实践机会，并得以参与更多相关校企合作活动；校长捐赠品展览，使得观众不仅欣赏到展品本身的精妙，还深入了解了校长的专业背景与多元视野；学生陶艺优秀作品展，展现了艺术设计与传媒学院陶艺工作室的教学成果，展览选择在毕业季临时展出，也是给所有学生精益求精地完成毕业设计的激励与鞭策。

（四）不断拓展和深化服务，拓宽渠道参与校园文化建设，更有助于发挥图书馆在文化传承与创新中的作用

除了以文献资源建设、读者服务和阅读推广等方式积极参与学校人才培养

和校园文化建设之外，图书馆的博物展览空间项目在资源整合的基础上，进一步拓展了服务内容、拓宽了服务渠道，这有助于图书馆深度参与文化传播，助力校园文化建设。

五、分析与总结

图书馆的博物展览空间，目前共开展了3期系列活动，主题多样、展品多元，越来越多的师生留意到图书馆里发生的变化，在展柜前驻足观看，达到了氛围营造的目标。

从目前开展的展览来看，主要的经验如下：

（1）图书馆要多方面考察和分析校内外可以利用的资源，在此基础上研究分析，选择适合落实到操作层面的展览主题。

（2）图书馆要积极与相关院系和部门进行沟通和对接，取得他们的支持，共同分析可能达到的效果。要多在这个过程中，听取相关专业人士的意见与建议，这样能够更好地将展品、展出形式、相关活动等细节落到实处。

（3）举办展览除了要选取主题优质之外，还需要注意举办的时间节点，注重适时原则。如结合相应的教学时间点、专业大事件甚至时事热点事件等，这样展览能够取得更好的效果。

今后，我们将继续致力于图书馆的博物展览空间打造，并且在此基础上进一步优化，想方设法设计更多的相关活动，助推交流氛围，比如：加强展览前期与中期的宣传推广活动；更紧密地嵌入教学过程，让展览与学习生活产生更多天然联系；结合展览进行相关图书推荐；等等。

我们认为，在高校，"图书馆的博物空间"大有可为！

沈芸　金佳　袁杰　蒋夏鸣　朱导俊　汪华

（上海杉达学院图书馆）

项目组成员及分工情况：沈芸，负责项目统筹策划、组织联络；金佳，负责组织联络、项目实施及宣传；袁杰，负责项目具体实施、宣传；朱导俊、汪华，负责协助项目实施；蒋夏鸣，负责组织联络。感谢上海杉达学院图书馆前馆长陈少川对项目的指导。

☞专家点评

　　图书馆空间改造可以在一定程度上提升图书馆服务的效果。上海杉达学院的图书馆的博物空间项目通过在图书馆打造一个更多元、更精彩的师生共享交流空间，同时策划举办系列主题展览，集展示、分享与碰撞为一体，体现了高校图书馆在"立德树人"方面的积极探索。这个案例在空间设计、活动主题、活动形式等方面都比较切合新时代高校图书馆践行"三全育人"的服务理念和初心，非常值得推广。（蔡迎春）

案例七　让大学生零成本开书店

——浙江工商大学图书馆"乌托邦书市"

一、开展背景

近年来，全民阅读、终身学习观念的深入人心，书店作为传播思想、普及文化、联系读者的重要场所，越来越受到重视。其中，高校实体书店作为高校重要的文化设施和载体，也得到了关注和支持。然而，目前高校实体书店的建设情况却不容乐观。

（一）国家大力支持高校书店建设，但高校实体书店覆盖率不高

2016年6月，中央宣传部、国家新闻出版广电总局、教育部等11部门联合印发《关于支持实体书店发展的指导意见》，提出"鼓励发行企业参与高校书店建设，各高校应至少有一所达到一定建设标准的校园书店，没有的应尽快补建"，同时"鼓励高校毕业生创办实体书店"[①]。

2019年7月发布的《教育部办公厅关于进一步支持高校校园实体书店发展的指导意见》，再次强调"各高校应至少有一所图书经营品种、规模与本校特点相适应的校园实体书店，没有的应尽快补建"[②]。

然而，根据2019年2月教育部高等学校图书情报工作指导委员会组织的一次关于高校图书馆设立实体书店的调查结果，在有效填写的1153人次问卷

---

① 11部门联合印发《关于支持实体书店发展的指导意见》[EB/OL]. [2016-06-18]. http://www.gov.cn/xinwen/2016-06/18/content_5083377.htm.

② 教育部. 教育部办公厅关于进一步支持高校校园实体书店发展的指导意见 [EB/OL]. [2019-07-18]. http://www.moe.gov.cn/srcsite/A03/moe_1892/moe_630/201907/t20190724_392124.html.

中，仅有410所高校校园内有1家实体书店，占35.6%；58所高校有2家实体书店，占5%。另有666份问卷的被调查者表示不清楚校园是否设有实体书店，占57.8%[①]。

（二）高校师生有开实体书店的理想，但高校实体书店经营困难大

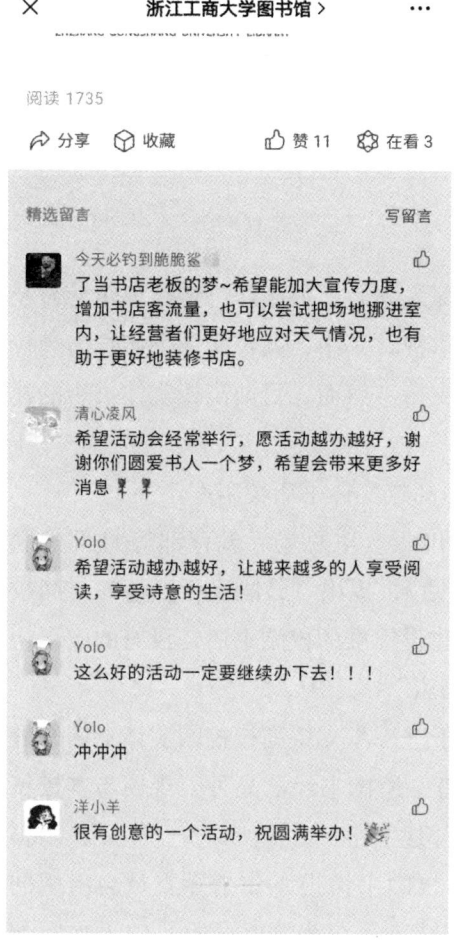

2021年9月14日浙江工商大学微信公众号上发布的第二届乌托邦书市掌柜通知下的留言

在图书馆工作期间，笔者曾多次收到师生关于开办校园实体书店的建议，如2021年第十一届教代会提案《关于建设特色文化书店，打造浙商大文化地标》，但校园实体书店经营的投入成本较高，店面租金、装修、图书采购、人员工资等基础投入高，而书店的盈利能力却很有限，在电商以及在线阅读平台的合力冲击下，校园实体书店的经营往往举步维艰。

一面是师生的需求和期待，一面是经营的困难和挑战，有没有一种方案可以解决这一难题呢？浙江工商大学图书馆反复筹划、积极思考，创新性地提出"零成本开书店"的公益理念，通过打造独具特色的校园文化书市，搭建起一个实现大学生书店文化理想的创意孵化平台、具备商科特色的育人实践平台、独特的校园阅读推广活动平台，努力为传播先进文化、推动全民阅读、建设书香校园、促进学生全面成长成才作出贡献。

---

① 陈凌,高冰洁,李莹,等. 关于"高校图书馆设立实体书店"的调查分析[J]. 大学图书馆学报,2019（5）:19-23.

二、主要内容

（一）"乌托邦书市"品牌解析

"乌托邦书市"是浙江工商大学图书馆联合杭州知名书店晓风书屋、浙江省新华书店集团等书店推出的"零成本开书店"公益性活动。"乌托邦"代表了人类思想意识中对理想社会的追求。而"乌托邦书市"，顾名思义，就是为实现在校大学生创办书店的理想而创办的文化创意书市，旨在培养当代大学生创新创业能力，激发他们对阅读的热情。

为了增强品牌的识别度，本活动设计了品牌标识。该标识由帐篷书市、云纽带、书籍及活动中英文名称组成。其中，帐篷书市再现了乌托邦书市的外观，"云"代表理想、梦想，是乌托邦概念的具象化，而摊开的书籍则强调了书市的重要主题——图书，以及本活动作为阅读推广服务的定位。整个标识的主色调选择了泛黄书页的淡黄色，既展示了文化书市的厚重、典雅，又可以让人联想到阳光的温暖质感。为了方便宣传，标识设计了有色版和线条版两个版本，有色版用于活动主题海报，线条版则应用在掌柜围裙上。

"乌托邦书市"品牌标识的有色版（左）与线条版（右）

（二）"乌托邦书市"建设思路

"乌托邦书市"严格按照书店开设流程开展，要求参加团队自己选择书店定位，撰写策划书报名，入选后前往合作书店选书进货，自行设计书店招牌、布置店面。活动结束后对账结算出销量，组委会根据相关指标评选出相应奖项，活动全程持续近三个月。

值得一提的是，如果参与团队意见一致，活动还可以将营业所得全部利润用于支持社会弱势群体的读书活动，将理想实现取得的收获借由爱心捐赠反馈给社会，实现了社会效益和经济效益的高度统一，以最好的方式展现了当代大学生的能力与担当。

"乌托邦书市"于2019年开始创办，截至2021年底已举办两届。目前，"乌托邦书市"活动已成为浙江工商大学一道亮丽的文化风景线，不仅实现了学子们开书店的梦想，展现了商科院校大学生的专业素养，锻炼了他们的创新创业能力，而且进一步丰富了城市书市的形态，关爱了社会弱势群体，实现了一举数得的"共赢"良效。

三、项目过程

"乌托邦书市"整个项目由掌柜征集、掌柜挑选、掌柜培训、掌柜挑书、书市开业、公益活动六大部分组成。

（一）掌柜征集：始于情怀，忠于理想

"乌托邦书市"由多家独立小书店组成，每个书店招募一支掌柜队伍运营。在掌柜征集环节，项目的开展特色是"以情动人"，紧紧抓住学子想"开一家书店"的人生理想，精心起草"掌柜征集令"，以浓厚的人文情怀打动莘莘学子的心。

（二）掌柜挑选：团队合作，互助共赢

为了更好地培养学生的团队精神，同时也确保书市期间每家书店都能全程服务，活动要求学生以团队形式报名，且团队要涵盖不同专业、班级。根据团队报名的书店店名、定位以及拟售书单，首届活动中，图书馆从44个报名团队中挑选出19家入选团队，第二届活动从54家报名团队中挑选了20家入选团队。

（三）掌柜培训：多轮培训，补齐短板

"乌托邦书市"经营团队基本都没有书店经营经验，为此，图书馆对入选团队进行了细致入微的培训。

1.结合团队的定位确定主营方向

为在尊重团队意愿的前提下引导不同书店经营团队确定自己的主营方向，图书馆建议团队从购买者的角度提前调研自己主营的图书类别，针对各个类别推荐出版社或图书品种，指导团队为挑书进货做好准备。

2.指导团队设计店名和书店招牌

由于缺乏经验，大学生团队的店面有时会过于空泛，难以体现出主营方向。为此，图书馆的活动指导老师会指导团队修改店名、确定广告语，并指导团队设计书店招牌（招牌由图书馆统一制作），让大学生团队在这些步骤中深刻思考书店的文化内涵和表现形式。

3.指导团队布置、宣传店铺

书店之所以能成为城市或校园的文化地标，在于其店面独具特色的布置和宣传。在活动中，指导老师会建议团队准备书签、明信片等文创产品以及装饰品，为店铺增加个性；会提醒掌柜们制作畅销书排行榜和推荐牌，吸引读者关注；还会鼓励掌柜们通过微博、抖音、微信等平台全程宣传自己的店铺。

（四）掌柜挑书：真实复盘，体验升级

首届活动的合作方为杭州知名连锁书店晓风书屋。为了真实体验挑书进货的过程，图书馆组织大学生团队前往晓风书屋书库现场挑书进货，晓风书屋创始人朱钰芳女士亲自接待小掌柜们，并围绕书库布局、图书挑选及开店的注意事项等进行现场培训。小掌柜们随即在实体书库浩瀚的"书海"中挑书进货。

杭州晓风书屋创始人朱钰芳女士现场培训小掌柜

"乌托邦书市"小掌柜在书海中挑书进货

（五）书市开业：经营大赛，创意为先

经过了前期的充分准备，活动终于迎来了活动的重头戏——书市开业。每期书市均设于学校人流量最大的行云食堂前的广场上，从上午9点持续到晚上7点，10小时内不间断服务。

开业的第一场比拼是招牌设计比拼。书店招牌是每一家小店的灵魂。小掌柜们使尽浑身解数，在字体、配图、构图、广告语等各个方面各展所长，充分展现了商科学子的专业素质和综合能力。有的书店还在精美的招牌海报之外，展示了"推荐书目"和精彩的推荐语，将自己的阅读心得转化为了推销的利器，读者与掌柜、买方和卖方在一次活动中实现了转化和融合。

开业的第二场比拼是店面布置比拼。开店当天，小掌柜们纷纷提前到场布置自己的梦想书店。为了吸引人气，各个店铺各出奇招，精美的书签、自制小饼干和糖果，花式摆放的图书……新上任的掌柜们充满了干劲，每家小店都有让人惊喜的巧思。

虽然每期书市的开市时间只有两天，但每期都取得了不错的业绩。2019年首届"乌托邦书市"访客超过3000人次，共销售书籍400余册，营业额达到

"乌托邦书市"个性小书店招牌掠影

"乌托邦书市"活动现场掠影

1.7万余元，销售利润近2000元；2021年第二届"乌托邦书市"虽然因为新冠疫情原因仅对校内师生开放，但业绩不降反升，访客人数达到近万人次，共销售书籍650余册，营业额达到2.4万余元，销售利润3000余元。

（六）公益活动：回馈社会，再传书香

书市结束后，图书馆组织掌柜开展公益活动，将活动所得回馈给社会弱势群体。首次活动后，图书馆举办公益活动，前往浙江特殊教育职业学院举办主题读书会，用书市所得收益购买了书籍和物资捐献给该校的残障学生；第二次则前往自闭症儿童学校举办"共读一本书"活动，同时捐赠书籍和物资，将书香传递给更多需要的人。

四、成效与影响

（一）活动成效

1.响应国家号召，打造独具特色的高校校园书市文化

"乌托邦书市"弥补了当前高校中实体书店缺失的短板，由学生自发开设书店，每一家书店都独具特色。校园书市的出现可以让师生直观地感受到阅读的氛围，传递对阅读的热爱，书市以书为载体，将买书人和卖书人的心联合起来，在校园内形成一种爱书爱阅读的文化现象。

2.践行育人理念，创新高校图书馆"三全育人"服务模式

育人是全民阅读大背景下高校图书馆组织阅读推广活动的本质，是初心，更是使命。我们认为，育人最核心的功能应是基于理念认同的价值引领功能。"乌托邦书市"鼓励和支持大学生实现精神追求，培养他们成为有理想、有责任感、有执行力的人，使他们对将来的生活有所准备，并在他们追求物质及精神满足的过程中给予引导。在首届活动中，按照活动方案，活动的所得一半将在结束后归参与团队所有，一半用于公益捐赠。但活动结束后，全体参与者主动提出将所有销售所得用于公益捐赠，反哺社会弱势群体，说明创业的经历不仅让大学生体会到了金钱来之不易，更让他们在活动的引导下，主动选择了更有价值的金钱使用方式。

以情怀开场，以感恩结尾，"乌托邦书市"如同一堂生动的思政课，展现了当代大学生良好的社会责任感与担当意识，实现了"全员、全程、全方位"育人理念下高校图书馆文化育人、服务育人、管理育人的价值。

3.跨界合作共赢，创新高校阅读推广服务形式

"乌托邦书市"创新了图书馆行业与书店行业合作的新形式，在书市这一共同形态之下，二者从供应商和采购方的上下游关系，跨界合作变为全民阅读的合作伙伴关系，共同推进高校阅读推广工作。

此外，"乌托邦书市"也创新了高校图书馆阅读推广服务的形式。"乌托邦书市"将书店与学生联系起来，在活动中，图书馆员与书店的专业人士对参与的大学生从书店定位、团队组织、拟定书单、选书进货、推荐图书等环节进行指导，这些环节进一步提升了他们的人文素养和阅读推广能力，通过"书店掌柜"的带入感，激励大学生主动思考书店的意义以及如何带动更多的人阅读，小小的书店也成为拥有相同阅读志趣的学生的交流平台。"乌托邦书市"的成功经验告诉我们，除了讲座、展览、竞赛等常规形式，高校图书馆还可以通过更多的形式去激发和锻炼学生的能力，吸引他们参与到阅读推广工作中，这也正是高校图书馆阅读推广的题中之义。

（二）活动影响

本活动获得了浙江电视台《书香浙江》节目、浙江新闻（网）等媒体的报道，并入选中国图书馆学会阅读推广委员会"2020年高校阅读推广案例风采展示活动金榜作品"案例（全国仅10例）。

浙江电视台《书香浙江》节目报道"乌托邦书市"

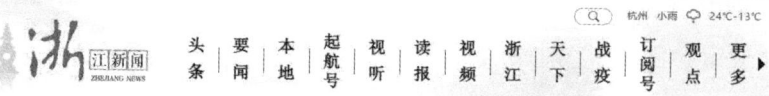

浙江新闻（网）报道"乌托邦书市"

五、总结与思考

（一）高校在校园实体书店发展过程中可以做些什么？

在实体书店运营现状整体欠佳的情况下，高校校园很难吸引知名的实体书店进驻高校。高校可多策划一些前期孵化项目，既可以提升本校学生的综合素质，也可以创造实体书店与高校合作的机会，为实现最终合作创造机会。

（二）如何让更多的实体书店愿意来参与类似活动？

图书馆要在活动中充分发挥主动性，通过细致的工作打消实体书店的顾虑。例如做好项目的宣传推广工作，为活动赢得良好的影响力；主动承担物料及人员往返的相关成本；对未销售出去但可能影响二次销售的图书进行采购兜底；向合作书店采购一些热销图书用于图书漂流、书香寝室等活动；等等。

（三）如何更好地发挥活动对图书馆工作的促进作用？

开书店的表象背后，是图书馆对学生人文素养和阅读能力的关注和持续培育。在活动之后，图书馆可将掌柜们的推荐语应用于图书馆的图书推荐中；可结合销售情况，推出书市中畅销图书的主题书展和共读会；可邀请获奖掌柜团队作为阅读推广人进行心得交流和分享等。

（四）未来展望

未来，图书馆既可以从参与方的角度联合多所高校同时举行，也可从时间的角度增加频次，共同打造高校主办的多主题特色集市，丰富城市书市形态。

大学滋养阅读，阅读丰富大学。"乌托邦书市"希望在帮助大学生实现人生理想、传播阅读文化方面发挥作用，为高校图书馆阅读推广服务创新提供新的思路。

　　　　赵丹　沈银红　袁娟（浙江工商大学图书馆）

项目组成员及分工情况：赵丹，总负责人，负责项目策划、合作方遴选与沟通、案例总撰写；沈银红，总执行人，配合负责人完善策划方案、确定活动流程、统筹任务分配；袁娟，负责对接合作单位，重点负责掌柜团队挑选、选书进货环节；陈怡醒，负责2021年项目宣传工作，重点负责项目Logo、主海报设计；闫金双，负责2019年项目宣传工作，重点负责项目宣传品设计和对外宣传。

☞专家点评

　　浙江工商大学图书馆的"乌托邦书市"项目很有创意，繁荣了校园文化。让在校大学生以零成本开书店、当老板，每个店由一个团队运营，这有助于锻炼大学生的合作精神，也可以利用学生的影响力，促进其自身和同学朋友更多地阅读。图书馆在这中间负责牵线搭桥、资助招牌等物料、兜底未售完图书等，减少了参与各方的顾虑，对活动的成功开展起到了保障作用。参与者还可以得到开书店的培训，在具体开店中也能收获个人成长。这是一个很有益的活动，对其他学校图书馆也有参考价值。（邓咏秋）

案例八　家庭闲置图书交换的集市

——"小镇书市"

一、开展背景

天津市东丽湖未来学校（原名为北京大学附属中学天津东丽湖学校）成立于2015年9月，地址坐落于天津市东丽区东丽湖社区。学校图书馆一直致力于建设成为一个温暖、开放、包容的空间，一个促进人们思想交流和终身学习的地方。图书馆自2015年建馆以来就开始研究和建设基于阅读素养、信息素养和图书馆素养的小学图书馆课程体系以及辐射到社区的阅读推广活动体系，希望通过阅读搭建读者与读者、读者与资源、读者与真实社会之间的桥梁。

学校所隶属的东丽湖社区位于天津市东丽区东北部，是国家AAA级旅游景区。东丽湖社区景色优美，自然生态环境良好，但是社区内缺少公共图书馆等公共文化设施，而且距离市区公共图书馆较远，这给社区居民以及学校师生和家长的阅读带来了诸多不便。作为社区中唯一的一个中小学图书馆，我们一直在思考，如何才能整合各方资源推动社区的阅读文化建设，营造书香社区，为推动全民阅读贡献一己之力。

图书馆曾经在学校举办的实践周期间，带领图书馆悦读社团的学生到深圳展开实地考察与调研，对深圳图书馆在推动全民阅读工作中的具体做法印象深刻。虽然深圳图书馆是公共馆，本校图书馆是中小学图书馆，二者无论是馆藏规模还是发展规模都有显著不同，但是深圳图书馆在推广全民阅读中设计的各种活动以及深入辐射到基层大众的种种做法，都给了我们很多启发。结合学校图书馆和社区的现状以及我们的实践考察经历，图书馆员和学生开始探讨在东丽湖社区内开展阅读推广活动的各种方案。在学校、社区居委会、社区管委会、家长志愿者等多方力量的支持下，活动的初步设想很快就有了雏形，经过几轮商讨，逐渐形成了"小镇书市"的具体活动策划与方案。

二、主要内容

"小镇书市"的理念是让知识绿色流动，主要活动规则是"一本书换一本书"，具体如下：

- 所有活动参与者首先将自己的书籍提供给主办方；
- 一本书可兑换一张"活动券"；
- 凭借"活动券"可以选择书市中的书籍。

出于让优质的书籍实现绿色流通的愿景，在书市中交换的书籍需要经过初步审核与筛查，凡是有不良内容的或破损严重的书籍一律不可参与活动。为了吸引更多的居民参与活动，每次活动都会设计一个主题和一些有趣的互动游戏。

"小镇书市"这个名称的灵感来源于社区每周两次的集市。在集市上，来自四面八方的农民或商人出售他们的商品，主要以蔬菜水果和一些农产品为主。因为社区内比较缺乏大宗购物的农贸市场，每次集市上的人都络绎不绝。生活在社区里的人都很熟悉集市，而且每周去赶集渐渐已经成为大家的生活方式。同时，我们也了解到，大多数家庭中都有不少闲置图书，尤其是有孩子的家庭，书籍已经是孩子的成长过程中必不可少的伴侣。而随着孩子长大，一些不需要的书籍扔掉感觉可惜，堆积在家中也不知如何处理。结合社区里集市的形式，以及社区居民家中对闲置图书的处理需求，我们产生了在小镇里定期举办"书市"的想法，希望"小镇书市"也能够像"集市"一样，成为社区居民生活的一部分，希望阅读和书籍成为社区居民的共同话题。

"小镇书市"最初定于每个月23号举办，这个日期也是源于4月23日世界读书日，我们希望每个月的23号都可以成为社区居民的读书日，于是设定了这

2019年3月23日第一届"小镇书市"

注：第一次活动为了引起社区居民、学校师生等更多人群的关注，我们选择了社区最热闹的地方——"愤怒的小鸟"公园，并且得到了社区居委会和管委会的鼎力支持。

个日期。后期由于新冠疫情的原因，活动的日期也随之灵活调整了。

三、项目过程

（一）组建"小镇书市"项目组

活动形式与内容初步确立之后，便需要在全校招募核心团队。这项活动主要由图书馆发起，图书馆在全校的学生、家长、教师群体中发布招募需求，最终成立"小镇书市"活动项目组。项目组的成员主要包括3名图书馆员、图书馆开设的悦读社团的4名学生以及图书馆的2名家长志愿者。项目组成员根据自己的特长，进行了明确的分工，确立各自的工作职责。项目组分为宣传组、策划组、现场流程组等，每个小组在活动前期、中期以及后期均有不同的分工与任务，从而确保宣传到位而且开展过程井然有序。项目组每周召开一次例会，对活动主题、前期策划、宣传、物料准备、活动执行、活动后推广等一系列内容逐步落实。图书馆员是活动策划与设计的主力。在小组例会时，成员们会头脑风暴并从各自的角度提问与分析，因项目成员都来自不同背景，讨论非常热烈，对于活动的细节能考虑得更加完善。图书馆员依据每次例会讨论的结果形成具体的策划方案与实施建议，项目组成员据此再分头行动和准备。因为学生和家长志愿者都是因为感兴趣才加入了项目组，所以他们在整个项目过程中主动性和积极性非常高，而且项目组的及时反馈机制也使得各成员的执行效率很高。

（二）设计活动内容与活动规则

为了吸引更多的社区居民参与活动，项目组在每一期活动前都会设计一个主题以及一些有趣的互动游戏。随着活动的不断开展，还增加了积分制度，鼓励大家多多关注和参与，参与者可用积分换取相应的小礼品。此外，在书籍筛查方面，为了确保书市中流通的书籍品质优良、内容健康且积极向上，对于所有参与活动的书籍，项目组专门安排了多位志愿者进行书籍审查。而且针对活动过程中可能出现的疑问，团队也事先进行了分析，制定了详细的应对措施。除了项目组的成员，每次活动我们会依据举办的地点、可能参与的人数等招募不同数量的临时志愿者，帮助我们在活动执行过程中把控各个环节，以保证活动有序开展。临时志愿者依据活动过程所需进行招募，一人一岗，例如秩序引导员、活动券发放负责人、盖章处负责人等。所有的临时志愿者都需要先参加项目组开展的集中培训之后再上岗。

2019年9月23日第三届"小镇书市",孩子和家长欢喜地来交换图书

2019年9月23日,"小镇书市"上正在"搬运"图书的志愿者学生

2019年11月23日第五届"小镇书市",社区里的花甲老人认真挑选图书

2019年11月23日第五届"小镇书市",社区居民一边阅读一边讨论

（三）定期反思与复盘

项目组定于每次活动之后进行一次系统的反思与复盘。项目组针对活动开展的效果、出现的问题、书市中书籍流通的数据、参与的人次等进行统计和分析，并且在下一次活动中进行改善与优化。例如最初的活动参与人数并不是很多，项目组通过分析发现活动的宣传辐射不够，宣传方式比较单一，于是我们与社区的微信公众号管理人、社区居委会等多次商讨，在活动前加大活动宣传力度，如利用社区、学校和图书馆的官方微信公众号同步宣传，同时也在校内进入班级进行宣传，给家长发放活动宣传单、张贴活动海报等。这样一来，活动的参与情况逐渐得到改善，参与的人数大大增加，也有很多社区的居民在活动当天有备而来。第一届"小镇书市"于2019年3月23日正式举办，此后由

于学校寒假、新冠疫情等原因，"小镇书市"曾中断过一段时间，截至2022年8月，"小镇书市"活动共举办了8届。

四、成效与影响

（一）活动参与人次统计

根据项目组的初步统计，每次"小镇书市"活动中进行交换的图书大约有100余册，每次活动大约有150人次以上的参与量。仅仅是8次书市的活动，就实现了800余册图书的交换，1000余人次的参与。

（二）活动影响力

"小镇书市"活动自开展以来，受到社区居民、学校师生、社会企业等多方面的关注。东丽湖社区的微信公众号曾多次帮忙做活动前期宣传，并报道过活动的现场。学校的学生也开始习惯有"小镇书市"的存在，如果逢天气不好或者时间变更等情况，在23号没有举办"小镇书市"，就经常会有孩子来图书馆询问相关的情况；社区的居民也曾多次致电学校图书馆，询问书市是否有固定的场所和时间，以及平时如果想交换图书可以通过哪些渠道。

这个活动也引起了社会企业的关注。天津市北大资源置业有限公司在了解到"小镇书市"活动之后，给予了高度的赞赏和支持。他们为书市提供了一个木制书箱，同时也捐助了数百册图书。

2021年6月，"小镇书市"活动入选2021全民阅读典型案例征集活动名单，该活动由《图书馆报》和《国际出版周刊》联合举办。

无论是社区居民的关注，还是社会企业的捐助，以及图书馆界同人的认可，这些都是项目组前行的动力。最重要的是，因为有"小镇书市"的存在，小镇居民有了新的话题，那就是"书籍"。从图书馆层面，当我们在努力推广阅读的时候，其实就是在为人们创造一个个与书籍接触的机会，如果大家能够将更多的时间放在读书或者和读书有关的事情上，那么阅读的氛围自然而然就形成了。

五、分析与总结

"小镇书市"活动自举办以来，受到了社会各界的关注，活动中图书交换的形式非常新颖，满足了许多用户的需求。经过几次实践，我们深刻感受到这是一个可以在全国范围内甚至全世界范围内进行推广的活动。

（一）活动遇到的困难及有待改进的地方

在开展活动的过程中，项目组也的确遇到过一些困难。例如团队不够稳定，项目组的成员除了图书馆员是固定的，学生和家长都是作为志愿者加入，人员的流动性比较大。这就需要我们将活动的流程精细化、系统化，形成一套适用于志愿者的快速上手指南，而且在日常工作中也要多向图书馆的读者宣传图书馆的文化，尤其是志愿者文化，以吸引更多的人加入。随着活动的深入开展，活动对于流程管理的要求也越来越高，这对活动组织者是更大的挑战。图书馆员要全面提高自身的综合素质，应对挑战。此外，活动过程中使用的各种物料，例如宣传海报、纪念品等，缺乏统一的标识，在宣传性上有待改进。

（二）活动的实践意义

在"小镇书市"活动之前，图书馆曾加入过美国的非营利公益组织"Little Free Library"，所有的爱书人士都可以申请成为其会员，并在家门口放置一个迷你书箱，按照"take a book，return a book"的规则面向所有人开放。我们了解到在美国有许多家庭以个人为单位自己制作书箱，他们会主动分享和捐赠自己的图书，并且自主维护。然而这个活动在我国推广的难度很大，原因之一是我国社区的居住人口密度较高，如果仅仅将书箱设立在公共区域，将难以保证图书的管理和维护，原因之二是个人的分享难以在社区范围内辐射到更多的人群。但是"小镇书市"的活动形式很好地弥补了这一点，通过活动策划者的全面协调和组织，可以实现学校图书馆与社区的深入联动。

此外，从图书馆的育人职能来说，"小镇书市"活动充分调动了教师、学生、家长的积极性，形成学习共同体。项目组的学生作为活动策划的主体，其组织与协调能力、表达能力等得到了很好的锻炼；家长参与活动，使他们更深入地体验了图书馆员这个职业，更全面地了解学校图书馆，从而能够更积极地加入志愿工作。这种深入联动的方式，使得图书馆成为连接各方资源的核心，充分地发挥了图书馆的服务功能。

（三）将"小镇书市"活动品牌化的发展思路

闲置在家的书籍本是随时可丢弃的无用物品，通过"小镇书市"却可以变为他人可用的有用资源，参与者不需要任何花费就可以实现闲置书籍的"变废为宝"，实现知识的绿色传递。活动开展的实践经验让我们开始思考将"小镇书市"活动打造为公益活动品牌的可能性。目前，"小镇书市"项目组是由众多志愿者构成的，活动的地点流动性较大，我们希望未来可以将活动的流程规范化，制定系统的"小镇书市"活动志愿者合作规约，并在社区内找到一个可以固定开展活动的场所，在社区范围内招募志愿者，这样既可以强化居民的志愿者服务精神，又可以深化居民的阅读意识，营造书香社区。

我们衷心地希望这个活动能够引起更多人的关注与支持。在"小镇书市"上，我们看到年过花甲的老人在读书，看到稚嫩的孩童在读书，看到年轻的妈妈给孩子读书，看到青葱的少年结伴而读……这些读书的画面为社区增添了一道美丽的风景线。

李苗　祝会清　刘靖　张言　吕玮玮

（天津市东丽湖未来学校）

项目组成员及分工情况：李苗，总负责人，负责活动策划、统筹与全过程管理等；祝会清、刘靖、张言、吕玮玮，负责项目策划与执行。

☞专家点评

"小镇书市"这个项目很有意义，案例写作也比较规范详细，基本回答了同行的关切，包括这到底是一个什么样的活动，这个活动是怎么做的。活动策划者关注到家庭闲置书籍，通过每月一次的"小镇书市"活动让这些图书得到流转，流转的方式是以书换书或换积分等，这个活动体现了环保、分享的理念，促进人们阅读更多的图书。"小镇书市"项目由一个中小学图书馆发起，通过这个活动，学生及其家庭、所在社区的民众与企业，以图书为纽带连接起来，志愿者得到实践锻炼与成长，学校的学生、小区居民得到更多接触图书的机会。这是一个很棒的阅读推广活动，发挥了中小学图书馆的馆外延伸、服务社会的功能。正如案例中主办方所说，这个活动具有可推广的潜力，有望发展成为多方加盟、统一品牌、流程规范的全国性项目。我期待他们继续探索，使这个项目更加成熟，并通过发布规范、指南、工具包等形式让这个活动推广到全国，参与者可以不限于中小学图书馆。（邓咏秋）

第四部分　特色阅读活动

案例一　农家书屋大使助力乡村文化振兴

一、开展背景

为切实解决广大农民群众"买书难、借书难、看书难"的问题，我国从2005年开始试点农家书屋工程，截至2019年底，全国共建成农家书屋58.7万家、数字农家书屋12.5万家，农民人均图书拥有量从2005年前的0.13册增加到2.17册，增长近20倍[①]。然而，农家书屋"重建设、轻管理"的问题逐步显现，农家书屋利用不充分问题日益突出，在良性运行与可持续发展方面面临困境[②]。2019年，中央宣传部等十部门联合印发了《农家书屋深化改革创新　提升服务效能实施方案》，要求推动农家书屋提质增效，助力乡村振兴战略实施[③]。

南京农业大学图书馆从2020年开始试行农家书屋大使阅读推广模式，旨在通过组织大学生志愿者担任农家书屋大使，组建一支农家书屋大使团队，以全国各地的农家书屋为平台开展阅读推广活动，把高校做阅读推广的丰富经验推广到广大乡村，促进乡村民众阅读，同时激发农业院校大学生服务乡村的责任感与积极性，为乡村文化振兴贡献智慧和力量。

[①]　民生直通车：农家书屋，如何打造脱贫攻坚"精神加油站"[EB/OL].[2020-09-15].http://www.xinhuanet.com/2020-09/15/c_1126495684.htm.

[②]　王娟，张劲松.发展为本：农家书屋建设过程中的困境及其破解[J].晋阳学刊，2021（1）：88-95.

[③]　中宣部等十部门印发《农家书屋深化改革创新　提升服务效能实施方案》[EB/OL].[2019-02-27].http://www.gov.cn/xinwen/2019-02/26/content_5368689.htm.

二、主要内容

（一）组建农家书屋大使团队，建立农家书屋大使工作机制

图书馆在全校公开招募大学生志愿者，择优组建农家书屋大使团队，对团队成员开展思想动员、政策宣传、业务培训，使队员对农家书屋大使的责任使命、目标任务、工作方法有基本的了解和认同。同时，制定农家书屋大使项目的工作流程、管理方案、考评办法，建立农家书屋大使工作机制。

（二）联合多方力量，共同促进乡村阅读

图书馆积极联系多家农家书屋并建立合作关系，使之成为农家书屋大使开展常态化阅读推广活动的实践基地。此外，图书馆还联合相关企业，在公益及宣传方面寻求共同目标并争取合作，借助企业的资源和平台技术优势，保障农家书屋大使的乡村阅读推广工作顺利开展。

（三）组织开展乡村阅读活动，积累乡村阅读推广经验

图书馆阅读推广团队带领农家书屋大使前往乡村、社区，开展集中示范性的阅读推广活动，在乡村阅读推广实践中积累经验，提高团队的阅读推广综合能力。

（四）构建"校—企—地"农家书屋大使阅读推广工作新模式

农家书屋大使利用寒暑假，前往全国各地农家书屋，通过宣传农家书屋现有的实体资源与网上资源、分享阅读的乐趣和心得、开展第二课堂、推广农业科技新技术等系列阅读推广活动，激发农民读者的阅读积极性，让更多的农民读者走进农家书屋，形成乡村阅读新风尚。图书馆通过这样的途径，构建以提升农家书屋服务效能为手段、以先进文化引领乡村阅读风尚为目标的"校—企—地"农家书屋大使阅读推广工作新模式（见下页图）。

三、农家书屋大使工作实践

"校—企—地"农家书屋大使阅读推广模式实践活动分为集中示范实践和寒暑假回乡实践两大类。

（一）集中示范的阅读推广工作实践

为了使农家书屋大使具备合格阅读推广人的职业素养，更有自信地回乡开展工作，图书馆邀请同方知网技术公司江苏分公司江苏省数字农家书屋项目组成员为农家书屋大使做培训讲座，使大使们充分了解"江苏省数字农家书屋"

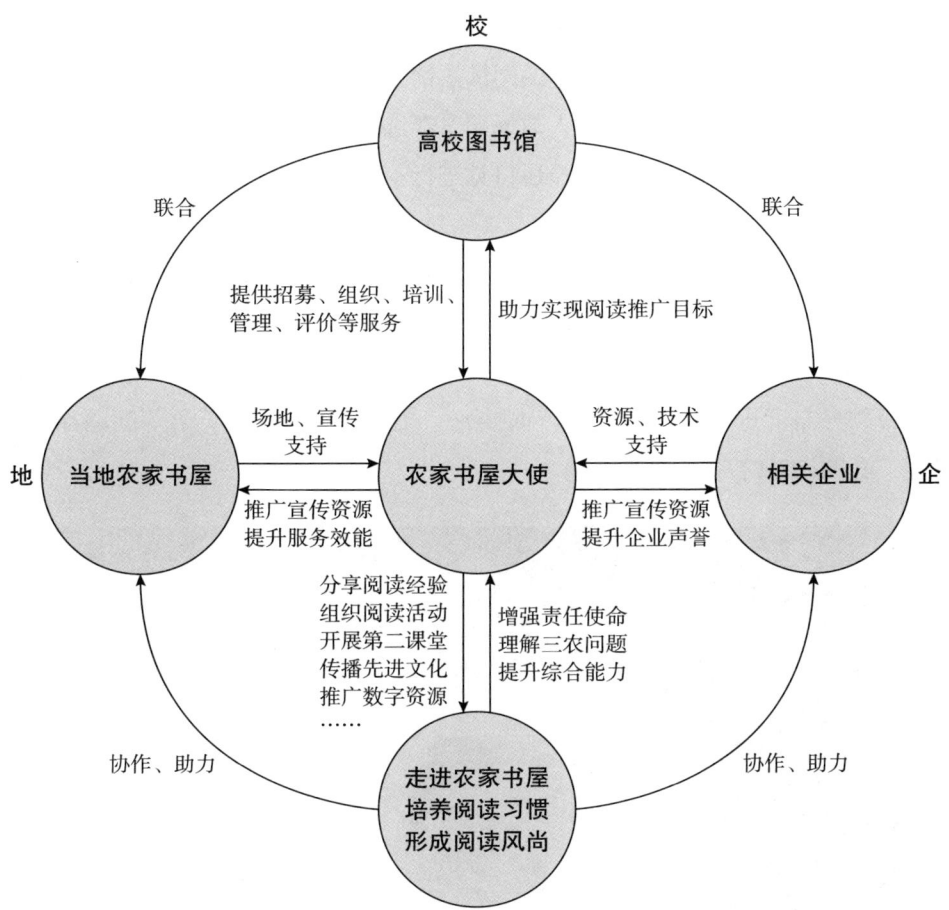

"校—企—地"农家书屋大使阅读推广工作新模式

的电子资源，掌握其"一平台四中心"的注册方式及使用方法。其后，图书馆又组织农家书屋大使前往农家书屋实践基地集体开展阅读推广示范实践。指导老师全程参与，从策划方案、活动组织实施到活动总结评价，全过程、手把手带领农家书屋大使们开展实践锻炼，积累经验，提升阅读推广综合能力。

　　2020年12月至2021年3月，在图书馆阅读推广团队的带领下，农家书屋大使在南京市六合区雄州街道灵岩社区、方州社区①分别开展了"小书屋　大梦想"读书嘉年华活动，活动分为线上朗读预赛、线下决赛、现场读书嘉年华活动

――――――――

　　①　灵岩社区、方州社区位于南京六合区雄州街道，均为涉农社区，设有农家书屋。

三项内容。为时一个月的线上朗读预赛吸引了两个社区共51人报名参赛，极大地激发了当地农民特别是中小学生的阅读热情，往往是一人参加比赛，全家关注进展。决赛当天，观众亲友团的人数远超参赛选手。朗读比赛过程中，为了加深对朗读素材的理解，选手及其家长还自觉进行了延伸阅读。这样一来，活动有效培养了参赛家庭的阅读兴趣。

现场读书嘉年华活动以灵岩、方州两个涉农社区的农家书屋为活动平台，共设置三项读书活动："数字资源推广"介绍江苏省数字农家书屋的海量资源；"阅读闯关"带领大家走进知识的海洋；"环游世界"由担任农家书屋大使的留学生带领参与者进行互动游戏，诗词接龙、文学常识、趣味英语等问题穿插在投壶、套圈游戏之中，寓读于趣。

在"小书屋　大梦想"读书嘉年华活动中参加诵读比赛的小选手

（二）回乡实践

南京农业大学图书馆分别在2021年寒假及暑假组织了农家书屋大使回乡实践活动。

1.寒假回乡实践

首批27名择优获聘上岗的农家书屋大使，经过初步思想动员、业务培训，

灵岩社区小读者在"小书屋 大梦想"读书嘉年华上通过阅读闯关获得套圈游戏机会

在2021年初寒假期间开展首次活动。因新冠疫情及各种因素影响，最终有15名农家书屋大使成功开展工作，阅读推广对象为当地村民及中小学生，线上线下参加人数达到373人，活动地点涉及河北省秦皇岛市、遵化市、唐山市，河南省固始县，江苏省淮安市涟水县，重庆市开州区、南岸区、巴南区，浙江省慈溪市、杭州市，安徽省临泉县等地的15个农家书屋。活动类型及内容见下表。

农家书屋大使回乡开展活动的类型及内容

活动类型	活动内容
调查	（1）实地参观农家书屋，调查农家书屋的运作机制。 （2）入户调查当地农民的阅读意愿、阅读现状。
宣传	（3）向身边的亲朋好友介绍当地农家书屋，推广农家书屋阅读资源。 （4）深入乡村入户宣传农家书屋，鼓励大家加入阅读行列。
推广资源	（5）向身边的熟人、当地农民介绍农家书屋及其设施、书籍等资源。 （6）推广农家书屋数字资源（如江苏省、河南省各地数字农家书屋的资源），包括引导关注微信公众号或下载数字农家书屋App，介绍资源特色及其使用方法。 （7）推广自己熟悉的数字阅读资源，如朗读小程序等。

续表

活动类型	活动内容
打造第二课堂	（8）分享大学生活，交流学习心得。 （9）帮助中小学生组建读书会，分享阅读经历和体验，分享喜欢的书籍和作家，朗读书中段落，畅谈对未来农村书屋发展的期待。 （10）推荐适合中小学生的阅读书目。 （11）组建辅导团队，为当地中小学生辅导学习，答疑解惑。
传播先进文化	（12）组织身边的亲朋好友、当地村民建立读书会，分享读书心得，推荐熟悉的阅读资源（如朗读小程序、当地图书馆的微信公众号等）。
促进农业科技知识传播	（13）利用农业大学学生的身份优势，联系学校专业老师担任农家书屋农业科技相关讲座主讲人。

农家书屋大使孙瑞寒假回乡时在江苏省淮安市涟水
县农村开展阅读调查，宣传农家书屋

2.暑假社会实践活动

图书馆在校团委的支持下，"书香致农家　阅读助振兴——农家书屋大使在行动"获批"三下乡"社会实践校级重点项目，以大学生暑期"三下乡"社会实践的形式，举办了"小书屋　大梦想"红色阅读夏令营，组织农家书屋大使分别前往南京市江宁区麒麟街道麒麟门社区、盐城市东台市五烈镇东里村开展阅读推广活动。

　　夏令营活动分为2期，历时6天，16名来自不同年级与地区的本科生组成了农家书屋大使实践团，以"光辉历程　你我共读"红色经典共读、"我心向党　以声献礼"红色经典诵读、系列微党课、数字农家书屋资源推广作为夏令营活动内容，共吸引100余人次的6—12岁乡村青少年参加活动。

　　在麒麟门社区，农家书屋大使实践团以"红船精神万里行""解放战争旗正红""曙光照耀新中国""改革开放谱新篇""新时代新作为"五个分主题，把中国共产党的百年党史分成五个阶段，由点连成线，带领青少年回顾党的百年发展史。同时他们以"我心向党，以声献礼"红色诵读、红色主题拓展游戏等形式来开展阅读推广活动，提升青少年对红色经典书籍的阅读兴趣，培养青少年的爱党爱国情怀，推动红色阅读向社区延伸。

麒麟门社区的小读者在"小书屋　大梦想"红色阅读夏令营上抢答党史问题

　　由五位东台籍的农家书屋大使组建的实践团则来到东台市五烈镇东里村，朗诵红色诗篇《庆七一诗歌》组诗，讲授《红船行至东里村》微党课，并开展"我为重要的人写封信"活动。他们和东里村的孩子们一起追溯五烈镇的由来，回顾五烈镇五位烈士的英勇壮举，并联系红船精神和烈士精神展开讨论，升华了参加活动的孩子们的爱党、爱国和爱家乡情感，同时也大大激发了孩子们阅读红色书籍的热情。

五位农家书屋大使在家乡五烈镇东里村举办"小书屋 大梦想"红色阅读夏令营

四、成效与影响

（一）推动农家书屋提升服务效能

根据首批农家书屋大使对农家书屋建设及利用现状的调查，现有农家书屋利用率低的影响因素主要有：农家书屋的宣传力度不够，农民对农家书屋知之甚少；农家书屋管理员能力不高，无法为读者提供阅读指导与有效服务；农民读者自主阅读的愿望不强，阅读素养不高，无法自主开展高效阅读。

农家书屋大使通过举办读书嘉年华、阅读夏令营，对农家书屋形成有效宣传。如参加"小书屋 大梦想"读书嘉年华活动的灵岩社区林女士表示："虽然我住在社区服务中心附近，但真的不知道社区有设施如此齐全的农家书屋。以后要经常带孩子来读书，培养孩子的阅读习惯。"

（二）有效促进乡村全民阅读

活动以积极推动居民走进农家书屋，乐于读书、勤于读书为目标，受到了社区居民的欢迎和好评。"小书屋 大梦想"读书嘉年华诵读比赛获奖者郭浩然同学表示，诵读比赛激发了自己更大的阅读兴趣，增强了自信心，他以后要多读书，读好书，读党史。方州社区党总支书记徐来娣表示："少年强则国强，孩子带动家庭阅读，家庭带动社区阅读，读书嘉年华活动十分有利于书香社区的建设，也让居民在精神上更有获得感。"

（三）契合高校培养新时代合格人才的战略目标

高等教育的根本任务是为党和国家培养具有创新精神和实践能力的高级专门人才[1]。担任农家书屋大使可让大学生从多方面得到锻炼。首先，有利于大学生明确时代使命，增强社会责任感。农家书屋大使首先需要深入乡村，和农民群众面对面交流沟通，了解农民的阅读态度、阅读现状以及真实的阅读需求。在乡村振兴战略实施的大背景下认识国情、了解社会、熟悉三农，是把农业院校的学生培养成为知农、爱农、学农、兴农的新型人才的必经之路。其次，有助于增长才干、锻炼毅力、培养品格。农家书屋大使参与阅读推广活动，可快速提高自身的人际交往能力，增长阅读推广知识，提升活动组织能力，特别是提升解决实际问题的能力，收获成长。

（四）收获良好的社会反响

随着"小书屋　大梦想"读书嘉年华、红色阅读夏令营的成功举办，农家书屋大使系列阅读推广活动受到当地农民的欢迎，

2021年4月1日学习强国首页推荐农家书屋大使活动

---

[1]　中共中央　国务院印发《深化新时代教育评价改革总体方案》[J]. 中华人民共和国国务院公报，2020（30）：11-15.

也被学习强国、中国江苏网、《新华日报》交汇点新闻、《扬子晚报》紫牛新闻、《现代快报》等多家省市级以上媒体宣传报道20余次，取得了良好的社会反响，在助力乡村文化振兴、弘扬先进文化方面发挥了积极作用。

五、分析与总结

"校—企—地"农家书屋大使阅读推广模式可使城市、高校的阅读推广工作向乡村、社区辐射，有效促进全民阅读，但在实际工作中也存在一些困难。农家书屋大使阅读推广模式要持续发展，需从以下几个方面入手：

（一）农家书屋大使回乡活动的方向须牢牢把控

阅读推广是一项与意识形态紧密联系的工作，大使回乡没有指导老师参与，容易在方向上发生偏差。因此，图书馆在制定活动方案的时候，必须把加强大使的思想建设放在首位，要求大使提高政治站位，把握正确方向，宣传正能量，弘扬主旋律，围绕社会主义精神文明建设来开展阅读推广工作。同时，还可联合学校其他部门力量，如"小书屋 大梦想"红色阅读夏令营中的系列微党课就是大使们在学院分党校的指导下制作完成的。

（二）加强对农家书屋大使的业务指导与保障服务

农家书屋大使存在自信心不足的情况，这也是南京农业大学首批回乡实践的27位大使只有15位成功开展工作的原因之一。在暑假实践中，有一部分大学生对于单独走进农家书屋去开展工作心怀畏惧。图书馆应加强各种理论与实践的业务培训，提高农家书屋大使的综合能力以增强其自信心，此外，图书馆主办方还可通过统一制作农家书屋大使的宣传名片、把相同籍贯的大使组成团队、鼓励大使回乡后邀请自己的同学一起组织活动等方式，为农家书屋大使提供保障与帮助。

（三）构建可持续发展的长效机制

担任农家书屋大使的在校大学生，同时还有学业、就业等各种压力，担任农家书屋大使的时间无法长期持续。要保持农家书屋大使团队的鲜活力和创新力，必须形成以老带新、以团队带个人的长效机制。

（四）与学校、企业、地方等多方协作，形成合力

图书馆应与学校团委、教务处等多方力量合作，做好农家书屋大使活动的整体设计；多与地方农家书屋合作，将之发展成为农家书屋大使实践基地；还

可以与相关的出版企业合作，如南京农业大学农家书屋大使与同方知网技术公司旗下的江苏省数字农家书屋项目组合作，在数字资源培训、推广数字资源方面获得支持。

农家书屋大使模式可以助力乡村文化振兴、促进全民阅读，同时也有益于大学生的成长、成才。农家书屋大使工作模式的建立是一个长期的过程，离不开全社会的支持与协作。这需要高校内多部门之间，高校与地方、企业之间形成可持续发展的长效机制。只有通过多方合作，才能为农家书屋大使活动创造良好的发展环境，最终实现为乡村阅读赋能，为乡村振兴助力！

童云娟　倪峰　张鲲　周复　任化梅（南京农业大学图书馆）

项目组成员及分工情况：童云娟，负责制定活动工作方案并组织实施；倪峰，提出工作目标及总体要求；张鲲，负责活动跟进，把握活动方向；周复，协助具体活动开展；任化梅，协助学生团队管理及具体活动开展。

☞ 专家点评

南京农业大学图书馆突破了传统的农家书屋推广模式，经过不断实践和积累，构建了"校—企—地"农家书屋大使阅读推广工作新模式，践行了高校图书馆的使命与担当，这一模式很值得借鉴。"农家书屋大使"项目通过在农村地区举办读书嘉年华、阅读夏令营等活动，发挥大学生志愿者的作用，促进乡村阅读。同时，图书馆联合相关企业，在公益与宣传方面谋求共同点并争取合作，借助相关企业的资源和平台技术优势来开展乡村阅读推广，既增强了推广效果，提高了参与面，又极具可持续性。（蔡迎春）

案例二　图书馆科研竞赛辅助服务

一、开展背景

大学在课堂教授的课程之外，通常还有各种科研竞赛活动。科研竞赛活动聚焦不同领域的专业知识，将理论学习与实践操作相结合，拓宽了大学生参与科研的渠道，以竞赛的形式培养大学生多方面的创新能力[①]。近年来，大学生科研竞赛活动愈发受到国家和高校的重视，被视为一种有效的大学生科研能力培养途径。但是，科研竞赛活动的参与者有许多是尚未接触过系统科研训练的学生，他们在整个竞赛过程中都急需专业的教师团队对他们进行系统的引导。

育人是高等院校的根本任务和核心目标，将服务育人与科研辅助结合，是高校图书馆的优势，更是职责。图书馆作为高校的重要组成部分，需要从信息资源提供、馆藏管理等方面为用户提供服务，为高校的教育和科研学术作出贡献[②]。

为了满足学生对科研竞赛服务的需要，上海理工大学图书馆采用了"引导式"科研服务的理念。这一理念在20世纪20年代由匈牙利学者András Peto 提出，最初被应用于医学实践中[③]。在研究者的不断探索和深入研究之后，引导式教育法逐渐被应用到教学中，它的主要特点是教师通过教学方式的转变，将

---

① 李恒,蒋敏,陆震鸣,等. 制药工程虚拟仿真实践平台建设及教学应用[J]. 广东化工,2018(1):201-202.

② 谷彦,王永珍. 阅读推广对新时代高校图书馆服务的创新[J]. 山西大同大学学报(社会科学版),2018(6):106-109.

③ 王小美. 引导式教学在电大远程开放教育课程中的实践探索[J]. 成人教育,2012(12):95-97.

教学过程中学生的主体作用与教师的主导作用进行有机结合，强调引导学生的主动参与，让学生逐步适应自主探究、相互交流的学习方式，进而激发学生探究问题的兴趣和参与意识[①]。

上海理工大学图书馆科研竞赛辅助服务Logo（用智慧点亮梦想）

本案例以上海理工大学图书馆近年来在大学生科研竞赛活动中的创新服务为基础，将2020年以来上海理工大学图书馆在多个竞赛中的全程引导式服务作为实证研究对象，探讨如何最大限度地发挥图书馆员的专业技能，以读者需求为出发点进行教学和引导，让图书馆的服务落在实处，拓展高校图书馆服务的范围。

二、主要内容

做好科研辅助服务是新环境下高校图书馆新的使命和发展路径。通过对现有文献的检索，我们发现国内高校图书馆在科研活动中常以信息提供方的角色出现，尽管近年来采取了线上线下相结合的数字化服务模式，但整体上还是以传统的文献资源获取服务、查收查引等服务为主，图书馆对大学生群体科研需求的研究和关注较少；而欧美发达国家高校图书馆则侧重于培养学生的科研素养，以理论为基础指导科研支持服务的实践工作，包括提供文献资源库、研讨学习空间、新的科研支持服务、贯穿科研生命周期的研究指导和咨询、科研数据管理、文献计量分析和科研评估、图书馆与关键利益相关者的合作与协作等一系列服务[②]。

---

① 张洁,杨新涯,袁刚.图书馆在大学生科研训练中的创新服务实践[J].图书情报工作,2014(22):54-58.

② 程欢.面向学生用户的高校图书馆科研支持服务研究[D].保定:河北大学,2020:2.

大学生科研竞赛活动强调的是在竞赛中培养学生的科研素养和科研能力，这就意味着较之于研究成果，研究过程更为重要。因此，将引导式的服务理念引入大学生科研竞赛活动中意义重大，这一理念变革了传统的信息提供理念，图书馆将全程参与大学生科研竞赛活动的各个环节，激发学生在科研活动中的主动性、积极性和创造性[①]。围绕不同环节大学生对文献信息、科技服务的不同需求，图书馆员有针对性地提供相应的服务，通过解决一个个具体的问题来引导学生自主思考，促进学生积极探究问题和主动交流。图书馆以竞赛活动为切入口，提升大学生的信息素养，"润物细无声"地提升高校图书馆服务的质量。

大学生科研竞赛训练中引导式服务体系的基本逻辑是：将科研竞赛训练划分成几个不同的阶段，图书馆通过提供科研辅助服务来满足学生不同的需求，将信息素养教育按步骤融入大学生科研竞赛训练的服务中。结合大学生科研竞赛的特点，大学生科研竞赛训练中的引导式服务总体流程具体可划分为以下步骤：①提供比赛前期项目申报阶段的引导服务，让同学们获取项目申报相关的各类科研学术知识，完成项目申报；②在比赛过程这一阶段提供引导式服务，学科馆员为同学们竞赛的顺利进行提供文献和信息资源服务；③在结题阶段，学科馆员引导学生掌握学术论文、科研报告以及专利撰写所需的信息素养知识，帮助同学们完成科研竞赛。

三、项目过程

上海理工大学图书馆在大学生科研竞赛活动中的创新服务具体分四个阶段展开。

（一）试点活动，吸引读者

图书馆的科研竞赛辅助服务以上海理工大学承办的"第一届上海市高校开放大数据分析挑战赛暨第一届上海理工大学开放大数据分析大赛"为对象拉开序幕。竞赛起始于2020年5月31日，持续时长约一个月。比赛期间，图书馆六楼参考阅览室内开放了竞赛专属讨论区，参赛学生提前一天向阅览室的工作人员预约即可使用。同时，针对参赛学生选定的研究课题，图书馆员会举办线

---

① 张凌云.落实大学生科学研究与创业行动计划 加强创新型人才培养[J].中国林业教育,2011（3）:11-14.

下交流会，提供知网、万方、Web of Science、EI等数据库的选题查新咨询，辅导同学们使用NoteFirst等文献管理软件、HistCite引文分析软件以及相关建模软件和数据仿真软件等，帮助同学们去发现和追踪学科前沿，选择研究方向，初步确定选题。

除了线下的详尽指导，线上图书馆竞赛科研辅助服务群也初步吸引了30余名同学的加入。微信群内实时推送竞赛相关信息，图书馆员根据群内同学们的需要，通过图书馆资源指导同学们使用相关电子文献资源、数据库，方便同学们找到适合选题的文献。具有浓厚学术氛围的线上空间为同学们的竞赛讨论提供了便利，思想的火花在这里交汇、碰撞，逐渐成形。

（二）暑期共读，拓展巩固

在试点科研竞赛辅助服务小有成绩后，图书馆的馆员们"乘胜追击"，于2020年暑期开启了线上文献共读活动。

7月14日，图书馆员在微信群分享了许多高质量的期刊文章，给大家讲解文章精读的方法和思路，提出了每周一次文献分享会的具体要求。随后的一周，同学们开始学习不同文章中颇有创意的想法，积累文献中的研究经验，实战演练阅读高水平的文献的方法，并且根据文献内容制作汇报文档，在文献分享会上交流自己在阅读过程中的所思所想。每位同学分享结束后，图书馆老师还会针对文章的内容进行总结点评，给同学们提出一些有关精读文章的建议。

此外，图书馆还积极与其他学校互动，邀请其他高校的老师共同参与文献共读活动。例如，浙江财经大学会计学院的老师与上海立信会计金融学院的老师为上海理工大学的同学们分别举办了有关实证研究与审计的专题讲座。

（三）冲刺竞赛，小试身手

全国大学生数学建模竞赛是全国高校规模最大的科研竞赛活动之一，颇受大学生欢迎。在每年9月10—13日数模竞赛期间，上海理工大学图书馆全程开展科研辅助服务，助力同学们竞赛冲刺。

图书馆的参考馆员根据同学们的需求，为他们提供竞赛所需要的文献资源，包括纸质文献和电子文献两类，结合数学建模竞赛的内容，分类整理纸质工具书，并通过复印外借的方式提供给学生使用。在图书馆人流量较小的区域，同样设立了数模竞赛的研讨空间，竞赛期间，共有8组参赛学生进行预约，他们充分利用图书馆的空间和文献资源，安心完成竞赛论文写作。

图书馆设立的竞赛专属讨论区

学科馆员参与竞赛指导

线上科研竞赛辅助服务群也有70余位"新鲜血液"加入。在竞赛期间，图书馆在有149位成员的科研辅助服务微信群中共计推送竞赛相关信息36条，日均推送9条，帮助同学们了解、学习数模竞赛所需的科研工具和技能。

在引导学生了解竞赛相关信息之后，结合往年的工作经验，2020年9月10日13:00—15:30，图书馆组织专家及往届科研训练项目的获奖同学以"真人图书馆"的形式分享和交流参赛经验。讲座中，主讲专家以"男生追女生的数学模型"为例，配合活泼有趣的图文材料，诙谐生动地为同学们科普了数学建模竞赛的流程和要点。

在数学建模竞赛的尾声阶段，参赛学生需要对科研成果进行总结和写作。图书馆参考馆员通过线上交流群推送数学建模论文写作方法，介绍科研论文的行文逻辑结构，指导学生按照竞赛所要求的排版格式，根据研究成果的完成情况进行论文的写作。

（四）以生为本，力求突破

经过前几个阶段的积累，图书馆参考馆员引导式竞赛科研辅助服务逐步深入，学生结合个人所学的专业知识参与竞赛活动的热情日益高涨。2020年10月17日，图书馆的学科馆员带领参赛队伍"出征"在上海立信会计金融学院举办的"2020年长三角高校金融科技创新应用案例"作品征集大赛，捧回多个奖项。

四、成效与影响

为了深入了解服务的质量和反响，我们在科研竞赛服务后，撰写了总结报告，通过科学的方法对服务的策划、实施过程及效果进行评估，推陈出新，为新一轮科研竞赛服务做准备。服务过程中，我们充分研究了学生的现实需求和潜在需求，通过多样化及个性化的引导式服务，将图书馆内在的功能属性有计划、有步骤地融入科研竞赛服务中。这样一方面提高了同学们学习和检索的技巧，加强了他们自身的竞赛能力；另一方面提高了信息素养教育的质量，挖掘并唤醒沉睡的资源，进一步推动建立系统

上海理工大学图书馆竞赛服务在IEEE杯图书馆远程服务大赛获优秀创意奖

化的信息资源保障体系，促进文化的传播与传承。

大学生科研竞赛活动，按照活动发生的时间顺序，可以划分为三个主要阶段：科研项目的规划和申报阶段、科技创新研发和攻关阶段以及最终的成果验收阶段[①]。在科研竞赛活动的不同阶段，学生对图书馆科研辅助的服务需求也不尽相同。下文结合这三个阶段来介绍图书馆科研竞赛辅助服务对参赛同学们的具体影响。

（一）科研项目申报阶段

在科研项目的申报阶段，参加竞赛的大学生关注的重点是查找和收集专业领域的相关科学技术的信息，研究当下热点和技术空白区，进而对拟研究的问题进行设计。在这一阶段，对于初入科研领域的大学生来说，接触科研活动的机会较少，所需要的服务集中在基础性的科研素养培训和与自身学习相关的写作指导，图书馆提供的科研引导式服务从以下几个方面进行：介绍文献资源，开展有关查找文献技巧的培训，告知学生如何使用这些资源；教会学生使用专业的分析平台去发现和追踪学科前沿，帮助他们选择研究方向，引导学生开展交流讨论并初步确定几个选题；指导学生进行学术成果检索，在文献库中检索其所选选题的现有学术成果，了解该领域专业老师的研究方向，帮助学生选择相关专业的指导带队教师。

图书馆员全程引导学生自主完成科研竞赛前期准备工作。图书馆还以"真人图书馆"的形式，组织专家和科研竞赛活动获奖同学开设讲座，与大学生交流经验。学生在了解了文献资源使用方式，获得了大量与选题相关的科研论文后，图书馆员指导学生从现有学术成果的角度出发，让他们自己去摸索、发现，寻找最合适的指导教师，并且通过阅读科研文献，模仿、学习书面化的文字表达。

（二）科技创新研发和攻关阶段

在项目进行的过程中，大学生的主要活动是进行科研项目的研究和技术攻关。这一阶段的引导式科研服务要为学生顺利完成科研攻关提供所需要的文献资源。同时，图书馆根据馆员的学科背景而成立的学科服务小组要对学生在这

---

① 张奇伟.21世纪的大学图书馆管理：从理念到实践[M].北京：北京师范大学出版社，2017：44.

个阶段遇到的问题及时进行答疑解惑，并与相关学院搭建合作平台，保障资源的最大化利用。文献资料分为纸质文献和电子文献两类。其中，纸质文献以工具书为主，电子文献则包括中国知网、万方、维普、Web of Science、EI等中外文数据库，以及CNKI-eLearning参考文献管理软件等。这部分服务首先要求图书馆员结合大学生竞赛活动的内容，分类整理工具书，并通过复印外借的方式提供给学生使用；其次，还要求图书馆员本身具备一定的知识积累，对科研工具有相当的了解，这样才能及时跟进和解答同学们在竞赛过程中遇到的难题。

图书馆竞赛服务空间一角

（三）科研成果验收阶段

在科研工作完成后，大学生的主要工作是对科研成果进行总结和写作，并进行科研查新。在这一阶段涉及科研论文的写作和提交、专利的申报等，因此以引导为主的科研辅助服务主要是指导论文撰写、提供文献管理工具方面的支持以及专利知识申报方面的指导。大多数参加科研竞赛活动的学生对学术论文的写作了解较少，为避免学生出现论文写作方面的困难，在这一阶段，图书馆通过线下讲座、线上交流群介绍学术论文的写作方法，特别是对论文的逻辑结构进行指导。同时辅导同学们使用Notefirst等文献管理软件、Histcite引文分析软件、思维导图软件以及相关建模软件、数据仿真软件等，让同学们的研究得以呈现，帮助学生按照竞赛所要求的格式，结合研究课题的完成情况完成结题报告的写作，并且突出自己的创新点[①]。此外，高校图书馆的馆员具有多学科、专业背景，依托科研服务的经验，他们能够及时向学生普及专利和知识产权的相关知识，开展专利申请文件撰写的指导服务。

五、分析与总结

从上海理工大学图书馆近年来在大学生科研竞赛活动中的创新服务实践来看，图书馆试行的科研竞赛辅助服务为学生参与科研竞赛活动注入了一剂"强心剂"。这一举措变革了传统的图书馆服务，最大限度地发挥了图书馆员的专业技能，从读者需求出发进行教学和引导，使图书馆由单纯的信息提供方变为科研活动参与方，让图书馆的服务落到实处。对参加竞赛的学生而言，图书馆的科研竞赛辅助服务不仅有利于他们顺利参与竞赛活动过程，还借此机会让他们熟悉了图书馆的资源与服务，使其信息素养得到提升，对他们今后的科研活动大有裨益。对图书馆而言，这个活动真正做到了从读者的需求出发，发挥图书馆专业优势对学生进行教学和引导，切实践行了图书馆"读者第一，服务育人"的理念。

李仁德　叶芳婷　李婧　徐梦琪（上海理工大学图书馆）

项目组成员及分工情况：李仁德，负责竞赛辅导与策划；叶芳婷，负责创意与宣传；李婧，负责写作与报道；徐梦琪，负责阅读推广活动的组织。感谢上海理工大学尚理晨曦社科专项项目（22SLCX-ZD-005）、教师发展研究项目（CFTD223049）、工会理论研究项目（2021YB10）的资助。

---

① 马灿.大数据时代高校图书馆信息素养教育模式研究[J].兰台世界,2016（5）:73-75.

☞专家点评

上海理工大学图书馆开展的科研竞赛辅助服务项目从读者需求出发进行教学和引导，深入科研活动的各个阶段，这一举措变革了传统的图书馆服务，主动提供读者迫切需要的服务，将图书馆的文献资源、学科馆员、数据库资源重新整合，以学生的竞赛需求为导向，走出图书馆服务的舒适圈。整个服务过程充分发挥了图书馆的主观能动性，将资源的合理有效利用落到实处，真正实现了被动服务到主动服务的功能转换，切实提高了图书馆的服务竞争力。随着近年来各类竞赛的普及以及学生创新创业热情的高涨，图书馆的这项服务将有更大的发展。在服务过程中，图书馆充分发挥其文献资源中心的优势，将学科馆员的专业技能不断得到磨炼与提升，从而更有效地将服务嵌入师生教学科研活动中，将资源推广到实战中，将知识转化为成果。这一做法值得其他高校图书馆、中小学图书馆参考。（蔡迎春）

案例三　数字资源专题推广服务

一、开展背景

随着社会的不断发展、互联网的普及和科技的不断创新，人类进入了一个全新的信息时代。若想实现自由地获取及传递有价值的信息，个人的信息素养能力越来越重要。2020年，新冠疫情暴发，世界卫生组织提出，伴随新冠疫情暴发的是"信息疫情"的暴发。"信息疫情"是指过多的信息导致人们难以发现值得信任的信息来源、可靠的指导的情形，这些信息甚至可能对人们的健康产生危害。此时，个人信息素养的提升显得尤为重要。信息素养可以帮助人们认识、理解和控制"信息疫情"，加快对疾病疫情的响应，帮助个人提高信息意识，有效表达信息需求，在大量的信息中快速筛选出有用的信息，避免重复、无效地找寻资料，并将信息融入自身的知识中加以利用，解决问题，这将给人们的工作、生活带来更多的便利。

公共图书馆承担着提高读者信息素养的责任，图书馆不仅仅向读者提供信息，还要开展信息素养教育，帮助读者有效地获取信息。2020年国际图联发布的《图书馆在制定数字技能战略方面的作用》中倡议，图书馆要提供学习数字技能的机会，积极帮助公众接触信息技术、学习如何有效使用互联网和信息技术。伴随着5G信息传输高速时代的到来、人工智能等先进技术的发展，越来越多的人的阅读方式开始发生转变，读者的阅读习惯从传统的纸质阅读逐步转向了数字阅读。持续提供优质数字资源，形成具有地方特色的信息资源建设体系，打造读者综合素养建设中心，一直是上海浦东图书馆努力的目标和方向。

二、主要内容

（一）了解读者使用需求，开启数据库采选公开征集意见新方式

数字资源是图书馆信息资源的一个重要组成部分，如何采选、采选什么内容尤为重要。为了保障采选的数字资源满足读者需求、内容设置科学、符合浦东图书馆信息资源发展建设方向，浦东图书馆采编中心针对本馆数据库的使用情况，通过发放调研表，与读者、馆内的使用部门交流等方式定期开展调研工作，通过调研分析结果以及每年使用点击率排名，了解对已购数据库的综合评价，为新一轮的采选提供可靠依据。特别是从2020年开始，浦东图书馆打破以往常规的续订方式，通过微信公众号和官网公开发布数据库采购征集公告，对应征的数据商进行审查，对其参加评选的数据库内容进行审议，同时按照馆内制定的采购规则、参考读者和使用部门的反馈意见，确定入围数据库产品目录，提交浦东图书馆资源建设委员会（由领导班子、中层干部、外请专家组成）召开专题会议进行决策和投票，最终产生读者欢迎、资源合理、符合浦东图书馆发展的数据库产品。2021年应征的数据库高达到近百个，很多令人耳目一新的优质资源进入图书馆采购的视野，不断丰富我们的选择。

（二）依托智慧图书馆发展规划，拓宽数字资源获取新路径

读者在馆外无法检索浦东图书馆的数字资源，一直是困扰我们的一个工作难点，这不但阻碍了数据库资源的有效使用，也造成资源的浪费。近年来，我们及时转变思路，紧紧依靠本馆智慧图书馆系统性建设的推进，充分发挥现代化网络信息技术的优势，不断增加检索新通道，将本馆的官网、微信公众号、浦东数字阅读App的服务范围延伸至浦东图书馆南书房和融书房两个分馆，打破部分数据库IP访问的局限性，扩大数据库的使用范围。随着总分馆业务工作的不断完善和布局，浦东图书馆让部分有资源下沉意愿的数据商为新设立的特色主题分馆开通数据库的使用权限，使更多的读者都能享受到数字资源服务，不断提高服务的覆盖面和实效性，让阅读无处不在。

（三）利用微信公众号借势发力，设置数字资源专题新栏目

浦东图书馆微信公众号曾入选由中国新闻出版传媒集团联合中国全民阅读媒体联盟举办的首届"大众喜爱的50个阅读微信公众号"，累计关注人数超15万人。浦东图书馆数字资源专题推广服务利用微信公众号的优势，以本馆所购

买的数据库服务为主题，用文字、图片和小视频组成一篇篇简介，定期在浦东图书馆微信公众平台上发布，每一期针对一个数据库，从数据库的资源内容、特点、使用方法等进行宣传，使用简洁的表述和清新的版面，将我们现有的数据库主动推送到读者面前，加深读者对图书馆数据库的认识，指明了数据库的使用路径，引导他们自主操作，鼓励读者主动去了解、使用、发掘其所感兴趣的内容。

然而，微信公众号一年发布超1000条推文，很多内容会被淹没在大量的信息资源中，令读者很难找到。除了保持定期的适度的推广频率，避免过度推广之外，为防止读者忽略推送信息、找不到推送内容，我们在微信后台设置了"数字资源"关键词，只要读者在公众号的聊天窗口发送"数字资源"，就会弹出一个专用的链接。无论何时，读者都可以通过关键词找到链接，浏览公众号内发布过的所有数字资源的相关推文。"数字资源"被设置为话题，方便读者浏览。

（四）组织开展数字资源推广活动，制定阅读推广新策略

由于疫情原因，现阶段我们的数字资源推广活动主要集中在线上，利用图书馆与数据商双方的技术网络平台和宣传渠道，在全媒体多渠道进行推广，以扩大数字资源的使用范围和人群，提高数字资源的利用率，实现共建共赢。活动的设置努力做到系列化、主题化，内容主要涵盖数据库使用方法和技巧、数据库特色内容的推广和普及等，同时按照时间节点推出相关数字资源推广活动。

1.开设"精彩数据库，等你来使用"推广活动

优质数据库的采选就是为了让更多的读者去检索和获取。为了让读者更便捷地使用数据库，我们和数据库供应商共同商议，推出一系列生动活泼的使用小推文以及视频直播。

例如，中国知网与万方数据属于国内比较权威的数据库，其本身拥有非常高的知名度和大量的用户群，在本馆数据库点击率排名表上始终居于前三。他们的数据资源包含着大量的核心期刊和专业文献。围绕充分利用好这些数据库的目标，我们邀请数据库讲师开展系列的使用技能培训，培训的内容包括数据库的检索方式、提高检索效率的方法等，引导读者实现海量学术文献的发现与获取。

2020年11月浦东图书馆与中国知网合作开展"拓展CNKI应用 洞悉文献检索"直播讲座

2.根据数据库内容特色开展各项活动

每年我们采选的数据库数量达20余个，内容侧重普及性、大众化，有面向成人的和面向少儿的，内容主题包括文史类、科普类、金融类等。根据主题内容开展推广活动成为宣传数据库的一个主要方式。

例如，我们和富媒进口少儿绘本数据库合作，使用电子绘本数据库的阅读书目海报开展推荐活动，家长扫描海报上的二维码就可以直接进入绘本界面，和孩子一起阅读。绘本格式有pdf、epub3等，

富媒进口少儿绘本数据库的阅读书目海报

适合在手机上阅读，每本书的阅读时长不超过20分钟。

我们还与贝贝国学教育数据库共同推出线下活动"历史上的名家名画"，通过播放数据库视频，让小读者了解中国画的类别、中国画与西洋画的区别，重点介绍了仇英、黄公望等著名画家的代表作，现场开启看图说话互动环节，提高小读者们的欣赏和表达能力。

2021年8月，开展线下活动"历史上的名家名画"

3.契合重要时间节点开展活动

在2021年春节期间，我们联合北京云图经纬科技文化传媒有限公司举办"新年换新衣'牛'运亨通！"七天听书打卡活动，为读者提供多种春节限定微信头像边框装饰，提供民俗有声听书，读者可每天欣赏30分钟，坚持7天打卡，体验有声听书的魅力，让读者在这个重要的传统节日里听民俗、长知识。元宵节期间，浦东图书馆开展中国知网中华优秀传统文化春节主题知识服务及系列文化惠民活动之"迎新年·猜灯谜"灯谜竞猜活动，读者可通过在线方式参与猜灯谜。

"4·23"世界读书日，浦东图书馆向读者推荐优秀有声书，读者足不出户就能阅读《安妮日记》《老人与海》《瓦尔登湖》，同时利用HTML5技术，邀请读者参与"我的听书关键词"趣味测试，根据测试结果生成不同的二维码推荐专属书籍，让阅读更有趣。

为迎接中国共产党成立100周年，浦东图书馆推出了一系列线上推广活动，具体如下：开展"红色故事绘——连环画里的中国共产党100周年"专题阅读，用图画来讲党史；开展"清明祭英烈，春雨润红心"活动，读者在线聆听英雄故事，传承红色精神，以此来缅怀英烈；以习近平新时代中国特色社会主义思想为指导，聚焦"星星之火，可以燎原"主题，开展"百年的红色记忆"主题美术创作征集活动，征集展示一批传承红色基因的优秀美术作品；开展"奋斗百年路　启航新征程"建党百年线上答题、"诵读中华经典，传承红色基因"主题诵读等精彩活动。这些活动在推广数字资源的同时，还传承弘扬了红色文化，培育了民族精神。

2020年，浦东图书馆借十周年馆庆的契机，和"中科就业与创业创新知识数据库"开发商合作开展"'中科杯'勇往职前·就业技能知识竞赛"。全部试题来源于该数据库收录的试题资源，读者可以使用数据库去寻找答案。

"'中科杯'勇往职前·就业技能知识竞赛"活动海报

微信公众号数字资源内容的合理设置、每月两期的定期推广，使越来越多的读者关注浦东图书馆的数字资源，部分读者已经成为我们数字资源推广活动的常客。虽然由于疫情原因，读者的来馆受到了限制，但是2020年浦东图书馆数据资源的点击率高达近700万次，时间与空间已经无法成为读者获取信息资源、提升信息素养的阻碍。

三、未来思考

（一）及时调整推广方案，不断促进读者对数据库的了解和使用

我们在推广过程中定期汇总各个数据库的使用情况以及点击率排行榜，探索调整推广方案，对于使用率较低、排名靠后的数据库加大推广力度，并观察推广后的使用情况。今后我们也将在小红书等平台上传数字资源的使用视频等，让读者可以多渠道了解数字资源的使用。

（二）推广活动线上线下相结合

一方面，线上数字资源专题推广服务打破了传统图书馆服务的空间、时间局限性，不需要大量的人力、物力投入。另一方面，今后我们还将加大线下推广力度，增加更多类型的活动，加强现场交流，增强与读者的互动，让数字资源使用更为普及，让图书馆与时俱进，有序发展。

（三）正确引导数据库商和图书馆的关系

图书馆和数据库商一旦建立合作，彼此之间就不是简单的供货和需求关系，而是相辅相成的关系，其共同目标是通过数字资源推广活动将优质的数字资源呈现给读者。因此，今后图书馆与合作数据库商要加强联系和互动，保持畅通的沟通渠道，充分利用线上线下活动的不同形式，引导读者了解数字资源和使用数字资源，为提升读者的信息素养水平、满足读者的数字阅读需求共同努力。

顾晓芬　刘鎏　季瑾（上海浦东图书馆）

项目组成员及分工情况：顾晓芬，负责项目的策划和案例的撰写修改；刘鎏，负责项目的策划和案例的修改；季瑾，负责项目的实施和案例的撰写。

☞ **专家点评**

数字资源是图书馆信息资源的一个重要组成部分。尤其是在互联网时代，人们更加关注数字资源，更多地利用数字资源。如何推广数据资源，让更多人去了解它呢？上海浦东图书馆采取了以下做法：了解读者使用诉求，公开征集数据库采选意见；依托智慧图书馆发展规划，拓宽数字资源获取新路径；利用微信公众号借势发力，设置数字资源专题新栏目；组织开展数字资源推广活动，制定阅读推广新策略。这个项目具有一定的实践意义，让图书馆的数字资源得到充分的利用，让更多的受众了解到数字资源，尤其是在疫情期间，人们出行不便，在家里同样可以获取他们所需的资源。这方面值得包括高校图书馆在内的各类型图书馆参考借鉴，一方面让自己的数字资源得到充分利用，另一方面也能更好地满足读者的需求。（蔡迎春）

案例四　利用抖音开展图书推荐工作

——"图图"系列荐书短视频

一、开展背景

2020年注定是不平凡的一年。上海市闵行区图书馆（简称"闵图"）为配合新冠疫情防控工作，在2020年1月23日宣布闭馆。尽管如此，图书馆的服务却没有因此而停摆，图书馆开始探索云上为读者服务的新模式。在区文旅局及馆领导的大力支持下，2020年2月17日闵图成立了最初的"闵图抖音小组"。同年2月25日注册"上海市闵行区图书馆"抖音号，"图图荐书"栏目正式开启，此后逐步发展为内容丰富的"图图"系列荐书短视频。

二、主要内容

最初，"图图荐书"栏目主要以馆员在镜头前推荐自己喜欢的书作为主要内容。随着馆员在视频制作技术上的不断进步，栏目内容开始一层层扩展。

（一）图图荐书

该栏目分为成人荐书和少儿荐书两类主题，荐书内容以本馆馆藏为主。随着越来越多馆员的加入，推荐书目种类也日益丰富起来。在拍摄制作上，闵图抖音小组拓宽思路，将场景延伸到户外，让馆员放下"图书馆员"的包袱，来到更广阔的空间，轻松自在地表现自己。如今，参与拍摄已经不仅仅是馆员了，还有可爱的读者朋友。2021年恰逢建党100周年，"图图荐书"栏目推出了"建党百年"系列图书推荐共10期，书籍全部采用闵行区图书馆三楼"学党史"专题书架上的书。馆员从中选择自己阅读之后深有感触的书，撰写推荐文案，上镜推荐图书。馆员们试着用文字表达自己对历史的理解与感悟，用声音、表演传达自己对中国共产党的崇敬，对祖国的热爱之情。此外，闵图抖音账号还开辟了"迎接建党100周年——讲述红色经典故事"栏目。和普通的荐书不同，这一栏目突出的是故事，重点在于"缅怀闵行红色记忆"。我们邀请了闵行区本地文史专家张乃清老师作为文案顾问，以其闵行地方文献作品作为底本制作视频，以便更好地还原历史。

2021年3月，抖音号小视频《图图荐书——〈小英雄王二小〉》

2021年3月，抖音号小视频《迎接建党100周年——讲述红色经典故事（四）周恩来七宝历险记》

（二）图图读诗

"图图读诗"栏目主要是以二十四节气为背景，通过短视频的形式展现相关古诗的内容和意境，让读者在动态画面中了解古人如何度过二十四节气，身处现代社会的我们又应该保留哪些宝贵的民俗与传统。例如，在2021年的立春，我们推送的是《图图读诗：立春偶成》。南宋张栻的《立春偶成》这首诗描绘了春到人间的动人情景：冰化雪消，草木滋生，开始透露出春的信息。从"草木知"到"生意满",这首诗生动地再现了大自然的变化过程,洋溢着饱满的生活热情。早在三千年前的周朝,立春之日有迎春的仪式,虽然这样的仪式现在不一定有了,但在历史上,代表一年之始的立春曾在我们的生活中占据着非常重要的位置。所有这些内容都用短短的两分钟视频呈现出来了。也许之前,读者并不了解这首诗,但是在观看视频后,一定会对这首诗有更深刻的印象。

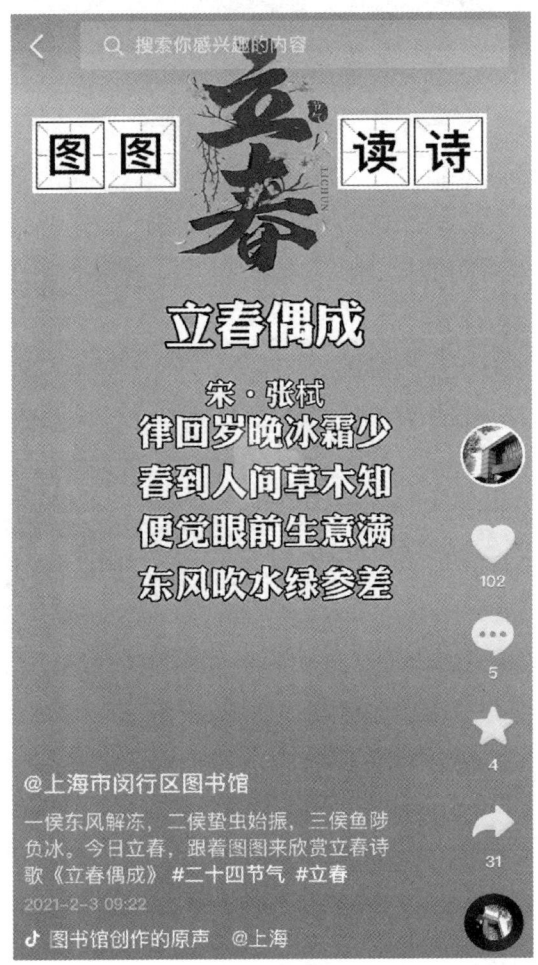

2021年2月3日,抖音号发布《图图读诗:立春偶成》

(三)图图书单

"图图书单"栏目主要包括新书书单和每月外借排行榜书单,旨在展现闵行区图书馆的馆藏与外借状况。

2021年10月，抖音号发布9月少儿图书外借排行榜

三、项目过程

"图图"系列荐书短视频的各制作环节均由闵行区图书馆的馆员自主完成。在此之前，几乎没有馆员有上镜的经验，图书馆也没有拍摄、剪辑、制作视频的专业人才。在图书馆闭馆期间，馆员只能把场地安排在自己的家中。有一次，为了配合书籍内容，这位馆员甚至将拍摄场地挪到了厨房，亲自掌勺下厨来展现推荐图书。2020年3月13日开馆后，闵图抖音小组成员不断增加，

每位成员开始自学视频拍摄与制作的方法。在小组成员的互相影响下，馆员们都勇敢迈出了第一步。从挑选图书、撰写文案再到熟练地表达、表演，领导鼓励每位馆员大胆自信、勇于尝试。

如今，"图图"系列荐书短视频已成为图书馆抖音平台的常规栏目。荐书、读诗、书单……几乎每位年轻馆员都在其中找到了适合自己的位置。三楼新书架、六楼视听室、每个活动场所……越来越多的馆员试着离开固定的岗位，走向图书馆的各个角落，捕捉图书馆的美、读者的美、阅读的美。

2021年是中国共产党成立100周年，闵图抖音号增加了"红色荐书"环节。说到阅读党史文献，很多人在潜意识里都将其划归为一项严肃的、不涉及乐趣的事。但是在准备拍摄的过程中，我们发现，党史教育书籍并不是"历史知识的堆砌"，它也不乏"生动的灵魂"。如《红军长征记》一书，收录了董必武、杨成武、张云逸、耿飚、谭政、陆定一、刘亚楼、彭雪枫、舒同等长征亲历者的回忆文章，讲述红军长征中许多鲜为人知的经历、见闻和感想。这本书是记载长征这一伟大历史事件的最早文献，主编丁玲写作它的时间距离长征胜利仅有数月，途经之事，记忆如昨，历历在目。又如《起来：〈风云儿女〉电影摄制与〈义勇军进行曲〉创作历程纪实》一书中，作者吴海勇大量引用日记、报刊文章、档案、回忆文章、传记等历史资料，对历史事实进行了精彩细致的描写，力求最大限度地还原历史的真实性，全景式展现了电影摄制和歌曲创作的过程。对这些书进行介绍时，视频中既有馆员的解说和表演，也有各种场景推动，观众看到的不再是单一的文字和静态的书影，而是一帧帧生动的画面，党史也随之变得更加生动。

四、成效与影响

"图图荐书"栏目第一次被"学习强国"平台收录的视频是《1978：我们的高考》的介绍视频，适逢2020年4月23日世界读书日。《1978：我们的高考》一书收录了南京师范学院（今南京师范大学）中文系78级2班全体49位同学的高考回忆录。此外，2021年推出的少儿红色荐书视频《小英雄王二小》更是获得了9.2万的阅读量，1007个点赞。

截至2021年6月，闵行区图书馆抖音账号共成功发布作品229个，获得点赞数5187个，总访问量10万余次，将近30位馆员参与过"图图"系列荐书短视频的出演和制作。经过大家的努力，闵行区图书馆选送的作品《图图荐书——〈1978：我们的高考〉》《图图荐书——〈我心归处是敦煌〉》《图图荐书——〈思君令人老，努力加餐饭〉》《图图荐书——〈杂草记〉》《图图荐书——〈数学的故事〉》《图图荐书——〈陈丹燕在上海〉》《图图荐书——〈恐龙的假日〉》《图图荐书——〈一本不正经的博物志〉》等陆续登上了"学习强国"平台。

五、分析与总结

2020 年突然暴发的新冠疫情加速了图书馆数字化发展的进程，图书馆正奋力为读者服务和阅读推广开辟新的阵地。经过一年多的运营，"图图"系列荐书短视频在以下三个方面获得宝贵的经验：

（一）让阅读更为生动

以往图书馆荐书都是以静态的形式呈现，但"图图"系列采用的是"动态荐书"。小小的视频里，有馆员的解说和表演，还有各种场景推动，读者看到的不再是单一的文字和静态的书影，而是丰富的画面。有些绘本图书，我们会拍摄书的内页，让读者朋友直观感受。阅读是安静的事，但阅读也需要活泼与灵动，"图图"系列荐书短视频旨在以更生动的方式使大家感受阅读的美好。

（二）图书馆员多元发展与转型

随着时代的发展，如今的图书馆员被赋予了更多的责任。"图图"系列荐书短视频的建立，让馆员有了越来越多可发挥特长的空间。他们可以是摄影师，是视频剪辑师，是阅读分享人，是表演者，是配音师，是设计师……馆员的多重身份都在这一个小小的栏目里集中呈现。也许他们的作品还不是那么完美和专业，但是他们永远在向"更好"靠近。

（三）利用多种平台进行阅读推广

闵行区图书馆与时俱进，利用图书馆网站、新浪微博、微信公众号、抖音等多个平台打造线上图书馆，展现图书馆的多重服务场景，让读者体验线上阅读冲浪，解锁读者服务的更多维度。

成雨竹　李舒舟（上海市闵行区图书馆）

项目组成员及分工情况：闵腾超，分管领导，负责视频拍摄制作及内容审核；成雨竹，新媒体负责人，负责荐书文案撰写及视频配音；李舒冉，负责视频拍摄、制作及剪辑；翁馨，负责视频拍摄、制作及剪辑；宣寅颖，负责少儿荐书视频文案撰写，少儿荐书视频拍摄、制作及剪辑。

☞专家点评

上海市闵行区图书馆一直在积极探索新型的读者服务模式，该案例反映的是该馆在抖音平台上所开展的阅读推广活动。"图图荐书"这个栏目名称朗朗上口，借用一个大家所熟悉的名称符号，又和"图书馆"这个服务主体非常吻合。同时，该活动所得到的经验（让阅读更生动、图书馆员多元发展与转型、利用多种平台进行阅读推广）也值得同行借鉴。（李武）

案例五 "我说图书馆"项目带你到图书馆旅游

　　图书馆是国家文化发展水平的重要标志，是滋养民族心灵、培育文化自信的重要场所。公共图书馆担负着为科学研究服务和为大众服务两大任务。培养和引导社会公众使用图书馆资源并养成良好的阅读习惯，是公共图书馆的职责所在。新形势下，公共图书馆线上读者服务迅猛发展，线上线下的资源整合使信息传播力度加大，越来越多的新媒体平台成为线上服务的有生力量，让传统图书馆单一实体空间的服务方式突破成为可能，音视频阅读等阅读新范式逐渐成为人们的阅读常态。

　　然而，公共图书馆在线上读者服务工作中存在缺乏深度挖掘、信息反馈机制不够畅通等问题[①]。同时，公共图书馆在开展多媒体创新服务时，多关心服务过程中设备及资源的使用是否正常以及活动的开展是否顺利，往往忽略了如何在活动过程中提升读者服务的效能以及在活动结束后了解读者的阅读感受[②]。实践表明，图书馆需要重视活动开展过程中馆员与读者的相互沟通。只有在实践中不断加强顶层设计，创新优化服务模式，才能适应网络环境下读者的新需求，促进公共图书馆更好地为读者服务。

　　在这样的背景下，石家庄市图书馆倾力打造了全媒体时代下公共图书馆阅读推广服务创新项目——"我说图书馆"，该项目在创新实践中逐步彰显独具特色的品牌效应和影响力。

---

　　① 黄传君.新形势下公共图书馆线上读者服务的创新实践——以广州市从化区图书馆为例[J].科技与创新,2021(19):133-134.

　　② 孙冬雪.面向融合创新的公共图书馆"多媒体+"服务研究[J].图书馆学刊,2021(9):81-85.

一、开展背景

为进一步完善城市文化设施功能，积极构建现代公共文化服务体系，石家庄市委、市政府在正定新区规划建设了占地2.4公顷、总建筑面积5.5万平方米的石家庄市图书馆新馆。2020年9月30日，石家庄市图书馆新馆对社会开放试运行，其恢宏大气的建筑风格、温馨舒适的阅读环境、全新的数字体验设备和热情贴心的服务赢得了读者的欢迎和喜爱。

在新老两馆一体化运行发展框架下，石家庄市图书馆以智慧图书馆建设为契机，致力于打造互联网时代下的新型图书馆、以图书为主题的文化交流场所、开放亲民的城市公共空间，努力开创集图书借阅、数字体验、创客教育、特色书房、特色馆藏服务于一体的高质量服务新格局，为城市提供传承文脉、交流集会、学术分享的新型现代空间。在新冠疫情防控常态化形势下，新馆自2020年9月30日至2022年8月累计接待读者80余万人次，成为网红打卡地和城市新地标。在2021年全国图书馆论坛上，石家庄市图书馆被评为"年度影响力图书馆"。

随着接待读者量的不断增长，图书馆服务方式创新变得举足轻重。在石家庄市图书馆新馆馆舍更新的基础上，促进市民有效利用图书馆资源、满足读者多样化需求的各类阅读推广活动不可或缺，活动品牌建设也日渐重要。

石家庄市图书馆新馆在开馆之后，针对不同读者群体精心策划推出了"我说图书馆"项目。该项目参与主体既有图书馆员，又有广大读者，旨在通过丰富多彩的线上和线下活动，增加图书馆与读者的趣味互动，吸引潜在读者用户，帮助读者有效利用图书馆资源，更好地满足读者多样化、个性化的阅读需求。"我说图书馆"充分调动了读者主观能动性和积极性，从读者视角出发，发现图书馆之美，捕捉图书馆的美好瞬间，记录与图书馆有关的人、事、物，展示图书馆在馆舍建设、阅读推广和服务创新中的新面貌。读者也可以围绕"图书馆"或"书"进行创作，展示在图书馆取得的收获与成果等。"我说图书馆"项目在图书馆与读者之间搭建起一座桥梁，让图书馆会"说话"，可以有效提升公共图书馆的社会影响力、核心竞争力和服务渗透力。

二、主要内容

（一）创新图书馆接待方式，开展多种讲解服务

越来越多的读者及各类社会团体来到公共图书馆参观学习。读者来馆需求也由简单的图书借阅发展为文化交流、数字体验、创客教育、特色文献藏书查阅等。在此基础上，石家庄市图书馆设置公共图书馆接待服务中心，为来馆读者和团体提供个性化服务。

首先，石家庄市图书馆针对本馆全体馆员定期举办专业的讲解接待礼仪培训，提升馆员接待形象，不断提升图书馆的专业接待能力。针对来馆参访人员，设置个性化接待流程：预约—设计参观路线—接迎—座谈会—送宾等。其次，讲解内容除了介绍建筑设计理念、馆内分区及功能、书籍分布、数字设备的使用、图书馆的文化资源外，还向读者普及数字阅读资源的使用和书香社会建设的意义。再次，在新冠疫情防控常态化形势下，石家庄市图书馆创新读者接待引导方式。比如：设立团体预约讲解服务，团队讲解时配发无线讲解器，以免影响读者阅读；安排定时讲解，在周六、日读者来馆高峰期，固定时间为读者讲解；根据实际需求，灵活设计参观讲解路线；等等。据统计，石家庄市图书馆新馆一年接待讲解200余场次，成为现代图书馆一道独特的风景。"中英双语讲解"则是对图书馆讲解服务功能的深度拓展，既能满足读者的个性化需求，又可以使讲解别具特色，让图书馆服务更加现代化、国际化。值得一提的是，中英双语讲解还为青少年提供了以书籍为主题的社会实践课程服务，备受青少年读者青睐。

馆员为青少年团体讲解现场

（二）"二维码上说石图"智能化讲解服务

新时代的图书馆已经从古代的藏书楼变成大型文化交流中心。石家庄市图书馆新馆作为当地地标性文化建筑和网红打卡地，颇受读者喜爱。馆舍建筑美观，处处体现着设计感，读者可以在图书馆看书、赏景、听讲座、观展览，多种体验开启了文旅融合发展模式。

"二维码上说石图"视频讲解服务是一项便民利民新举措，既减少线下服务的重复性工作，又加速推进读者服务智能化，使读者与网络资源实时交互。馆员将文字、图片、视频、音乐等素材配以馆区讲解，形成《翰墨书香·魅力石图》讲解系列视频，将视频以二维码的形式张贴于馆内对应区域，读者扫码即可观看，帮助读者通过"我说你听"品读新馆之美。讲解视频在新媒体平台定期更新，实现馆内、馆外资源同步，让读者可以通过视频形式在线游览图书馆，探索线上、线下相结合的研学旅游新形式。

（三）"我说图书馆"线上作品征集活动

石家庄市图书馆新馆大到整体的建筑，小到指引路牌、外围绿化等的设计都十分用心，处处体现内涵美。为此石家庄市图书馆邀请读者参与"我说图书馆"线上作品征集活动，以文传声，以声体现新馆之美，传播书香。活动邀请馆员和读者用声音、文字、图片和视频的方式讲述读者眼中的石家庄市图书馆新馆，分享新馆之美。该活动征集文字、图片、声音、视频等资源，引导广大馆员和读者发现图书馆的人文之美、图书之美、建筑之美、光影之美，内容全部原创，可独立参赛，也可团队合作；形式可为配乐朗诵、文章、小视频等；语言可使用多语种。活动旨在发动广大读者参与宣传图书馆。

（四）设置会说话的"留言墙"

石家庄市图书馆新馆共享空间内设置了一整面读者留言墙，并根据某些特定时间节点，更换留言墙场景。在留言墙上，读者可以尽情抒发情感，留言寄语。读者们有的描写了对新馆的赞美，有的写着自己的故事，有的抒发了对书籍的喜爱之情。形式上，有的留言图文并茂，有的读者把这面墙当成了许愿墙，有的读者留下了一封信。读者留言后，馆员把留言收集起来，并以视频展示的形式进行回复。一面会说话的墙拉近了读者与图书馆的距离，增加了二者的互动，丰富了读者来馆的体验，深受广大读者喜爱，进一步增强了用户黏性。

会说话的墙

（五）依托"我说图书馆"品牌，研发文创产品

石家庄市图书馆将《翰墨书香·魅力石图》讲解系列视频以二维码形式呈现，配以馆内图片和幽默的生活哲理短句，制作成特色文创台历。公共图书馆进行文创开发，既能拓宽传统文化的发展空间，也能满足大众对文化艺术的全新需求，让文化"活起来"，让传统"火起来"，帮助图书馆实现吸引读者、宣传推广图书馆的目的。

（六）设置"我说图书馆"系列阅读短视频宣传栏

石家庄市图书馆以公益为初心，以石家庄市图书馆为背景，拍摄制作公益微视频作品，并配以图文介绍。作品分享于微信、微博、抖音、视频号、哔哩哔哩、小红书等多媒体平台，读者在接受文化艺术熏陶的同时，也能真实感受到互联网信息化时代下文化活动和互动体验的无穷魅力。

三、项目过程、成效与影响

"我说图书馆"项目在开展过程中，通过多种活动形式与呈现方式，让读者了解新时代下图书馆的新功能，并通过阅读推广服务的不断创新，实现图书馆功能的再扩大。项目按照"前期准备—方案梳理—线上推送—线下推广—交流品鉴—经验分享"的流程，使读者体验图书馆新功能，打破以往图书馆刻板沉闷的形象，让图书馆变得活泼、生动、"会说话"，为图书馆注入生机与活力，使读者和图书馆更好地互动交流，让不同需求的读者都能走进图书馆、利用图书馆、了解图书馆、爱上图书馆。

（1）前期准备，方案梳理。开展公共图书馆现状调研，查询百度、CNKI、维普、万方、读秀、知识发现等，了解图书馆服务现状及读者个性化需求，制定项目方案，研讨方案内容及流程。

（2）线上推送，线下推广。线上通过微信公众号、网站、电视等媒体途径宣传推送，扩大活动覆盖面、影响力和参与度。线下举办"我说图书馆"系列宣传推广活动，如在馆内长期设置"我说图书馆"宣传栏、举办"我说图书馆"线上作品征集比赛、设计制作"我说图书馆"文创台历等，激发读者参与互动的积极性和主动性。

（3）交流品鉴，经验分享。以读者沙龙和分享会形式，定期组织开展"我说图书馆"交流活动，读者在活动中分享参与图书馆活动的心得体会，馆员也与读者分享自己的感受，以这种方式引领读者分享创作经验和体会，搭建一个双方交流的平台。通过总结分享，还能形成特定读者群，推动"我说图书馆"项目品牌化、持续化发展。

"我说图书馆"项目通过丰富多彩的活动形式和内容，让图书馆真正成为读者的心灵故乡和诗意栖居之所。截至2022年8月底，"我说图书馆"项目线上阅读人数达135万余人。

四、分析与总结

"我说图书馆"项目阅读推广服务形式多变，紧紧把握住了时代脉络和读者的兴趣动向，在全媒体时代利用大众喜闻乐见的传播方式开展阅读推广活动及个性化服务。图书馆人不仅要立足本职工作，提高自身素养，还要与时俱进，充分了解读者心理，这样一来各项活动的开展才有足够的吸引力。此外，"我说图书馆"项目充分挖掘图书馆读者资源，宣传了图书馆，提升了资源使用率，激发了广大读者特别是青少年读者的互动性和参与度，使更多读者爱上阅读。

五、"我说图书馆"项目创新点

首先，在全媒体时代和文旅融合发展的新形势下，"我说图书馆"项目打造了一支专业接待服务团队，以讲解为中心，借助短视频、二维码等形式与读者沟通互动，建立了公共图书馆立体化的文旅融合新模式，提升了公共图书馆的阅读推广效率。该项目以数字化的推广媒介、立体化的推广环境、多样化的推广方式，在阅读服务中融入更多体验成分，不仅提高了智慧服务水平，使读者获得沉浸式体验，更进一步提升了图书馆的接待服务能力和阅读推广能力。

其次，实现了图书馆服务创新。社会公众对图书馆的印象还停留在借还图书等传统服务上，公共图书馆的宣传创新势在必行。"我说图书馆"项目鼓励读者参与视频创作，提高了读者参与度，加深了读者对图书馆的好感和重视度。该项目进一步整合了公共图书馆的资源要素、平台要素、服务要素，创新了"人—馆"沟通模式，为公共图书馆与读者的沟通互动提供更为多元化的沟通桥梁和载体。

第三，"我说图书馆"项目为读者提供个性化服务，注重活动质量和细节，二维码视频讲解与文创台历的结合极具创意，推广了公共图书馆的阅读文化，宣传了公共图书馆的建筑空间与服务。同时，"我说图书馆"活动模板还可以通过石家庄市图书馆的总分馆制合作渗透到各县级分馆，通过与学校、景区、社会机构合作而共同开发"研学旅游"社会实践活动。

　　　于少华　杜群　苏丹　张星　史敬瑶（石家庄市图书馆）

项目组成员及分工情况：于少华，负责本项目框架制定、策划、执行及审核，项目宣传推广，文稿撰写及润色；杜群，负责本项目互联网技术支撑及宣传，分项目策划，文稿润色；苏丹，负责分项目策划及执行，项目宣传推广，草拟初稿及统稿；张星，负责分项目执行及协助工作；史敬瑶，负责分项目执行及协助工作。

☞ 专家点评

石家庄市图书馆的"我说图书馆"项目很有创意，体现了文旅融合的理念。我们现在很多图书馆越建越美，本身也成为旅游打卡地，但平常读者靠自己探访往往不能全面地了解图书馆。"我说图书馆"这个项目由馆员当导游带你畅游图书馆，了解图书馆设计上的巧思及不同空间的功能，这本身就是很好的图书馆宣传方式。这个项目不止步于此，还学习了博物馆的文物讲解二维码模式，在一些重要的点位放置讲解二维码，有利于没参加集体导览的读者随时扫码了解这个点位的讲解。"我说图书馆"鼓励读者来拍摄、制作短视频，让读者成为主角，充分调动用户的积极性，通过线上线下方式扩大图书馆的宣传效果。总之，这是一个很有创意的图书馆营销活动，值得其他图书馆学习借鉴。（邓咏秋）

案例六 "阅读有你"残障阅读推广人培育计划

一、开展背景

自全民阅读成为一项国家发展战略，全国各地开展了形式多样、内容广泛的阅读推广活动，但针对残障人士的阅读服务长期缺乏足够的社会关注。公共图书馆作为公共文化服务体系的重要组成部分，它的服务是面向所有公民的，残障人士作为我国公民的一部分，同样享有平等获取公共服务的权利。上海市金山区图书馆自2015年新馆投入使用以来，在馆内设立了无障碍阅览室，并配备了盲文刻印机、盲文打字机、一体式电脑助视器、盲文有声读书机、盲文点显器等多种辅助设备。该室现有盲文书籍245册、大字本101册、有声书籍10万小时。但由于残障人群的特殊性，他们很难经常性地来图书馆进行阅读或参与阅读推广活动，再加上2020年以来受新冠疫情的影响，这些设备与图书更加得不到有效的利用。通过长期与金山区残疾人联合会的合作和沟通，金山区图书馆决定走出图书馆，有针对性地为热爱阅读的残障人士提供精准服务。开展针对残障人士的阅读推广延伸服务，有助于改善残障人士生活质量，提高他们的文化素养，增强他们的文化自信。做好残障人士的阅读推广工作，保障残障人士获取知识的权益，既是法律赋予图书馆的义不容辞的责任，也是金山区图书馆的发展方向。

二、主要内容

2020年金山区图书馆携手金山区残疾人联合会开展"阅读有你"残障阅读推广人培育计划，通过开展"飞书"志愿者行动、"最美阅读瞬间"主题征文及"用爱发声，让梦发光"经典诵读大赛三项面向残障人士的系列阅读活动，发现热爱阅读的残障人士群体，培育出一批优秀的残障阅读推广人，让他们用自身行动带领身边更多志同道合的人一起阅读，让阅读成为他们获取知识、加强外界联系的重要渠道，帮助他们在阅读中得到精神和心灵上的满足，从而提高自身素养，更好地融入社会。

三、项目过程

（一）发起调研，了解残障人士的阅读需求

据统计，2020年度金山区共有持证残障人士1.87万人，其中包括视力残疾、听力语言残疾、肢体残疾、智力残疾、精神残疾、多重残疾和其他残疾的人。为充分了解金山区残障人士的真正阅读需求，金山区图书馆发起了阅读调研，依托金山区残联的三级联动服务体系，通过走访、电话、问卷、微信等多渠道了解残障人士的阅读需求，内容包括：对金山区图书馆无障碍阅读的了解程度，阅读的需求是什么，希望通过什么方式阅读文献，对图书馆开展的各类阅读推广活动的参与度、满意率等。调查范围覆盖金山区11个街镇（含金山工业区），样本量依据各镇残障人士人口数量按比例发放，调研样本分布见下表。

金山区图书馆阅读调研样本分布

调研对象		数量/人	比例
性别	男	202	54.0%
	女	172	46.0%
年龄	18—29岁	10	2.6%
	30—39岁	28	7.5%
	40—49岁	44	11.8%
	50岁以上	292	78.1%
残障类型	肢体残疾	174	46.5%
	听力语言残疾	34	9.1%
	视力残疾	50	13.3%
	精神残疾	42	11.2%
	智力残疾	74	19.8%

通过调研我们了解到，残障人士由于其特殊性，对于阅读的需求更注重内容的实用性，需要提供更多的上门服务以及技能培训。他们对于阅读的需求主要集中在提升个人能力素养方面，在写作、朗诵两方面有着浓厚的兴趣和想要学习

提升的愿望，并且有较强的意愿让身边更多的残障人士加入这一行列，通过阅读充实自己、提高自己，以更好地融入社会。

（二）发动社会力量，培养潜在的残障阅读推广人

根据残障人士的阅读需求，金山区图书馆利用自身优势，联合社会各方力量策划开展了"阅读有你"残障阅读推广人培育计划，该计划共分为"飞书"志愿者行动、"最美阅读瞬间"主题征文及"用爱发声，让梦发光"经典诵读大赛三部分，全区有200多名残障人士参与了本次培育计划。

针对行动不便但热爱阅读的残障人士，我们与11个街镇（含金山工业区）的残联志愿者团队联动，开展"飞书"志愿者行动，建立起了"金山区残障阅读推广人培育计划"微信群，热爱阅读的残障人士都可进入群内，只需在群内发送自己想要看的书籍，图书馆工作人员就会帮助残障人士办理借阅手续，并安排所在街镇（含金山工业区）的志愿者将书籍送到残障人士手中，让他们足不出户就能阅读到自己喜爱的书籍。

针对热爱写作、有一定写作基础的残障人士，金山区图书馆与金山区教育学院合作，开展"最美阅读瞬间"征文活动，由金山区教育学院提供专业的写作师资力量为残障人士授课。2020年7月18日，"最美阅读瞬间"系列讲座第一讲正式开课。考虑到残障人士行动不便以及当时的新冠疫情状况，本次系列课程通过哔哩哔哩弹幕网"金山区图书馆"官方账号以线上直播的方式进行授课。课程内容主要围绕经典阅读展开，包括阅读与写作（1节）、如何撰写文学名著的读后感——以《红楼梦》为例（2节）、如何撰写社科类名著的读后感——以《乌合之众》为例（1节）、读后感的展评和讲评（2节），共安排6节课程。授课教师分别为上海市特级教师顾燕文，上海市亭林中学副校长、中学高级教师陶俊，上海金山区世界外国语学校胡健铭，共有1434人次收看课程。课程结束后，金山区图书馆面向参与听课的残障人士征集读书心得，共选出13篇优秀作品上报市残联，并被收录到《2020残疾人"与国同梦"读书笔谈作品集》中。

针对热爱朗诵的残障人士，金山区图书馆与张堰镇文体中心合作，于2020年6月18日起在哔哩哔哩弹幕网"金山区图书馆"官方账号上开设线上朗诵基础课程"用爱发声，让梦发光"，由街镇文体中心的朗诵教师进行线上授课，让喜爱朗诵的残障人士在家中就能学习朗诵的基础知识和技巧，激发诵读热情。课程内容包括3节朗诵基础课程以及2节作品讲评课程，共有1384人次观看直播。

课程结束后，图书馆征集到80余篇来自残障人士的诵读作品。9月24日，金山区图书馆举办"用爱发声，让梦发光"经典诵读大赛，参加比赛的残障人士声情并茂地演绎了精彩的篇章，其中不乏抗疫主题的作品以及由亭林镇残障人士原创的作品，整场比赛内容丰富、精彩纷呈。

"最美阅读瞬间"征文系列课程：如何撰写文学名著的读后感——以《红楼梦》为例

"用爱发声，让梦发光"经典诵读大赛培训指导

（三）促进"阅读有你"成果展示，提升残障阅读推广人的社会影响力

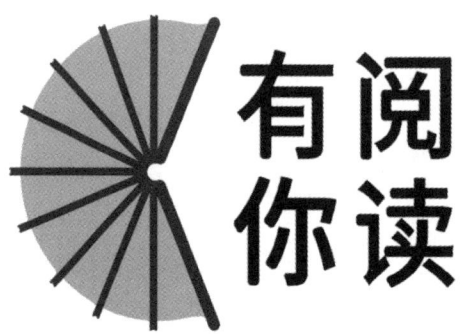

"阅读有你"品牌活动Logo

为提高"阅读有你"残障阅读推广人培育计划活动的辨识度，促进活动品牌力培养，金山区图书馆联合上海中侨职业技术大学艺术设计学院开展"阅读有你"品牌活动Logo征集，以此吸引更多年轻人关注残障群体、关注阅读。活动最终评选的Logo作品以书本作为主要设计元素，寓意着阅读推广工作辐射到特殊群体，人人都能享受阅读乐趣。

11月18日下午，金山区"阅读有你"残障阅读推广人培育计划成果展示暨经典诵读展演在金山区融媒体中心举行。来自全区的残联工作者及部分残障人士代表欢聚一堂，共同见证了"阅读有你"品牌活动Logo的发布，并欣赏了13名展演选手的精彩表演。本次展演共8个节目，内容涵盖原创朗诵、情景剧、散文诗等，精彩纷呈的表演，在为全场观众送上一场视听盛宴的同时，也集中展示了金山区残障人士奋发进取的精神面貌。演出在全体展演选手朗诵的诗歌《民族的丰碑》中落下帷幕，参与展演的选手们从吐字发音练习开始，经过朗诵指导老师的培训，水平不断提高，最终走到了展演舞台的中央。看到各位选手饱满的热情、自信的表现，现场的观众无不为之动容。

金山区"阅读有你"残障阅读推广人培育计划成果展示暨经典诵读展演现场

四、成效与影响

"阅读有你"残障阅读推广人培育计划在实施过程中涌现了不少感人的故事，其中就包括邵其的一篇原创散文诗《抗"疫"战歌颂》。邵其是一位残障人士，同时也是亭林镇的助残员。他在前期参与了写作征文的培训，并以身边的残障人士薛琳丽为原型创作了这篇散文诗。薛琳丽本身患有残疾，但是在2020年的新冠疫情期间主动请缨，克服自身的不便成为社区志愿者，毅然投身抗"疫"，这种精神感动了邵其，使其写下了《抗"疫"战歌颂》。在展演现场，薛琳丽亲自朗诵了这首散文诗。随后的采访环节中邵其说道："我称呼薛琳丽为姐姐，姐姐在现场的表演传达出了我心中那份感动与激情，我深感荣幸。我要感谢区残联及图书馆给我们残障人士搭建了这么好的平台，通过'阅读有你'这一计划丰富了我们的业余生活，让我们这些残障人士更加有自信，传达出我们一种积极向上的精神状态，让更多的人看到我们也是可以很自信，我们也是充满正能量的！"此外，诗朗诵节目《挺直脊梁　垒起丰碑》的表演者于林辉、王伟琴凭着优异的表现，后来登上了"2020年上海市残疾人读书系列活动闭幕式暨颁奖典礼"的舞台。

"阅读有你"残障阅读推广人培育计划挖掘了26位首批残障阅读推广人，他们将带动身边热爱阅读的其他残障人士一起阅读，形成一个残障阅读群体，达到主动吸引残障读者参与的效果，使图书馆的残障人士阅读服务不再形同虚设。这一计划进一步推动了金山残障群体阅读活动的开展，建立起了残障阅读推广的长效机制，契合了全民阅读精神。该计划还吸引了人民网、新华网2家国家级新闻媒体，《文汇报》《新民晚报》、东方网、上观新闻、劳动观察5家市级新闻媒体的报道。

五、分析与总结

残障群体是图书馆潜在的、应被充分重视的一个庞大读者群体。金山区图书馆进行的前期调研显示，大多数残疾人都能意识到信息知识的重要性，并对图书馆残障服务工作提出了很多宝贵建议。残障人士在生活等诸多方面存在不便和障碍，这就要求图书馆要根据残障人士的基本情况和需求提供个性化精准服务。通过2020年在残障人士阅读服务方面的创新尝试，我们总结了以下三点经验：

人民网 >> 上海频道

金山区举办"阅读有你"残障阅读推广人培育计划成果

2020年11月18日21:14 来源：人民网·上海频道

分享到：

18日下午，一首由残障人士表演的《挺直脊梁 垒起丰碑》诗朗诵拉开了金山区"阅读有你"残障阅读推广人培育计划成果展示暨经典诵读展演的序幕。来自金

人民网2020年11月18日报道：金山区举办"阅读有你"残障阅读推广人培育计划成果展示

首先是应培养专职的残障人士阅读推广服务工作人员。专职工作人员能更好地为残障人士服务，在培养过程中应使其掌握为残障人士服务的基本知识和技能，以使他在推广活动中能更好地与残障人士的沟通，倾听残障人士心声，及时掌握他们的阅读需求。其次是要积极发动各方社会力量共同参与公益服务。图书馆自身的资源有限，需要联合残联、学校、文体中心等机构和社会团队，为残障人士提供精准服务，并利用各方网络媒体扩大影响，将残障人士阅读服务推广至全社会。最后是要以可持续发展为目标，建立起残障人士阅读推广的长效机制。

"阅读有你"残障阅读推广人培育计划的实施通过三个行之有效的系列活动，培养了一批专职的残障阅读服务专职人员和残障阅读推广人，以点带面，聚集了一群爱学习、爱读书的残障人士来影响身边的朋友进行阅读、爱上阅读，让残障读者感受到全社会对他们的人文关怀，推动残障人士阅读事业的可持续发展。

肖哥（上海市金山区图书馆）

　　"阅读有你"残障阅读推广人培育计划由金山区图书馆联合金山区残疾人联合会共同开展。项目组成员及分工情况：肖郐，负责项目方案的制定及报告的撰写工作；胡艳倩、朱施意，负责项目的调研、实施、对接工作。

☞ **专家点评**

　　上海市金山区图书馆的残障阅读推广人培育计划，首先立足于对残障群体阅读需求的深入调研，在此基础上突破图书馆空间的限制，有针对性地调整了图书馆对残障人士的阅读服务方式，注重实用性，提供借阅上门服务和写作、朗诵技能培训，进而挖掘残障阅读推广人，吸引更多残障读者参与。同时联合社会力量共同打造残障阅读推广人培育计划品牌，吸引社会各界尤其是年轻人对残障群体阅读推广工作的关注，建立残障阅读推广长效机制，充分体现了公共图书馆保障残障人士获取知识权益、深入推进全民阅读的责任与担当。（蔡迎春）

案例七 "悦苗行动"助力流动儿童成长

"悦苗行动"是金陵图书馆联合社会力量打造的面向流动儿童、困境儿童群体开展精准阅读服务项目。该项目旨在通过一系列持续和有针对性的文化帮扶举措，联合各类型社会力量，文旅相融，知行合一，帮助流动儿童提升阅读能力，实现自我发展，促进社会融合。

一、开展背景

规模庞大的流动人口为经济社会的发展作出了巨大贡献，但其自身面临诸多困难，其中子女教育和社会支持是反映最强烈、最突出的问题之一。公共图书馆作为流入地的公共文化服务部门，应当充分发挥其职能，有效提升流动儿童群体阅读服务的可获得性，为流动儿童健康成长保驾护航。

（一）流动人口规模庞大，为社会经济发展作出贡献

伴随着我国社会转型和城市化的快速发展，国内人口出现了从农村向城市大规模转移的现象。根据国家统计局的有关数据，2020年我国人户分离人口达到4.93亿人，约占总人口的35%。其中，流动人口3.76亿人，十年间增长近70%[1]。这个庞大的群体给我国经济和社会的发展注入了活力。相关学者研究发现，改革开放40余年来，人口流动对经济高速增长的贡献率达到20%—30%[2]。

（二）流动儿童的成长面临诸多困难

近年来，进城务工人员随迁子女的总量呈快速增长趋势。2020年，义务教育

---

[1] 王林,李若一. 国家统计局:全国35%的人口人户分离[EB/OL]. [2021-05-24]. http://finance.youth.cn/finance_gdxw/202105/t20210511_12930713.htm/.

[2] 光明网评论员. 对经济增长贡献达30%,流动人口当被善待[EB/OL]. [2021-05-24]. https://guancha.gmw.cn/2018-12/05/content_32109787.htm/.

阶段的随迁子女人数达到1429.7万人，与2015年相比增长了62.6万人[①]。关注流动儿童和留守儿童的成长应当成为一项国家战略[②]。教育部持续推动入学降门槛并进一步扩大城镇学位供给，切实加强对随迁子女的教育关爱[③]。在公共文化服务方面，成长环境、家庭条件等诸多因素造成流动儿童阅读缺失，其享有的公共文化产品严重不足，文化教育素养与同龄城市儿童相比偏低，属于阅读困难群体。

二、主要内容

"悦苗行动"围绕一条主线、两大重点、三种模式、四项内容开展。

（一）一条主线

阅读是儿童学习成长的起点，是其认识、理解世界的重要途径，也是每个儿童的基本权利。"悦苗行动"始终围绕"流动儿童阅读"这条主线，以保障城市流动儿童阅读权利为目标，开展各类阅读推广活动，引领流动儿童群体感受阅读的快乐，在书香中健康成长。

（二）两大重点

受城乡环境、家庭背景等差异性因素的影响，流动儿童在人际、心理、文化等方面存在适应障碍，相对于学习教育，他们更大的成长问题在于社会融入。因此，"悦苗行动"围绕两大重点展开：一是帮助流动儿童提升阅读能力，实现自我发展；二是促进社会不同群体间的理解与融合。

（三）三种模式

项目采用"走进去""请进来""带出去"相结合的模式。"走进去"即主动深入流动儿童家庭实地探访，了解流动儿童的阅读需求，将阅读服务送到孩子们身边；"请进来"即邀请流动儿童来到图书馆，体验图书馆服务，使其了解并学会利用图书馆；"带出去"即带领流动儿童到旅游景点和文化场馆进行实地阅读，扩大其阅读视野。

（四）四项内容

（1）悦苗新知。开展朗读、读书分享、阅读培训等线上线下各类阅读活

---

①③　教育部：进一步加大力度保障进城务工人员随迁子女就学[EB/OL].[2021-05-24]. http://www.chinanews.com/gn/2021/03-31/9444295.shtml/.

②　佘宇,冯文猛,等.大城同学：特大城市流动儿童义务教育问题研究[M].北京：中国发展出版社,2018:25-26.

动，帮助流动儿童群体掌握基本阅读技能，提升阅读素养。

（2）悦苗行旅。坚持阅读的知行合一，让流动儿童在文化场馆和旅游景点的行走中进行实地阅读，扩大阅读视野。

（3）悦苗书园。给流动儿童荐书送书，办理集体借阅证，建立集体阅读机制，将好书送到流动儿童身边。

（4）悦苗假日。帮助流动儿童制订假期阅读计划，展开书籍之旅，并采用阅读打卡的形式，帮助孩子养成阅读的习惯。

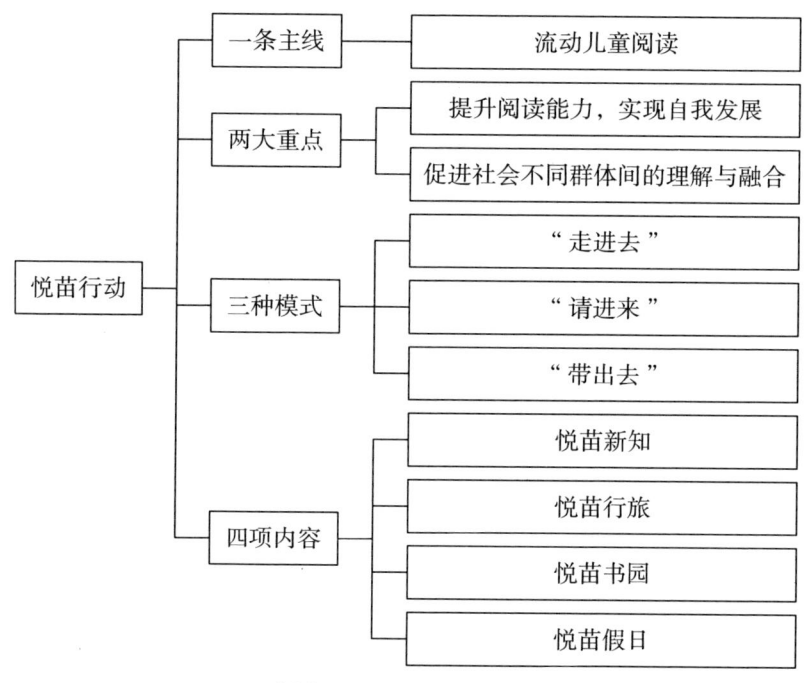

"悦苗行动"项目运行机制

三、项目过程

"悦苗行动"项目将服务对象的需求放在首位，结合公共图书馆的资源和优势，及时总结问题，逐步探索深入，保障项目效果。2018年6月，金陵图书馆联合长三角地区第一家服务流动人口的社会工作机构——南京市协作者社区发展中心，共同打造"悦苗行动"。2019年，积极拓展合作伙伴，引入志愿者，将"悦苗行动"带入更广阔的发展空间。2020年，确定项目运行机制，"一条主线""两大重点""三种模式""四项内容"的完整项目链条得以成功实践。

2021年，通过调研，围绕天文系列科普主题开展年度工作，将阅读服务推向纵深，与服务对象形成密切互动。

（一）悦苗新知

2018年6月，项目组走进"新南京人"较为集中聚居的社区，为"小小新市民"开展阅读指导与分享活动，拉开了"悦苗行动"的序幕。孩子们参加活动后感叹，原来图书馆就在他们身边。2020年4月，在线下探访活动受阻的情况下，"我是大自然的孩子"主题阅读活动打破地域限制，邀请北京、南京、珠海、青岛、江西五地流动及困境儿童一起在线共读，感受大自然的盎然生趣以及生命的真谛。"讲故事 诵经典"阅读分享会、"诵读国学经典 体悟传统技艺"主题活动、"你好！哪吒"走近经典神话人物主题活动……一系列面向包括流动儿童在内的群体开展的朗读会、故事会、读书分享会、阅读培训等线上线下各类阅读活动，通过共读等方式为不同成长环境中的孩子们搭建了交流平台，让他们在阅读中共同进步。

"小小新市民"阅读指导与分享活动现场

（二）悦苗行旅

以文促旅，以旅彰文。2018年8月，"悦苗行动"邀请北京、珠海、南京三地"协作者"公益少年营来到金陵图书馆，开启了一场文化与公益同行的图书馆之旅。2020年8月，"暑期阅读之旅——阅读点亮梦想"特别策划活动从线上走到线下，带领孩子们来到玄武湖畔，登明城墙、游玄武湖，读史、读景、读书，开展了一场别开生面的文学、阅读和写作的分享盛宴。2020年10月，"幕府登高"重阳文化走读活动带领家长和孩子们来到南京幕燕风景名胜区，开启重阳登高之旅，通过走读体验中国传统节日文化，感受亲情陪伴的温暖。"阅读+行走"的方式，让孩子们在行走中获得了丰富立体的阅读体验。

"幕府登高"重阳文化走读活动合影

（三）悦苗书园

图书是流动儿童家庭的最大阅读需求。根据2017年发布的《深圳市流动儿童家庭亲子阅读状况调研报告》，44.1%的流动儿童家庭中没有任何形式的书架，61.8%的流动家庭有儿童图书借阅需求，90%以上的流动家庭因为图书馆距离远、图书借阅不方便等原因几乎从未使用过公共图书馆的资源①。为了更好地回应流动儿童及其家庭对阅读资源的需求，2020年10月，金陵图书馆为困境儿童自助图书馆办理集体借阅证，共建"悦苗书园"。截至2021年6月，在全市已建成4家"悦苗书园"，并定期开展"小馆长"培训，帮助他们了解更多的图书管理专业知识，使其能够充分发挥"小馆长"作用，带动周围更多流动儿童加入阅读的行列。

悦苗书园：小书虫图书馆

（四）悦苗假日

大部分流动儿童在假期往往处于无人监管的状态，学习成绩容易出现"暑期滑坡"现象。每年寒暑假期间，"悦苗行动"通过帮助流动儿童制订假期阅读计划，带领他们踏上书籍之旅。在阅读计划中坚持阅读的每个孩子都是"悦苗之星"，同时"悦苗行动"会根据每个孩子阅读量的不同，给予其不同的奖

① 雷叔格,韩岩,倪士光.深圳市流动儿童家庭亲子阅读状况调研报告[J].社会与公益,2018(3):72-81.

励。2020年的暑假，"悦苗行动"围绕儿童文学阅读开展阅读计划，激发孩子们的文学热情，点亮孩子们的阅读梦想。2021年的寒假，"悦苗行动"围绕人与自然、亲情友情与传统文化开展阅读挑战，开启孩子们的探索世界之旅。正如流动儿童小澎在分享中所说："在这个漫长的寒假里，我看了好多书，如《月亮的味道》《我的野生动物朋友》等。这些书给我带来了不少的知识。可我还是有不少知识不知道，果然是学无止境啊！""悦苗假日"不仅丰富了流动儿童的假期生活，更通过阅读为孩子们打开了世界之门。

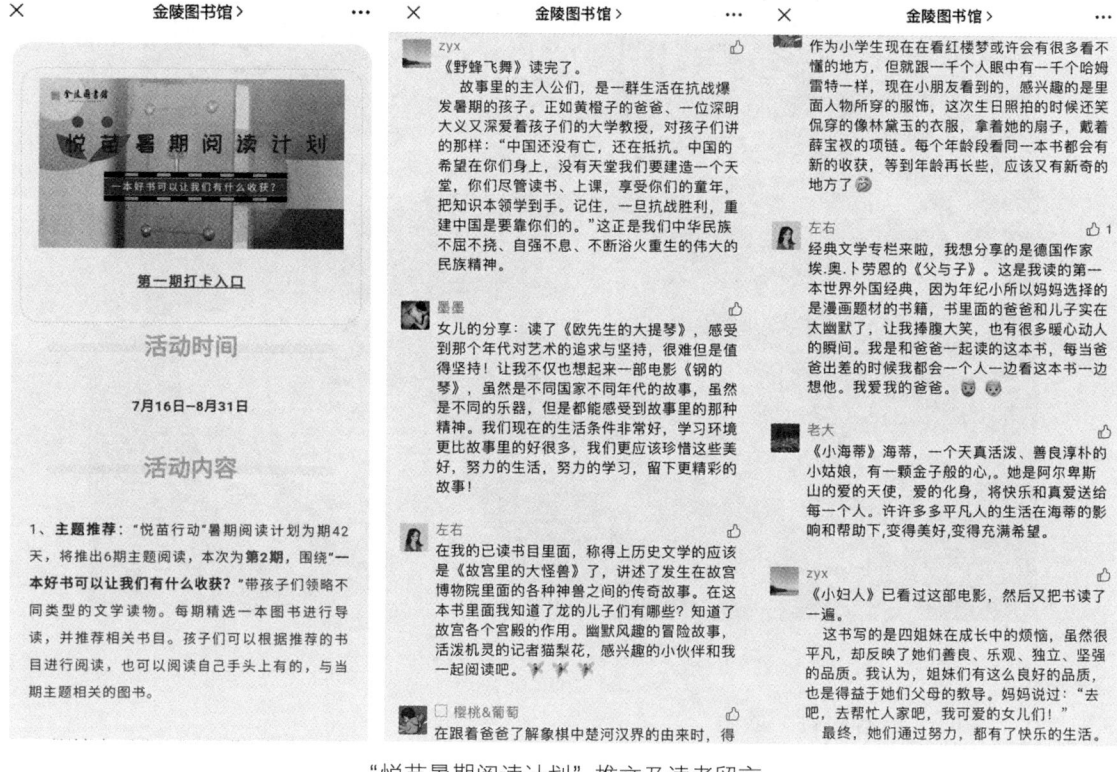

"悦苗暑期阅读计划"推文及读者留言

四、成效与影响

阅读滋养幼苗，书香浸润童年。"悦苗行动"聚焦流动儿童阅读，陪伴孩子们快乐成长。该项目为流动儿童提供阅读资源与专业服务，并利用各类文化空间，积极为流动儿童搭建发展平台，促进社会不同群体间的理解与融合，让孩子们以阅读为纽带，共通共享，快乐成长。

（一）精准服务，实现流动儿童自我发展

公共图书馆为读者提供公益性、均等化服务，强调要对不同社会群体和个体提供无差别的均等服务，尤其是要向对社会资源获取能力处于弱势地位的群体倾斜。"悦苗行动"精准发力，持续帮扶，实现了文化精准扶贫。通过持续、有针对性地开展该项目，项目队员和流动儿童之间建立了连接。该项目通过读书分享、阅读培训、共建书园、假期阅读计划等一系列全方位的举措，激发了流动儿童的内生动力，引导流动儿童群体通过阅读能力的提升实现自我发展。

（二）多元合作，发挥示范引领带动作用

"悦苗行动"是一个需要多方协调、共同完成的项目。项目整合公益组织、企事业单位、志愿者团队、社会爱心人士等社会资源，发挥示范引领作用，带动更多的社会力量为流动儿童营造一个平等、包容、友善、健康的成长环境，让更多人关注流动儿童的成长。项目开展三年来，通过吸纳社会力量和志愿者力量，共建立"悦苗书园"4家，开展活动30余场次，各类服务资源不间断下沉，服务流动儿童5000余人次，以"小"团队撬动"大"平台，提供"深"服务。"悦苗行动"不仅是一个阅读推广项目，更是一个公益理念、志愿精神的传播平台。

（三）孵化团队，促进馆员与项目共成长

金陵图书馆馆员在项目的组织实施过程中，从前期的策划，到与合作方、志愿者的沟通协调，再到活动的具体执行以及后期的总结分析，不断锻炼提高自身的策划执行能力、协作协调能力和业务综合能力。在这一过程中，馆员将项目发展、业务工作和个人成长紧密结合起来，以项目为平台，以业务强自身，从而实现业务工作和自身能力共同提升。

（四）强化宣传，扩大图书馆文化影响力

除利用自媒体宣传外，"悦苗行动"从流动儿童阅读视角切入，多渠道宣传，引起了媒体对流动儿童群体的广泛关注。江苏电视台教育频道以及"紫金山新闻""书香南京""紫牛新闻"等平台对相关活动进行了多方面、多角度的报道，扩大了图书馆的文化影响力。

2021年5月17日，江苏电视台教育频道对"悦苗行动"进行报道

五、分析与总结

经过三年的发展，"悦苗行动"从萌芽、探索到逐渐成熟，在流动儿童阅读推广实践中迈出了坚实的步伐，积累了丰富的经验与教训。目前，该项目还存在着诸多不足，如在掌握需求方面，虽然每年都面向服务对象展开调研，但还需更全面地了解流动儿童家庭的基本状况、阅读情况与面临的困难；在体系化建构方面，还应持续扩大视野，纳入多元力量，进一步打破壁垒，打磨提升，更好地服务流动儿童的阅读成长。

（一）围绕阅读需求，提高精准服务的广度和深度

图书馆应以需求为导向，根据流动儿童的阅读需求设计各类活动；收集反馈信息，在活动中留心观察记录，并在活动结束后通过"问卷+访谈"的形式收集流动儿童、志愿者以及合作伙伴的反馈信息，以便更精准地完善服务；着力联合开展调查研究，在实地调查的基础上，对全市流动儿童的数量、现状和需求进行更深入的了解，进一步拓展流动儿童服务的内容和范围，扩大服务覆盖面，实现与现代公共文化服务的精准对接。

（二）注重体系建设，实现项目的高效运行和可持续发展

该项目构建了"核心团队+志愿者+社会参与"的管理机制，充分吸纳社会组织、社会人才、志愿者队伍、爱心人士等群体共同参与；完善"一条主

线、两大重点、三种模式、四项内容"的运行机制,确保各项活动开展规范有序;建立合作机制和评价反馈机制,资源整合融通对接;制订目标规划和年度计划,确保项目的高效运行和可持续发展。

（三）着力合作引领,打造流动儿童服务生态圈

"悦苗行动"的目标对象是未成年人,项目的实施周期将伴随孩子的整个成长期,因此,项目自身就是一个不断完善和逐步成熟的生态系统。流动儿童是一个长期存在的社会群体,他们的健康成长不能仅仅依靠公共图书馆或者单个的社会组织的力量,应当发挥资源整合的优势,打破壁垒,拓宽领域,探索更加多元的合作模式,共同打造流动儿童阅读服务生态圈。

李海燕　马小翠　曹宁欣　胡宁涛（金陵图书馆）

项目组成员及分工情况:李海燕,项目负责人,负责综合协调,指导项目整体发展;马小翠,主要负责项目统筹;曹宁欣,主要负责方案策划;胡宁涛,主要负责活动组织。

☞ 专家点评

> 帮助流动儿童提升阅读能力,这在流动人口数量日益庞大的当前社会背景下是一项非常重要的工作。金陵图书馆联合社会力量打造的"悦苗行动"紧扣时代需求,充分阐释了公共图书馆的社会价值。同时,我也很欣赏这个案例的写作手法。对"一条主线""两大重点""三种模式""四项内容"的提炼让人能够快速、清晰地了解该活动的精髓所在。（李武）

案例八　与读者"相约星期六"

——上海奉贤区图书馆"贤书汇"阅读推广品牌

一、开展背景

奉贤有着4000多年的文明历史，孔丘弟子言偃曾来此讲学。清代设县时，取"敬奉贤人"之意命名为奉贤县。因此，"贤"字对这个地区来说，既是一种精神愿景，又是一种历经千年的文化自信。上海市奉贤区图书馆（简称"奉图"）"贤书汇"阅读推广品牌以"贤文化"建设为抓手，与核心价值观一脉相承。2020年，奉贤区图书馆按照区委、区政府的要求，打造全域"美育工程"，传扬阅读之美、家庭之美、文化之美和精神之美，将2014年建立的"悦读会"读书沙龙改版升级，打造全新的奉图"贤书汇"阅读推广品牌，让更多奉贤的读者汇聚在图书馆，一起读好书。升级后的阅读品牌强化了资源整合，借助区内阅读推广人（组织）和社会力量，每周六举办一场阅读推广活动，倡导全民阅读。

奉图"贤书汇"海报

二、主要内容

2020年，奉贤区图书馆读者沙龙分享品牌活动"贤书汇"焕新亮相，该品牌项目将原本单一的阅读分享会拓展为读书分享、话剧表演、科普知识、绘本阅读、手工制作等活动，形式多样、富有创意，内容贴合当今社会各年龄阶层读者的需求。

两年多来，奉图"贤书汇"将核心价值观的内涵生动化、具体化，向市民倡导读好书、好读书，广泛开展各类阅读推广活动，潜移默化地引导市民修身律己、崇德明礼，让市民在读书活动中修养身心，找到精神家园。目前，奉图已经举办《零难度戏剧工作坊》《肚子的文化史》《陆小曼与民国上海》等读书分享、艺术美学、人文历史类的主题活动近200场，参与人次达到3万余人，拥有2000余名忠实粉丝。

2021年10月18日《奉贤报》对奉图"贤书汇"的报道

三、项目过程

（一）确定全年阅读推广主题并发布

每年年末，奉图都会与阅读推广人（组织）召开专题会议，商讨并确定明年的阅读推广主题，协调媒体宣传，明确各自承办的任务等核心内容。在策划阶段，各方就承办的模块起草计划和方案，最终由奉图统筹协调，形成奉图"贤书汇"活动方案。活动主题一经确定，图书馆会通过电视、广播、网络媒体等途径向读者进行宣传告知。活动时间原则上为每个周六的下午，单场活动时间为1—1.5小时，活动地点为奉贤区图书馆、奉贤区城市阅读联盟主题书店——九棵树艺术书店等。

与奉贤区名师高明昌合作的第114期奉图"贤书汇"现场

（二）每周按既定计划发布活动报名

奉图安排专人负责活动，每周根据活动主题设计宣传海报，设置活动报名。同时，将活动预告发布在奉图微信公众号、上海图书馆等各大平台，扩大读者知晓度与参与面。为了激励读者多多参加阅读推广活动，每场活动报名还设置积分奖励，参加一场活动并完成签到后，累积的积分可用于兑换相应奖品。

奉图"贤书汇"127期活动海报

（三）有序开展活动做好宣传总结

奉图安排专人负责活动现场工作，主要做好联系老师、活动签到以及拍摄视频、照片等工作。活动结束后，图书馆员对活动进行文字总结，并制作相关微信推文、小视频等进行宣传。为了跟踪每一场活动的质量，了解读者内心真实的需求，每场奉图"贤书汇"活动都配套设计了读者问卷调查，便于奉图改进和调整今后的阅读推广主题。

四、成效与影响

（一）形成一个忠实读者群

2021年新年伊始，奉图"贤书汇"为区内读者搭建起"贤书汇"读者群，不仅可以分享活动花絮照片、发布最新活动，还拉近了读者和图书馆的距离。在读者群里，成员们互相谈论知识，品鉴文化，畅想自己心目中理想的阅读推广活动。图书馆运用"互联网+阅读"的思维，以"齐贤修身"为目标，营造时时可学、处处可学的浓厚氛围，使阅读融入奉贤市民的日常生活。截至2021年10月，群内已有200多名忠实读者。

（二）阅读推广组织积极性提高

奉图"贤书汇"强化书店和阅读推广人（组织）资源整合，利用区内现有优质书店的社会资源，与大隐书局、中版书房等合作，拓展阅读半径；与区内名家名师合作，如高级语文教师高明昌、朗诵名家李静晨等；与趣野、爱帕教育、朝阳艺术学校等阅读推广组织合作，增加活动类型和数量，提升活动项目质量。同时，奉图通过电视、广播、网络媒体等途径对外发布活动预告，极大地提高了阅读推广人（组织）和市民读者的参与积极性。奉图与读者"相约星期六"的模式一经形成，"贤书汇"的口碑也越来越好，一些热门的主题活动报名名额，一经发布就被读者"秒杀"完。

与上海音乐学院合作的奉图"贤书汇"123期：穿越时空的"笙音"

（三）调查问卷提升活动质量

2021年起，为了更好地了解市民读者的需求，我们在每场活动后设置了问卷调查环节。参考读者问卷调查的内容，从2021年起，奉图"贤书汇"每期推出不同的主题，以迎合社会各年龄段读者，让大家愉快地参加活动，接受文化熏陶，从自己做起，带动身边人。在活动数量上，奉图"贤书汇"从最初的"月月有活动"升级为"周周有活动"，这不仅是阅读推广活动数量上的增加，更是为了让市民读者逐渐形成习惯，每周六都来图书馆里坐一坐。2021年4月，在阅读节期间，奉图"贤书汇"提档加速，筛选优质活动内容，推出"百场高质量阅读活动"，为市民读者提供更高质量的活动。

（四）各大平台发挥最大效果

奉图利用好自身微信公众号现有资源，同时也利用好抖音、视频号等新媒体平台，将拍摄的视频、照片等作为活动花絮，整理并制作成小视频等进行后期的宣传，达到阅读推广"1+1>2"的效果。截至2021年10月，微信公众号已拥有粉丝20000余人。在每场活动之后，工作人员都会将现场花絮和回顾视频发在微信群，供当天参加活动的读者浏览。很多没有参加的读者看到照片后会留言："好有意思的活动，可惜今天没时间来参加。"还有读者在看到活动花絮后，询问有没有直播回放等。读者群里热闹的交流又一次大大提高了奉图"贤书汇"的热度。

（五）获得多种奖项及媒体报道

奉图"贤书汇"于2020年获得上海市未成年人暑期优秀活动项目、上海童话节最佳活动奖、奉贤区未成年人工作暑期特色项目等荣誉；2021年获上海市"市民修身行动"特色项目。同时，还得到多家沪上媒体的宣传报道，2020年8月12日上海电视台《新闻坊》栏目播出了《打卡最美阅读空间　书展分会场纷纷送上最好的礼物》；2020年8月18日《奉贤报》刊登了《书香滋养城市幸福血脉》；2021年10月18日《奉贤报》刊登了《周六读书活动又回来了　奉贤区图书馆"贤书汇"恢复更新》。

五、分析与总结

（一）引领核心价值观

推动全民阅读是培育和践行社会主义核心价值观、展现中华文化永久魅力和时代风采的重要途径。奉图"贤书汇"作为品牌阅读活动，不仅让阅读成为一种享受，还进一步营造了良好文明风气。例如：第85期"中秋节的传说与诗词交流会"，促进了市民的自我修身、自我教育、自我提高；第89期"克期读"，激活读者的阅读潜能，让大家在限定时间内靠自律完成一定强度的阅读量；第98期"触千年文明，零距离感受文化魅力"，梳理萃取传统文化中修身劝学、敦亲睦邻、理家育子、待人处世等思想精华，提升市民对优秀传统文化的认识。

（二）搭建交流共读平台

奉图"贤书汇"微信交流群在每场活动中都扮演着重要的角色，如活动后的互动答疑、活动中的照片共享以及读者对活动的评价，都能通过网络传递，让奉图"贤书汇"微信群有了一种"你来我往""有问有答"的人文温度。

（三）关注读者真实需求

为了跟踪每一场活动的质量，了解读者内心真实的需求，每场奉图"贤书汇"活动都配套设计了读者问卷调查，便于改进和调整今后的奉图"贤书汇"阅读推广主题。同时，延伸服务半径，拓展服务效能，奉图让"贤书汇"走出图书馆，走进书店、走进校园、走进扶贫点的爱心书屋。

奉图"贤书汇"品牌充分发挥了书香滋润心灵、文化促进和谐、知识推动发展的社会作用，培养市民修身意识，获得了各界好评。但是，在开展过程中，我们还遇到一些需要解决的问题，例如：读者报名后却不出席的情况；相比一般的主题，亲子类活动供不应求，如何平衡不同主题活动的场次和数量；如何更精准地吸引20—25岁人群参加阅读推广活动等情况。下一步，我们将继续完善奉图"贤书汇"品牌，更好地推动全民阅读。

顾佳丽（奉贤区图书馆）

项目组成员及分工情况：施静华、浦飒，负责制订阅读推广工作计划、实施方案；邱宏芬、李凡凡、顾佳丽、盛倩妮，负责阅读推广讲座、展览等常规活动的开展以及每场活动的宣传推广工作。

☞ **专家点评**

一个恰当的活动主题名称往往能够起到事半功倍的宣传效果，奉图"贤书汇"就是很好的典范。相对于之前的"悦读会"，显然这个名称更加成功，凸显了奉贤的地域特色。同时，该活动形式多样（包括读书分享、话剧表演、科普知识、绘本阅读、手工制作等），内容贴合各年龄阶层读者的需求。对效果评估的重视反过来又提升了活动的质量。（李武）

第五部分　大学生阅读推广

案例一 "讲中国故事，传中国文化" 英语演讲比赛

一、开展背景

2017年，中共中央、国务院印发的《关于加强和改进新形势下高校思想政治工作的意见》强调，高校肩负着人才培养、科学研究、社会服务、文化传承创新、国际交流合作的重要使命，并提出坚持全员全过程全方位育人（简称"三全育人"）的要求①。同济大学积极响应，制定了学校"三全育人"方案，号召各部门和机构积极推进育人工作的实施。

2019年起，同济大学德文图书馆设立"服务育人示范岗"，回归服务育人本位，以"文化育人、服务育人、实践育人"为抓手，创建国际文化传播与交流的第二课堂，为广大师生提供国际文化展示、互动、交流的平台，拓展学生国际视野，提升学生综合素质。同济大学德文图书馆针对服务对象的需求制定了详细的育人服务方案，注重价值引领和方法创新，挖掘文化活动多元内涵，突出培养学生人文底蕴、专业技能、创新能力和国际视野，在空间环境和资源建设保障下，重点打造品牌文化活动和学生实践平台，突出文化育人、服务育人、实践育人成效。

二、主要内容

2019年，德文图书馆与同济大学负责大一新生培养的新生院合作开展了嵌入新生第二课堂的系列文化活动，从需求挖掘、服务方案、能力提升三个方面

---

① 中共中央　国务院《关于加强和改进新形势下高校思想政治工作的意见》[EB/OL]. [2020-06-23]. http://www.gov.cn/xinwen/2017-02/27/content_5182502.htm.

入手，环环相扣，针对新生的培养目标和需求，制定了文化育人的服务方案，开展多项提升新生国际视野和文化自信的活动，包括"讲好中国故事""传承'工匠精神'""同济与德国的百年故事"等系列活动，其中一项具有影响力的活动是"讲中国故事，传中国文化"英语演讲比赛，旨在引导大学生在国际交流和传播中讲好中国故事，提升跨文化传播能力。该比赛持续了两个多月，通过演讲比赛讲述中国文化自信以及中国发生的翻天覆地的变化。此活动采用"教+阅+赛"结合的形式，嵌入新生第二课堂，具有较强的推广性，成为学校文化育人优秀推广案例，并获得"2020中国高校图书馆发展论坛"优秀案例三等奖。

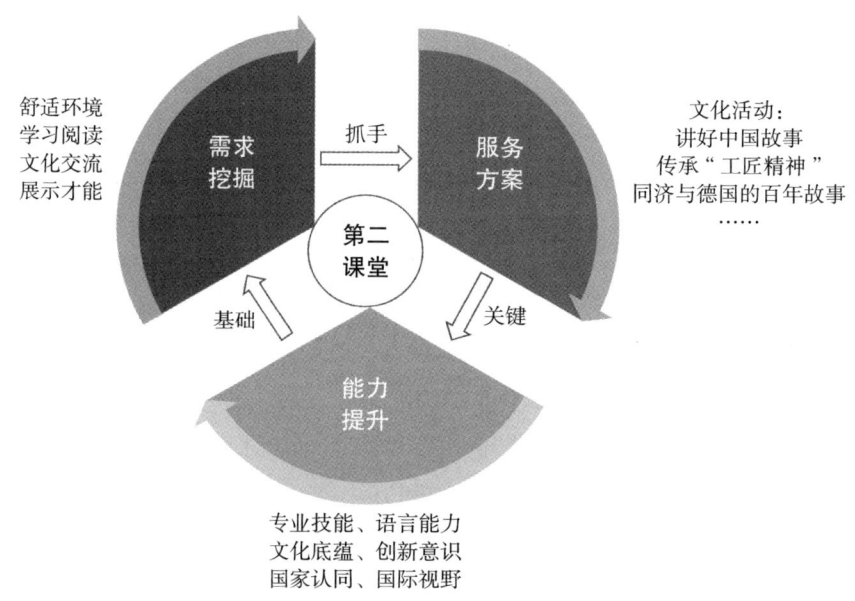

嵌入新生第二课堂的图书馆文化育人方案

三、项目过程

（一）项目定位

"讲中国故事，传中国文化"英语演讲比赛旨在引导大学生在国际交流和传播中讲好中国故事，提升其跨文化共情力，增强大学生进行对外交流时的感召力、感染力，培养大学生在国际交流中讲中国故事、传中国文化的意识和能力。此次活动的目标人群是同济大学新生院的新生。新生院于2018年底成立，以一年级的本科生为主，第一学期对5个学院的新生进行了试点教学，2019年覆盖到全校所有院系。

（二）活动形式

活动采取"教＋阅＋赛"结合的形式。参赛者以个人或团队为单位参赛。每组参赛者以中国文化、中国故事、同济人物、同济故事等为主题撰写英文文章；之后在文章的基础上进行演讲比赛，讲述中国发生的翻天覆地的变化，体现文化自信。

（1）教：邀请校内外专家（外语学院专业老师、外教以及新东方专业师资力量），围绕培养大学生的中国文化国际传播能力、提升大学生英语表达与沟通学习效率、指导大学生英文写作及演讲技巧等方面举办讲座和培训。

（2）阅：配合英语学习指导和比赛进程，进行英语演讲相关的优质图书阅读推荐，包括英语写作、英语口语表达、演讲技巧、优秀演讲赏析等多个方面，全面提升学生的英语表达能力。

（3）赛：初赛采取线上提交作品评选的形式，并通过网易云音乐和喜马拉雅平台进行分享；决赛采取线下演讲比赛的形式，选手可以制作PPT、音频等配合演讲内容。

此次比赛历时两个多月，参加前期英语培训和阅读的新生有160多人，主办方收到22个学院的英语作品96篇，包含中国功夫、丝绸之路、吴孟超的故事、家乡的变化、塞罕坝、古代诗词、茶文化、家庭文化传承、中国"年"的由来等主题。

（三）活动流程

德文图书馆与新生院开展合作，双方讨论确定活动主题、形式，策划并撰写活动方案。

（1）初赛：前期征文

前期征文阶段提出了明确的征稿要求：参赛个人或团队撰写一段与中国文化、中国故事、同济人物、同济故事等主题相关的英文文章，通过演讲比赛讲述中国的文化自信以及中国发生的翻天覆地的变化，讲中国故事，传中国文化。比赛要求参赛者提交原创文章作品，体裁为记叙文。图书馆工作人员收到投稿后，对作品进行整理，在网易云音乐和喜马拉雅平台进行线上分享；联系并邀请专业评审，对初赛作品进行筛选，最终确定决赛入围名单；在校内各宣

传平台公布决赛入围名单，并招募大众评审。新生院负责比赛宣传推广，并
组织新生撰写征文。

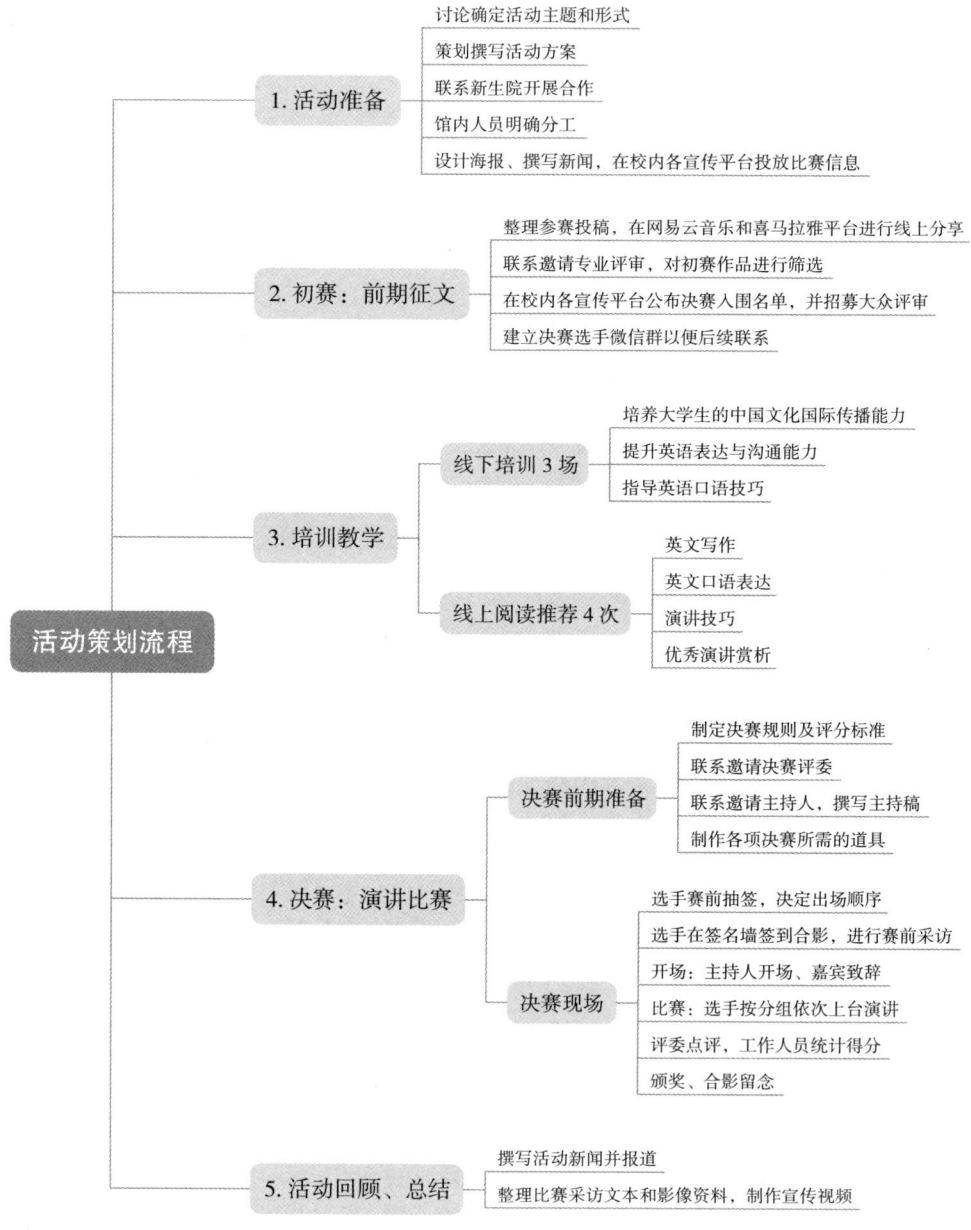

"讲中国故事，传中国文化"英语演讲比赛活动策划流程

（2）培训教学

比赛邀请到新东方教师团队和校内外语学院专业教师及外教，从培养大学生的中国文化国际传播能力、提升大学生英语表达与沟通能力、指导大学生英语口语技巧三方面举办讲座和培训共三场。同时，配合赛事进程，图书馆员积极挖掘图书馆纸本资源和电子资源，发布与英语演讲相关的优质书籍推荐文章四篇。

（3）决赛：演讲比赛

在决赛准备阶段，图书馆负责制定决赛规则及评分标准，联系邀请决赛评委、主持人，撰写主持串词，制作各种决赛所需的道具。新生院负责选手组织，购置活动奖品。决赛当天，图书馆员组织15组决赛选手进行赛前抽签排序，引导选手在签名墙签到合影，并对其进行赛前采访。正式决赛分为主持人开场、嘉宾致辞、选手按分组依次上台演讲、评委点评、颁奖以及合影等环节。最后，比赛评出一等奖2名，二等奖3名，三等奖4名，优胜奖6名。

（4）活动回顾与总结

比赛结束后，图书馆负责撰写活动新闻并发布至校内各宣传平台，整理比赛采访文本和影像资料，制作宣传视频，传播活动成果，并整理活动音频在网易云音乐和喜马拉雅平台进行线上分享。新生院负责申请校内特色活动，使活动成为学校文化育人优秀推广案例。

（四）案例创新点

该活动中，德文图书馆与学校新生院建立长期合作，针对新生需求制定文化育人方案，需求挖掘、服务方案制定、能力提升三方面环环相扣。活动旨在用国际语言讲好中国故事，传播中国文化，提升大学生语言能力、文化底蕴、国际视野等素养。活动采用"教+阅+赛"结合形式，打造英语学习第二课堂，将线下培训和线上阅读相结合，比赛和教学相结合，同时邀请校内外优秀师资力量加入，提升了活动专业性。此外，主办方利用网易云音乐和喜马拉雅新媒体平台扩大了活动的影响力。

五、成效与影响

"讲中国故事，传中国文化"英语演讲比赛以增强大学生文化自信为宗旨，从讲中国故事、传播中国文化入手，学生自主选题，以英文演讲的方式来表达，以展示学生自己的才能为抓手，吸引了一大批对国际交流和英文学习感兴趣的学生。该活动是图书馆服务本科教育、以文化育人的成功案例。

活动共收到96篇英语演讲作品，主要围绕传统文化、名人故事、英雄事迹、家乡巨变等主题展开，作品全部用英语描述，内容丰富、语法准确、知识范围广、思想内涵深刻，充分展现了学生的学习、思想成果，让我们看到了新时代青年传承中国文化、讲好中国故事的能力。比赛过程中，德文图书馆进行了4次线上英语演讲相关的书籍推荐，同时邀请校内外专家举办三次线下培训，以学生的需求为导向，加入了很多切合学生实际情况的指导环节，使得活动将思想政治教育、专业学习、通识能力等融为一体，非常有助于提升大一学生在通识教育方面的体验。新东方学校师资的加入对学生的英文学习有很大助力，满足了学生在学习中的实际需求，并极大地带动了学习气氛。

六、分析与总结

同济大学德文图书馆贯彻落实立德树人的根本任务，围绕学校一流大学建设中心工作及《同济大学"三全育人"综合改革试点建设方案》，积极推进"服务育人示范岗"建设，突出培养学生的专业技能、创新能力和国际视野。文化活动坚持开拓创新，开展了嵌入新生第二课堂的系列活动，具有广泛影响力。"三全育人"的核心是立德树人，根本目标是培养德智体美劳全面发展的社会主义建设者和接班人，培养能够担当民族复兴大任的时代新人。图书馆文化育人实践是全面落实"三全育人"的有效抓手。通过德文图书馆的文化育人实践，我们可以总结出以下经验。

（一）坚持以用户为核心的服务理念

高校图书馆服务的对象是大学师生，我们要始终坚持"用户第一"的服务理念，充分了解用户需求。贴近需求开展服务才能事半功倍。新生是大学用户中的重要群体，为尊重新生这一群体的特点，活动中加入了很多切合新生实际情况的指导环节，旨在引导其独立思考，扩大其国际视野，从而优化其在通识教育方面的体验。

（二）挖掘特色文化服务功能

德文图书馆依托同济大学学科特色，努力构建集学科文献阅览、科研交流、教学培训、成果展示、文化交流于一体的服务体系。此次活动将英语学习、演讲比赛与中国故事内容融合，并以"教+阅+赛"结合的形式开展活动，寓教于乐，具有特色。服务实践体现了个性化、多元化、特色化，并注重体验和使用的便捷性。

（三）提高馆员队伍服务育人素养

"育人者必先育己"，图书馆员是服务育人的主体，因此，打造一支知识结构合理、专业技能完备、服务意识强、心理素质高的馆员队伍，是图书馆服务育人的基石。此次活动从构思策划、海报设计、活动组织、馆藏阅读推荐到宣传推广等一系列任务都是馆员团队合作完成的，这其中也有学生志愿服务团队的协助。我们应通过言行潜移默化教导学生，帮助新生形成正确的价值观，培养其服务社会、服务他人的意识。

史艳芬　王楠　杨毅　华之颖　朱梦皎　李蓉

（同济大学图书馆）

项目组成员及分工情况：史艳芬，负责活动整体策划、对外联系、案例文稿撰写及修订；王楠，负责阅读推荐、案例文稿撰写；杨毅，负责活动组织实施、海报设计、宣传推广、案例文稿修订；华之颖，朱梦皎，负责阅读推荐、案例文稿修订；李蓉，负责活动实施、案例文稿修订。

☞**专家点评**

　　"讲中国故事，传中国文化"，这是当前国际传播研究中的重要课题，也是做好国际传播工作的重要内容。该案例基于"需求挖掘、服务方案制定、能力提升"的图书馆文化育人方案，开展"讲中国故事，传中国文化"英文演讲比赛，较好地展示了图书馆努力服务学生、成为学生第二课堂的探索和努力，值得同行借鉴！（李武）

案例二　打造"i学堂"云端课堂，为用户构建"知识加油站"

一、开展背景

高校图书馆是校园的知识中心和学习中心。近年来，其提供知识服务的主要方向是利用各类新媒体技术拓展服务形式与空间，将图书馆的资源、服务与读者学习行为深度融合，使图书馆"触手可及"。腾讯课堂是直播教学平台中的佼佼者，功能齐备，简单易用，而哔哩哔哩弹幕网（简称"B站"）则是一个目前年轻人高度聚集的文化潮流娱乐社区。两大平台的用户群体与在校学生高度重合，可以作为高校图书馆快速、高效开展在线信息素养教育的重要渠道。

2020年伊始，受新冠疫情影响，厦门大学图书馆信息素养教育项目"i学堂"由传统的线下活动向线上拓展，基于以上平台构建网上信息素养教育基地，让青年学子乃至社会用户可以随时随地获取高校图书馆的优质知识服务。这其中包含以下三个驱动因素。

（1）用户方面：高校学生的学习行为呈现移动化与碎片化的趋势，注重便捷性，希望借助网络终端实现随时随地学习[①]。厦门大学图书馆i学堂教学团队（以下简称"i团队"）顺应这一新趋势，主动开拓教学新形式。

（2）图书馆方面：面对跨校区信息素养教育课程安排的现实困难，"i学堂"在实践中积极运用新媒体整合教育资源，从而打破了空间上的限制。

（3）外部环境方面：疫情防控常态化，要求图书馆充分利用新媒体来延伸服务。

---

① 黄建锋. 大学生碎片化学习研究[J]. 成人教育, 2018（10）: 80-83.

二、主要内容

"i学堂"是厦门大学图书馆的信息素养教育品牌，始创于2015年9月，长期在厦门大学思明与翔安两校区同步开展讲座活动。面对疫情期间的在线教育新形势，"i团队"抓住机遇，整合内外资源，以新媒体技术推动信息素养教育转型升级，主要从以下三个方面着手。

（一）馆内外合力推出完备课程

"i团队"以图书馆员为主，本校师生与校外机构人员参与，三方共同构筑复合式的教学团队。通过调研可知，读者有以下三大核心需求：一为信息素养教育通识需求，包括馆藏文献资源检索、与科研选题和写作相关的知识；二为高校传统课程体系未能覆盖的工具与软件应用技能；三为特定群体的时效性学习需求，如毕业生在论文写作与排版方面的现实需求。在实践中，"i团队"打造了四大教学模块：信息检索（本科生、研究生新生），科研素养（高年级本科生、研究生），工具应用（通识），特定人群的时效性专题（毕业生、科创人群、考研人群）。

（二）全流程助力读者提升信息素养

"i团队"摸索出一套行之有效的在线教育组织流程，借此稳步推进信息素养教育的转型[①]，包括：①课前，从传统渠道（校选课、院系嵌入式课程、学科服务）到新兴平台（信息发布平台与IM交流工具），图书馆切实把握读者需求，设计教学内容，优化教学流程；通过馆内外协作，构建内容传播与意见收集机制。②课中，馆内各部门合力组建"主讲+助教"的立体化教学团队，基于腾讯课堂开展直播教学。助教全程参与教学，使教与学之间的互动得到有力保障。③课后，多措并举为学生提供课后辅导服务，包括电邮咨询、问卷平台、IM交流群和微信群等。

（三）多平台全方位营销，拓展活动影响力

一方面，"i团队"在立足于自身传播渠道的基础上，与包括教务处、研究生院、团委等在内的学校各职能部门密切协作，借助其新媒体宣传渠道传播课

---

① 李显辉,肖铮,黄国凡. 高校图书馆信息素养教育应急响应在线实施策略:以厦门大学图书馆为例[J]. 图书馆学研究,2020(20):90-96.

"i学堂"活动教学现场

程信息。另一方面，"i团队"还依托数量庞大、主题各异的读者QQ群、微信群等，即时发布课程预告与动态。通过内外合力，图书馆构建起多层次、立体化的宣传推广矩阵，极大地拓展了教学活动的影响力，也保证了信息传播的即时性与有效性。

图书馆还顺应读者学习的新趋势，通过B站分享教学视频，将图书馆服务主动推送到用户身边，满足年轻人的学习需求。

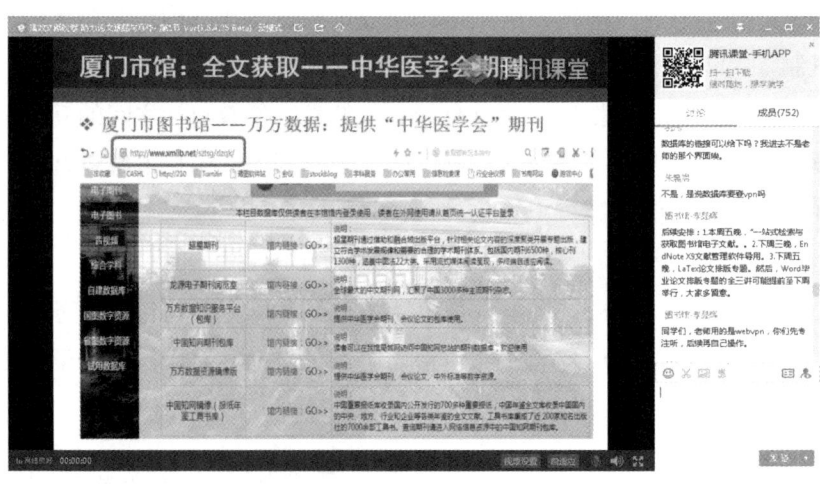

"i学堂"腾讯课堂直播

"i学堂"B站回放

三、创新点

一个主题："i学堂"旨在培养读者复合式多层次的信息素养，尤其注重培养受众在实际情境下的信息利用能力和终身学习能力。

两大平台：以腾讯课堂与B站平台快速部署服务，以实践促优化。

三方合力：馆方与校方（学校职能部门、专业院系、学生）、社会力量紧密协作，共同完善课程内容和拓展品牌影响力。

开放共享：教学主体——用户不仅是学习者，更可成为主讲人；教学形式——采取全开放形式；教学内容——主动发布课程资料，实现资源的共知、共建、共享。

四、项目过程

（一）现场活动阶段（2015年9月—2019年12月）

经过多年发展，"i学堂"逐渐成为在图书馆界具备一定影响力的信息素养教育品牌。在此时期，"i学堂"取得两大阶段性成果：（1）形成完备的教学体系：教学主题既具有通识性、关联性，符合现阶段学校不同层次学生的共同需求，也紧密契合特定群体的需求。（2）形成多方面的教学团队：教学团队以图书馆员为主，本校教师、学生与学生团队以及校外机构参与。

（二）在线教学阶段（2020年2月—2020年7月）

面对新冠疫情期间在线教育新形势，图书馆迅速行动，依托"i学堂"开启直播课程项目，主动拓展知识服务新内容和新形式，为信息素养教育的转型升级积累了宝贵经验。

（三）"双线"混合教学阶段（2020年10月至今）

以线上线下混合模式组织信息素养教育活动，将直播教学（在线）与现场讲座（线下）进行深度融合，两者取长补短，优势互补[①]。

五、成效与影响

（一）立足本校，服务社会

2020年2月至2021年9月底，"i学堂"共开展讲座培训70场次，参与学习人次总计达15821人次。其中，15126人次参与直播在线学习，占总数的95%以上。同主题场次对比，2020年线上直播参与人次相当于2019年线下参与人次的7倍，掀起了校内外信息素养在线学习的热潮，具体见下表。

2019—2020年厦门大学图书馆信息素养讲座主题及参与人次

模块	讲座主题	在线参与人次（2020年）	现场参与人次（2019年）
文献检索与管理	高效文献检索，助力论文选题与写作	1244	102
	一站式检索与获取图书馆电子资源	399	129
	文献管理软件 EndNote X9 使用入门	804	322
编辑排版工具应用	如何运用 LaTex 排版论文	502	62
	毕业论文 Word 排版全攻略：论文框架制作	1043	94
	毕业论文 Word 排版全攻略：论文内容编辑	792	56
	毕业论文 Word 排版全攻略：公式与图表制作	423	33
	PPT 美化原则与技能提升	579	48
	Excel 初阶应用之数据处理技巧	635	48
	Excel 初阶应用之常用图表绘制	409	25
参与总人次		6830	919

---

① 郭春才,金义富. 基于未来教育空间站的O2O应用模式研究[J]. 中国电化教育,2015（6）:24-30.

（二）教育形式的拓展令人耳目一新

从收集的反馈意见来看，"i学堂"云端课堂获得受众高度肯定，实现了从线下到线上的完美迁移。同学们在图书馆各渠道踊跃留言，表达了对直播课程的喜爱以及对常态化在线教学的期待。"直播＋回放"的新形式极大地调动了他们的学习热情。全开放形式成功吸引了广大校外用户参与，他们也对活动提出了意见和建议。

（三）拥抱新媒体，打造图书馆新形象

截至2022年8月底，厦大图书馆B站账号拥有粉丝1.4万名，上传"i学堂"系列课程教学视频68部。厦大图书馆在B站以实用的教学内容和创新的运营模式展现了"双一流"大学图书馆的风采，赢得用户的喜爱和推崇，成为厦门大学师生乃至社会大众的"知识加油站"。

厦大图书馆B站主页

六、分析与总结

（一）切合用户实际需求，把握用户趋势

开展信息素养教育必须坚持以用户为导向。图书馆要从多渠道、多途径加强用户研究，收集分析用户需求，围绕用户需求来设计教学内容，组织多元化的活动。要把握和顺应读者学习新趋势，积极拓展教学新形式，具体要做到以下两点：第一，主动分享教学视频，实现内容的可重复浏览，方便用户随时随地学习。第二，采用"直播+微课"形式：直播课程具有即时性和动态化的特征，而微课则相对静态，短小精悍，主题聚焦，二者相辅相成。高校图书馆可根据自身条件灵活选择适用的在线教学形式。

（二）充分利用新媒体，快速部署服务

5G时代，音视频多媒体内容呈现爆发式发展，以视频形式进行服务推广、内容营销、活动直播将成为图书馆新媒体服务的新方向。腾讯课堂与B站的用户群体与在校学生高度重合，且功能直观易用，学习成本较低，在这些平台发布课程对于图书馆而言是一种快速、高效的直播开展与视频内容管理解决方案。借助这些平台的影响力和传播力，厦门大学图书馆开展在线教学与汇聚学习视频，构建了网上信息素养教育基地，让青年学子乃至社会用户可以随时随地获取高校图书馆的优质知识服务，有效提升了用户的信息素养，充分发挥了图书馆的社会服务功能，为建设学习型校园、学习型社会作出了新的贡献。

（三）坚持开放共享，主动提供外向型知识服务

图书馆开展服务坚持用户思维，而其核心要义在于"用"——更大范围的用户参与、更高频度的用户使用，才能保证服务不断完善。从更广阔的视角来看，高校图书馆本身就是社会公共资源的一部分，承担着一定的社会责任，在为本校师生服务的同时也应加强对外开放，兼顾广大社会读者[①]。这些都决定了高校图书馆应主动走出来，提供外向型的信息素养教育服务。高校图书馆要改变思维惯性，坚持开放共享理念。推进全方位开放共享的在线教育，不仅能使用户受益，也能促进图书馆之间的相互学习和

---

① 陈丽娟,林杨,刘海霞.高校图书馆面向社会公众开放的实践与思考——以厦门大学图书馆为例[J].图书馆,2018（9）:101-105.

借鉴，共同进步。

李显辉　陈丽琴　麦林　黄国凡（厦门大学图书馆）

项目组成员及分工情况：李显辉，负责组织"i学堂"云端课堂及案例撰写；陈丽琴，负责"i学堂"直播技术支持与设备维护；麦林，负责"i学堂"活动在思明校区的开展；黄国凡，负责"i学堂"活动的宣传与推广。

☞专家点评

受新冠疫情影响，很多课程都被搬到了网上，图书馆的信息素养课也不例外。"i学堂"是厦门大学图书馆的信息素养教育品牌，始创于2015年9月，最初主要是解决不同校区同步开展讲座的问题。疫情期间，厦门大学图书馆在此基础上不断探索，他们把"i学堂"云端课堂做细做实，并利用腾讯课堂直播、B站等平台，拓展教学课程，采取全开放形式，不仅让本校学生受益，也让社会人士受益。从其教学视频总播放量超过10万次来看，项目确实很成功。这种让高校图书馆优质的信息素养教育资源为社会服务的做法值得其他高校图书馆学习。（邓咏秋）

案例三 "博雅颂"诗词抄写系列活动

一、开展背景

很多国家都把全民阅读放在国家战略的高度来推行，我国也不例外。2014年以来，全民阅读每年都被写入政府工作报告。阅读作为人类的一种普遍的文化行为，在21世纪成为我国一项国家战略并得到各级政府的高度重视和具体落实。阅读不仅关系到一个人的思想境界和修养，也关系到一个民族的素质，更关系到一个国家的兴旺发达[①]。

任何一个民族的教育，都要先充分吸收本民族的文化精华，然后才能谈到借鉴和吸收外来文化[②]。因此，我们在培养学生的阅读兴趣时，首先要扎根于中华民族传统文化的土壤里。

培养大学生的阅读兴趣、审美情操，最好的方式就是从古代的诗歌和文学作品入手，让学生从中感受伟大的人格以及中国语言最美的辞章[③]。古典诗词是中华传统文化这棵大树上最繁盛美丽的花朵，令一代代国人为之倾倒。

从2019年暑假开始，江苏大学图书馆就以诗词抄写打卡的形式带领大学生学习古典诗词。

[①]　温家宝参加世界读书日活动:读书好　好读书　读好书[EB/OL]. [2021-06-28]. http://www.gov.cn/ldhd/2009-04/23/content_1294455.htm.

[②][③]　龚鹏程教授谈国学[EB/OL]. [2021-06-28]. http://www.doc88.com/p-9082099324889.html.

二、主要内容

江苏大学图书馆首先遴选出历史上公认的经典诗歌集作为学生抄写打卡的材料。比如，在第一期活动中，江苏大学图书馆选取了我国最早的一部诗歌总集——《诗经》。《诗经》是中国文学的光辉起点，是中华优秀传统文化的经典。阅读《诗经》是现代人回归本真诗性的重要途径。活动一经发布，就受到广大学生的热烈欢迎，参加抄诗打卡的学生众多，有些参与者甚至在整个活动期间一天不落地进行诗词抄写打卡。

三、项目过程

（一）准备

本项目成立抄诗打卡管理团队，建立交流QQ群与微信群，借助新媒体技术，打造一个可以随时随地进行抄诗打卡的环境。

项目的准备分为组建管理团队、策划、宣传、创建"小打卡"圈子四个方面。首先，由3名老师、4名学生组成抄诗打卡管理团队，负责抄诗的前期策划、宣传以及活动开启后的管理与互动；其次，做好抄诗打卡的策划，遴选抄写内容，制定打卡规则，上传抄写内容至"小打卡"微信小程序，使参与者可以随时随地地抄写打卡；再次，在图书馆公众号、QQ群、微信群、班级群等发布抄诗打卡活动的推广文案，吸引广大学生知晓活动内容和规则；最后，创建"小打卡"圈子，上传相关内容，以备准时开启打卡活动。

（二）抄诗打卡

时间：2019年7月至2021年8月，每期活动持续时间2个月左右。

内容：《诗经》《唐诗三百首》《千家诗》《镇江诗词100首》《宋词三百首》《纳兰词》《中华红诗精选》《美得令人心醉的100首乐府诗》。

形式：抄写一首或多首诗词，拍照上传至小打卡。

管理：抄诗打卡管理团队对学生的打卡作品进行点赞、置顶、评论以及分享至QQ群、微信群等互动操作，给还没有形成抄诗打卡习惯的学生以提醒和鼓励（QQ群与微信群容纳不同专业、不同年级、不同兴趣的学生）。

2019年暑假抄诗打卡活动的宣传推文

江苏大学图书馆抄诗打卡圈子

（三）诗词赏析

配合抄诗打卡活动，抄诗打卡管理团队在微信公众号上发布了图文并茂的诗词赏析，受到广大学生的欢迎，阅读率一直很高。这些文章也有利于培养大学生多读诗书的习惯和兴趣，提升了他们对诗词的赏析能力和自身的人文修养。

（四）线下沙龙

打卡活动结束后，为了让参与者更好地回顾抄诗打卡活动，分享心得与体会，并针对活动提出建议与意见，每两期活动后图书馆会组织一次线下沙龙活动。沙龙活动精彩纷呈，分为"诗句抢答""诗句接龙""读诗交流""为你读诗"等诸多环节。同

2019年的"每周一首诗"赏析推文

学们在线下沙龙能够更充分地认识彼此，找到热爱诗词的伙伴。

2021年5月诗词沙龙活动中，大学生在分享读诗体会

（五）诗词讲座

江苏大学图书馆邀请诗词名家来校做讲座，在全校范围内营造爱诗词、爱阅读的文化氛围。2019年暑假以来，江苏大学图书馆共组织"读《诗经》""从诗词歌赋中走来的镇江""真山真水一城诗""古代爱情诗歌的启示"等10余场与诗词相关的专家讲座。

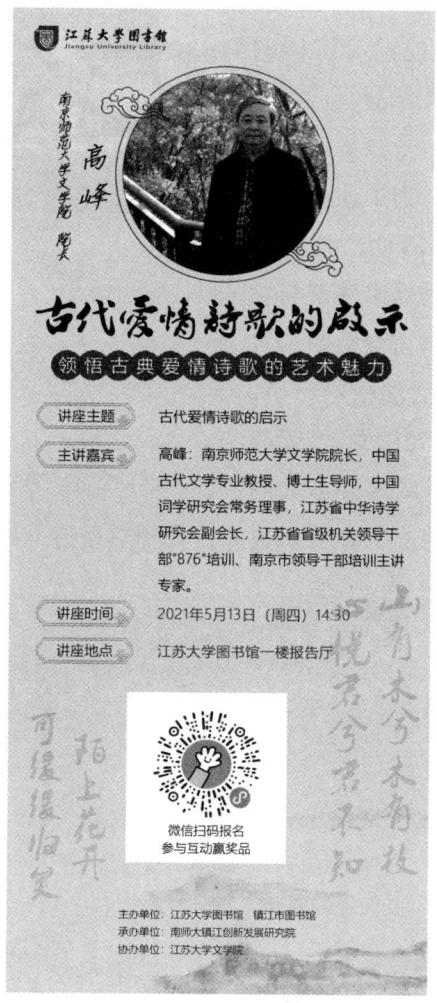

2021年5月南京师范大学文学院院长高峰讲座宣传海报

四、成效与影响

抄诗打卡活动开始以来，共有近1万人参与打卡，抄诗打卡作品共10万多张，很多作品都给人留下了深刻的印象，"小打卡"热度连续占据所在城市排行榜第一。

在抄诗打卡活动的带动下，很多大学生形成了每天抄诗打卡的习惯，把抄诗当成了生活的一部分，在非活动时间也会在"小打卡"程序上发布自己的抄写作

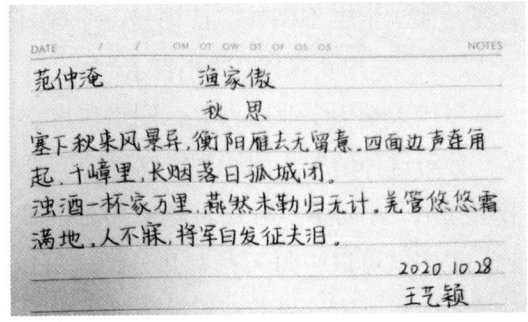

抄诗打卡作品

品，其中打卡最多的同学已发布了500多份作品。很多同学不仅坚持每天抄诗，还会结合抄写内容撰写心得体会，进行更深入的学习和回顾。

数学科学学院的田雅琦同学分享了自己的打卡感悟："通过参加图书馆的抄诗打卡活动，我深刻感悟到了什么叫坚持就是胜利。我参与打卡的最初动力来源于两个方面：一个方面是我喜欢写字，另一个方面是我喜欢阅读。我认为无论读什么，或多或少都能给我带来一些收获，所以我一直在坚持抄诗打卡，从《诗经》、《千家诗》、唐诗、宋词，到《纳兰词》、《中华红诗精选》。我每天和打卡圈里的小伙伴们一起坚持，逐渐养成了一种习惯。抄诗打卡现在已经成为我的生物钟，若不打卡，我总会觉得今天少了点什么。这个活动也是我大学生活中参与时间最久的一次活动，它让我改掉了学习上的拖延症，尤其治愈了我假期不想学习、离不开手机的懒散心理。"

打卡这件事情虽小，但确实能够帮助一个人培养很多优良的品质！

"小打卡"程序里的点赞、置顶、评论，QQ群里的互动以及线下的沙龙活动和专家讲座，都增强了学生的归属感，让图书馆与学生、学生与学生之间建立起链接与信任，从而更好地把阅读活动进行下去。

五、分析与总结

成功的阅读推广活动效果，体现在读者细水长流、日积月累的收获与成长。诗词抄写打卡活动之所以能够赢得广大同学的深切喜爱与热情参与，主要有以下几点原因。

（一）选好切入点

从小到大，我们接触了很多古典诗词，可以说诗词已经植根于中国人的

灵魂，大学生也不例外。诗词是一个较好的培养大学生阅读兴趣的切入点。

（二）采用新媒体（"小打卡"）

当代大学生学业压力大，网络信息多而易得，大学生的时间碎片化特点明显。针对这种情况，阅读推广活动应当选用方便学生参与的方式。江苏大学图书馆选用"小打卡"程序，学生只需抄写一首或多首诗词，拍照上传至"小打卡"程序就可以，每天花费几分钟就可以完成。"小打卡"程序允许同学们随时随地抄写上传，只需利用手机进入发布的打卡圈子，选择要抄写的诗词，抄写完成，拍照上传，即打卡成功，每个人每一次的打卡都可见、可查、可回溯，增加了同学们抄诗打卡的成就感、获得感。

（三）团队的力量

一个人坚持阅读很难，但是若有同伴的激励与提醒就会轻松很多。抄诗打卡管理团队在阅读推广中发挥了极其重要的作用，他们保证了抄诗打卡活动的顺利进行，并且在"小打卡"程序里点赞、置顶、评论，在QQ群里进行互动，组织线下沙龙活动、专家讲座等，增强了学生的归属感。

（四）全方位打造诗词环境

日积月累的诗词阅读与抄写打卡是基础，优美诗词的赏析推文是辅助，线下沙龙是推动，专家讲座是营养加餐。通过这一系列的操作，活动全方位打造了诗词环境，让大学生沉浸在或清新、或优美、或豪放、或婉约的意境里，陶冶其情操，健全其人格。

展望下一步的工作，我们认为，抄诗打卡活动还需要加大宣传，应该策划一些全校性的活动，吸引更多的大学生了解图书馆的阅读推广活动，激发学生对古典诗词的兴趣和热情，从而使其积极学习诗词和传统文化，在全校营造良好的书香氛围和阅读环境。

骆雪松　刘琼　周云峰（江苏大学图书馆）

徐海容（江苏大学财经学院）　张少疾（江苏大学汽车学院）

项目组成员及分工情况：骆雪松、刘琼，负责项目策划，抄诗书目的遴选、内容制作，打卡平台及社群的管理，诗词讲座的联络等；周云峰，负责项目统筹、抄诗书目电子版的获取；徐海容、张少疾，负责打卡平台及社群的管理与互动、数据的统计、诗词赏析推文的制作等。

☞ **专家点评**

本案例采用诗词抄写的形式开展中国传统诗词的阅读推广活动，利用团队成员的相互提醒机制帮助参与者坚持阅读。图书馆后续可加强对这种阅读推广活动效果的评估工作。（李武）

案例四 团体阅读疗法实践

——首都经济贸易大学图书馆"寒门学子读书会"

一、开展背景

阅读疗法作为阅读推广的一个实践方向，其具有阅读疗愈的独特作用。阅读疗法包括个体治疗和群体治疗，个体阅读疗法的治疗对象仅限于一人，团体阅读疗法则面向群体对象，可由具有某一类共同特征的人群组成一个被治疗者团体，尤其适用于高校中的各类希望通过读书提升心理健康水平的学生团体。有研究表明，阅读疗法是极易被大学生所接受且疗效显著的心理治疗方法[①]。

（一）贫困大学生群体的心理困扰

和普通大学生相比，大多贫困大学生具有生活节俭、吃苦耐劳等许多优秀品质，但家庭贫困也一定程度上造成了部分贫困大学生心理失衡，这种失衡的心理状态让他们成为一个不容忽视的弱势群体。清华大学精密仪器与机械学系的辅导员夏帕克提·吾守尔、曹良才以及清华大学党委学生部的谭鹏曾专门对家庭经济困难学生的心理健康状况进行了研究，他们发现，家庭经济困难学生的心理问题主要表现在三个方面：

一是强烈的自卑感和失落感。经济上的困难使贫困学生容易在学习和生活中自我否定，认为自己是弱势群体而感到自卑。在校期间，家庭经济困难学生与其他同学有着明显的区别，他们生活节俭、学习认真，但是由于成长环境、教育环境的不同，他们往往知识面较窄，学习上有困难，而且大多性格内向，这让他们产生了强烈的失落感，遇到打击容易产生自卑感。

---

① 宫梅玲,丛中,王连云.阅读疗法解决大学生心理问题的效果评价[J].中国行为医学科学,2002(5):578.

二是敏感的人际关系和孤独感。家庭经济困难学生在心理健康状况上表现为对人际关系很敏感，家庭条件的限制使他们不愿意参加集体活动和加入学生组织，他们往往自我封闭、交往面狭窄。

三是迷茫的择业心态和恐惧感。随着社会竞争的日趋激烈，家庭经济困难学生需要面对的一个重要问题便是就业。在职业选择和人生规划时，他们不但要考虑自己的发展，而且还要想到家庭的经济问题，这给他们带来了现实的压力。加之有些学生对社会的认识片面，容易对社会感到不满、失望，这进一步加剧了他们的心理负担[①]。

针对上述贫困大学生中较为集中的三个心理问题，开展团体阅读疗法可以降低参与学生的自卑感、改善其人际关系、提升总体幸福感，通过实践验证团体阅读疗法的作用。

（二）贫困大学生的心理需求

作为一名热爱阅读疗法的图书馆员，笔者在大学期间也曾经是一名贫困生，因此想在工作实践中探索针对贫困大学生的团体阅读疗法。在此，我还想引用参与活动的学生的感想中的几段话，从中可以看出学生对于阅读疗法的需求。

　　　　这次的读书分享会，于我而言十分有缘。这一消息不知是从哪一个聊天群中幸运地得到的，我只清楚记得当时获悉这一消息时自己内心的期待与触动。毕竟孤身一人从南方的小县城来到这繁华的都市，遇到的同学都是锦衣玉食、生下来便含着金汤匙的，虽然交流时能感受到尊重，平时生活中能互帮互助，慢慢地相处也能产生良好的情谊，但是长久的生活方式、思想观念的差异以及家庭境遇带来的生活态度的差异，依旧成为我心中的隔阂。我一直都在寻找着志同道合的同伴，他们和我一样有着相似的生活目标，有着相似的对生活的思考方式，有着相似的对学习、知识的渴望。（学生1）

　　　　第一次获知这期读书分享会是在一个推送里，我被推送里的"寒门学

---

① 周凯,张琦.自卑　敏感　迷茫——贫困生三大心理问题分析[N].中国青年报,2008-04-29（5）.

子""不自信""阴霾"等字眼触动心扉，好像自己的心理活动被明晃晃地摆在了眼前。但也正是被这些标签给打动，我想一群有着相似背景、相似困惑的人聚在一起会更有归属感和自然感吧。（学生2）

我发现原来有这么多和我有相同经历的人，我发现我并不孤单。（学生3）

读书分享会不仅能给我一段时间安静地看书，又能丰富自己的课余生活。我平时是一个很内向的、不善于表达的人，我想通过参加这次分享会锻炼锻炼自己，提升自己的表达能力，让自己更自信。（学生4）

二、主要内容与项目过程

2018年4—11月，笔者承担首都经济贸易大学图书馆团体阅读疗法课题的研究，设计了"寒门学子读书会"的团体阅疗实验。经校学生处推荐贫困生报名，并经三项心理测试后筛选出30名符合条件（自卑感较强、同学关系紧张、幸福感不强）的在校大二、大三学生，加入团体阅读疗法小组，在图书馆员的带领下，以经试读选出的李开复专著《做最好的自己》一书作为阅读对象，采用集中两个月每周一次现场读书会与业余时间读书自学相结合的方式精读此书。团体读书会结束后进行第二次心理量表测试，收集参与学生的读后感。

项目具体实施过程如下：

（一）选书

阅读疗法中的一个重要环节是选书。团体阅疗读书会开始前四个月的时间为试读选书阶段。为便于被试学生招募和读书会系列活动的开展，笔者联系了本校四个与贫困学生、读书相关的学生社团的社长和成员共二十名，组成选书小组，从笔者开列的书单中进行泛读、荐书。书单是围绕降低自卑感、提升自信心、改善人际关系、提高综合幸福感的几个目标选择的，包括《做最好的自己》（李开复著）、《士兵突击》（兰晓龙著）、《人性的优点》（戴尔·卡耐基著）、《我把青春献给你》（冯小刚著）、《磨难也是财富——宁夏大学贫困学生的足迹》（陈育宁著）、《太阳的女儿：贫困女大学生生存报告》（中国扶贫基金会编）、《哈佛幸福课》（丹尼尔·吉尔伯特著），共八册书。经过试读、约谈、推荐三个阶段，小组成员多数推荐了李开复所著《做最好的自己》的一书，最后笔者决定选择此书作为团体读书会用书。

（二）选学生

阅读疗法中另外一个重要环节是选学生。首都师范大学学生处学生资助管理中心推荐贫困生报名，在助学学生社团微信群、贫困县同乡群等微信群中宣传、告知，从报名的50余名学生中经三项心理测试后筛选出30名符合条件的在校大二、大三学生，加入阅读疗法小组。活动过程中注意保护学生隐私、维护学生尊严，不称呼其为"贫困生"或"经济困难生"，小组名称定为"做最好的自己——寒门学子读书会"。按性别划分，其中女生23人，男生7人。

（三）选场所

经馆领导支持，选择了图书馆会议室为场所。会议室可坐30余人，会议桌椅围成一圈方便大家交流，有电脑、投影仪、话筒等设备，可以进行多种形式的小组交流与分享。

（四）团体读书会流程

每个小组成员领到一册《做最好的自己》，采用两个月每周一次集中现场读书会与业余时间自学、反复读书相结合的方式精读此书。现场读书会流程如下：

1.图书馆员导读

第一部分是对上次读书会所读内容及活动效果的回顾，以及询问学生的读书感受、效果、疑问等（第一次读书会此部分安排是小组成员的自我介绍、对此次读书会的期望）；第二部分是禁言读书30分钟至1小时。

2.主讲学生领读

每次的主讲人从小组成员中自荐产生。从六次读书会主讲的结果来看，主讲学生均事先认真详读了主讲章节的内容，做了策划方案、PPT、领读大纲等，在读书会现场做了很好的引领、讲解，主讲学生组织的分组讨论、发言、分享等环节得到了小组成员的响应，取得了良好的效果。

3.图书馆员总结、点评

在最后的总结环节，图书馆员对当晚所读内容以及学生的分享、问题等做总结和引导；如果本次读书会学生的讨论、交流、发言偏少，或者有几位成员一言未发，则组织学生按顺序用一句话谈谈此次读书会的感受。由于团体阅疗小组成员普遍自信心不足、怯于表达，采用"全体点名"的方式鼓励发言，实际效果比预想的好很多，有些从不主动发言的学生也会谈很多感想。

寒门学子读书会开幕

读书会现场

三、成效与影响

（一）从读书会前后心理量表的测试变化看团体阅读疗法的成效

本次调查共使用三个量表：大学生自卑心理诊断量表、同学关系测验问卷、总体幸福感量表。前两个量表都是总得分越低代表着个体的心理状态越好；总体幸福感量表总得分越高则代表着个体的幸福感越强。对团体阅读疗法参加者心理量表测试记录进行整理，使用SPSS 21.0软件进行数据分析，得到三个量表指标的箱线图，并对前后得分进行统计检验，分别如下所示：

1."大学生自卑心理诊断量表"成效测试

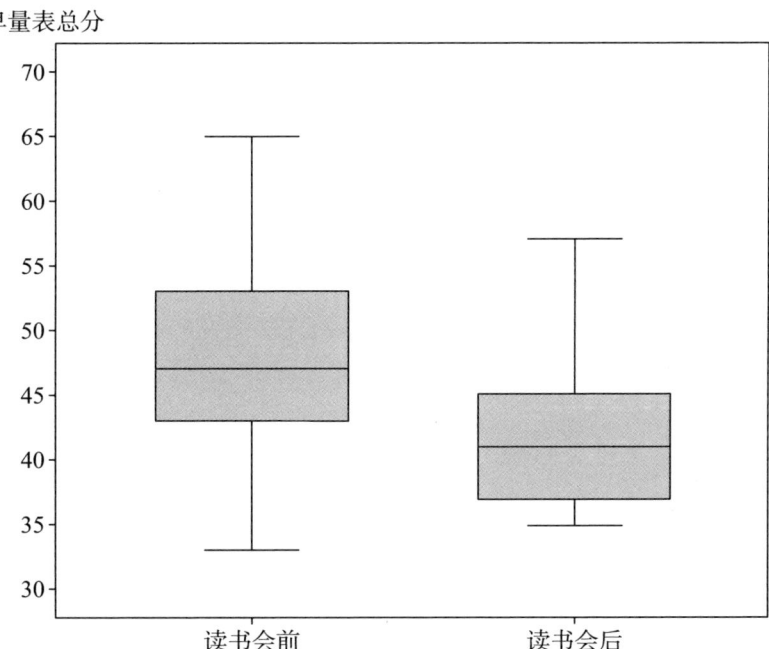

读书会前后自卑量表总分箱线图

读书会前后自卑量表总分描述性统计表

	前：自卑量表总分	后：自卑量表总分
平均数	47.3	41.6
中位数	47.0	41.0
众数	43.0	37.0
标准差	7.3	5.7

续表

	前：自卑量表总分	后：自卑量表总分
最小值	33.0	35.0
最大值	65.0	57.0
观测数	26.0	26.0

从读书会前后自卑量表总分箱线图可以观察到75%分位数和中位数均显著下降；从读书会前后自卑量表总分描述性统计表可看出平均数、中位数均有下降，标准差也同样变小，说明读书会后学生自卑心理的得分变小，差异程度也在降低。根据以上分析，可以推测出参加读书会对于改善大学生自卑心理有较大的帮助。

2. "同学关系测验问卷"成效测试

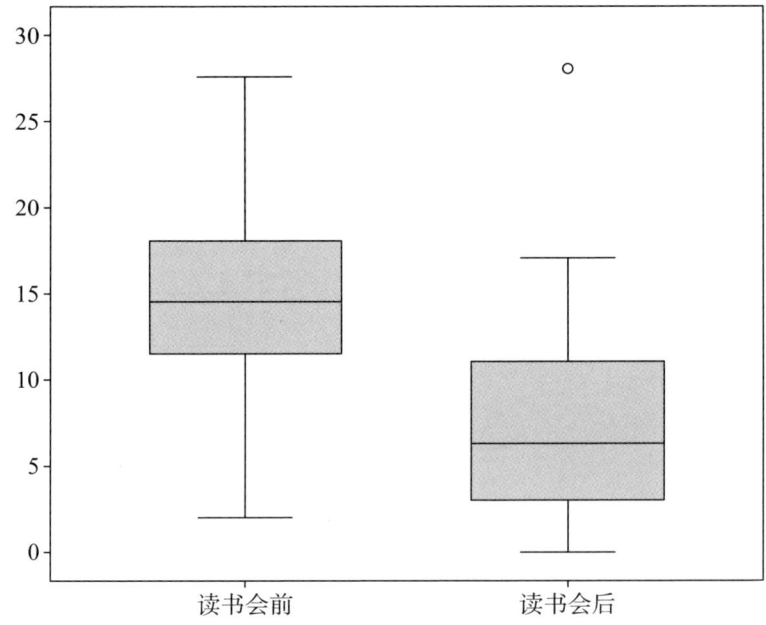

读书会前后同学关系问卷总分箱线图

读书会前后同学关系问卷各因子得分描述性统计表

	交谈行为 困扰程度	交际行为 困扰程度	待人接物 困扰程度	与异性朋友交往 困扰程度
前：平均数	4.2	5.0	2.2	3.6

续表

	交谈行为 困扰程度	交际行为 困扰程度	待人接物 困扰程度	与异性朋友交往 困扰程度
前：中位数	4.8	5.0	1.0	4.0
前：标准差	1.8	1.5	2.1	1.8
后：平均数	2.1	2.3	1.0	2.1
后：中位数	2.0	2.0	1.0	2.0
后：标准差	1.9	2.1	1.4	2.0

通过读书会前后同学关系问卷总分箱线图可以观察出最大值、中位数几乎下降了一半；通过读书会前后同学关系问卷各因子得分描述性统计表可以看到同学关系问卷中四个方面的平均数和中位数的变化幅度都是下降的。这说明参加读书会对于降低人际关系困扰、提升处理同学关系的能力有显著的影响。

3."总体幸福感量表"成效测试

总体幸福感量表总分

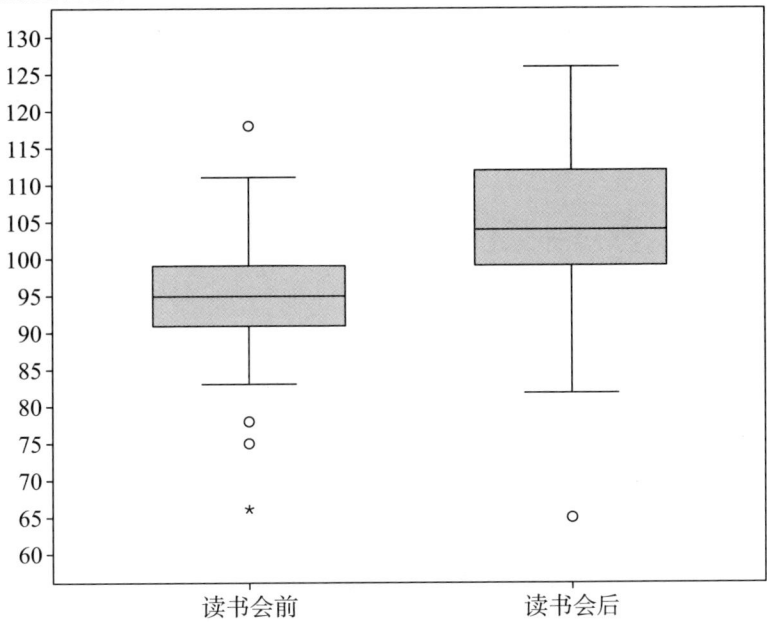

读书会前后总体幸福感量表总分箱线图

读书会前后总体幸福感量表各因子得分描述性统计表

	对健康的担心程度	精力	对生活的满足和兴趣	心情愉快或忧郁的程度	对情感和行为的控制能力	精神松弛或紧张的程度
前：平均数	7.2	15.0	5.3	11.8	9.6	12.4
前：中位数	7.0	15.0	5.0	12.0	10.0	13.0
前：标准差	2.8	2.7	1.4	2.5	1.6	3.0
后：平均值	8.4	16.8	6.7	13.8	10.1	14.4
后：中位数	8.0	17.0	6.0	14.0	10.0	14.0
后：标准差	2.2	2.9	1.7	3.3	2.1	3.1

注：上表第1、4、6列测试项，若数值增加，则说明测试对象对健康的担心减少、心情愉快、精神松弛。

通过读书会前后总体幸福感量表总分箱线图可以观察出中位数上升；通过读书会前后总体幸福感量表各因子得分描述性统计表可以看到六个因子的平均数和中位数的变化幅度都是上升的。这说明参加读书会对于学生的幸福感是有提升作用的。

（二）从学生的读后感看团体阅读疗法的成效

在六周的读书会期间陆续收到参与学生的读后感34篇，这些读后感可以让我们从参与者的主观感受层面检视团体阅疗的成效。在此摘抄几例进行说明。

当我拿到李开复先生的这本书《做最好的自己》时，我就知道这绝不是一本让我一翻而过的书。这本书能在本源上激励我，让我反省过去的自己是否问心无愧，思考现在的自己是否自信乐观，明确未来的自己的理想彼岸……《做最好的自己》无疑是一本好书，它解剖当代大学生的状态，讲解众多有趣又富有哲理的故事，真实、积极地鼓励读者，不是用义正词严的说教语言，而是用幽默生动的语言将为人处世的道理娓娓道来。在我看来，读一本好书就像交一位良师益友。（学生1）

对于读书分享会，其实刚刚来到时，沉默的气氛让我压力很大，使我惧怕发言，也很惧怕与其他的新同学交流沟通。但我看到很多同学真诚地诉说自己的经历，发表自己的感想，虽然很多同学很内向、很少发言，但当他们说起自己的故事的时候，我能感受到他们在用极大的勇气表达内心真实的感受。也许那些感受他们很少和别人诉说，也很少表达，但当他们愿意说出来的时候，我真的非常感动，不管他们表达得好与不好，我都真心地尊重他们的勇气。他们的勇气也给了我很多感触，把自己真正的感受表达出来，并不一定会得到别人的不理解，也可能会得到别人的尊重、理解和支持。真的就像李开复先生在书中说的那样："如果你是一个值得尊重而且也尊重别人的人，没有哪位有修养的听众会因为你的意见与他不同而不尊重你。"也因此，我更敢于向别人表达我真正的感受、真正的想法了，而不是一直憋在心里压抑自己。（学生2）

……原来有人与我同在啊……（学生3）

非常有幸通过层层筛选得到了参加寒门学子读书分享会的名额，在这将近两个月每周一次的分享会里，我可以毫不夸张地说，这是我大学一年来最有意义的一段时间，如同一段认识自我、明确未来的人生旅程。（学生4）

我读书的空闲时间不是很多，常常被手机微信的消息吸引，以碎片化阅读取代纸质书籍的阅读。但是，专心阅读《做最好的自己》能让我放下手机，暂时远离社交与网络，静心思考本我和价值观，心向往之。（学生5）

还记得第一次参加心理测试的时候，回答那些问题时我发现很多问题都能直击自己内心深处。上面的很多问题都与自己目前的状况一致。那个上课最怕被老师点名的我，那个最怕在公众场合发言的我，那个在集体场合发言都会脸红的我，那个有话想说却又不敢说出口的我。一直很胆小、懦弱的自己……在参加这个活动之初，我发言时真的很紧张，还要想自己要站着还是要坐着，要说什么话，很紧张很紧张，但是熟能生巧吧，第五次结束了，感觉自己确实有变化。这就是改变吧。（学生6）

刚来北京的时候，身边都是北京的同学，他们都多才多艺、能歌善舞，感觉和我们这些外地的同学拥有着两种不同的气质，心里难免有一些自卑。后来通过这次阅读，我发现其实不需要能歌善舞，我也有自己可以自信的地方。做最好的自己，而不是做别人眼中的自己。（学生7）

在这次活动中，我收获的不仅是这本书里的内容，更多的是对自己性

格和想法的改变。这次的活动让我成长了很多,我离最好的自己又近了一大步。(学生8)

分享的同学都很热情,传递了积极向上的力量。分享重要的不是形式,而是分享的内容和本质。敢于分享就代表着勇气和自信,仔细倾听并回应分享者又是同理心的表现,分享过后反思自己的行为和选择,这又是自省。每一位分享者都值得尊敬,因为他经过阅读、倾听、思考和表达等种种过程,才把他的见解告知其他听众。(学生9)

在参与这次读书会的六个星期中,我参加读书会活动的收获超过了我读这本书的收获。大家从一开始时的拘束到后来的放松和彼此的熟悉,是一个宝贵的成长历程。还记得大家刚开始参与读书会的时候都带着一丝拘谨,自我介绍的过程中都会触及自己的悲伤往事和成长环境,而后来我们分享得更多的是自己现在的生活、自己未来的畅想。这种抛开不自信、抛开不悦,努力地生活、努力想变得更好的转变让人感动……我们一定收获了一些我们来读书会之前从未想到过的东西。可能是友谊,可能是或多或少的自信,可能是一种放松和自由。但无论是什么,我想它都会让我们的精神世界得到滋养,让我们看到了,原来读书和交流是可以有这样的魔力的。(学生10)

从学生的读后感中,笔者感受到参加者普遍大幅度提高了自信心、改善了人际关系、提升了幸福感,收获和提升超出设计的预期。

从客观统计分析、主观感受两个层面来看,此次读书会卓有成效。

四、分析与总结

自开展课题研究以来,笔者检索到的阅读疗法文献中涉及团体的很少,个案的较多,因团体阅读疗法在高校图书馆开展具备优势,且能惠及更多有同类困扰的学生,笔者选择较为熟悉的领域进行实践,有如下几点感想:

(1)团体阅读疗法适用于有相同背景、同一类心理困扰的人群。参与者之间可以互相交流、分享阅读感受、进行深入的讨论,互相鼓舞、慰藉与共情,更能化解心理困惑、提高阅读疗法的成效。

(2)此项目具有可持续性,适于高校图书馆长期开展。大学生中贫困生一直存在，尤其是每年入校的新生更需要有人引导、协助其尽快适应并更好地融入学校生活。除了贫困生之外，大学生在求学、恋爱、人际关系、求职等方面经常遇到的共性困扰均可通过开展团体阅读疗法获得帮助。高校图书馆开展团体阅读疗法，可以从阅读的角度实现"育人"的职能。

（3）团体阅读疗法中读书会的流程可复制。从这次项目开展的过程来看，活动流程较为简单，适用于图书馆组织开展。公共图书馆涉及的读者包括成人和未成年人，不同读者之间也会有很多同类的烦恼、困扰，如亲子关系矛盾、婚恋问题、职场压力、亲友离逝、失独……针对这些问题，图书馆均可尝试选取适宜的书目，组织团体读书分享会，以最经济、温情的方式，让图书馆人通过书籍的力量引领受困扰的读者走出困境。

魏福芹（首都经济贸易大学图书馆）

本项目由魏福芹负责，主要工作包括项目设计与策划，前期选书、调研，中期读书会组织工作，后期总结、案例文稿撰写。

☞专家点评

> 该阅读推广案例聚焦于贫困在读大学生，具有强烈的人文关怀意识。在实际运作中，注重活动设计的合理性，在选书目、选学生等方面都非常讲究。同时，该活动也强调对阅读推广效果的评估，利用相关的心理量表调查读者心理变化情况。建议在后续的分析中，可利用配对样本T检验明确学生在参加读书会前后的心理是否存在显著差异。（李武）

案例五 "共读一本书"线上阅读答题竞赛

阅读可以启迪智慧，丰盈内心世界。随着"全民阅读"多次被写入政府工作报告，全民阅读已经成为整个社会的共识并上升为一项国家战略。面对我国大学生阅读数量和质量不足的现状，高校图书馆作为校园知识文化中心，应利用自身的优势承担起全民阅读时代的重要责任，积极响应国家建设社会主义文化强国的号召，创新阅读推广服务，助力建设书香校园。

一、开展背景

华北理工大学图书馆的"共读一本书"线上阅读答题推广实践是在2020年全民应对新冠疫情的特殊背景下应运而生的，在本应开学、返校的季节，广大高校师生为巩固疫情防控成果，采取线上教学的方式实现"复学""复课"。在"4·23"世界读书日期间，为了让同学们在无法开学和返校的日子里也感受到来自图书馆的关怀，感受到书香依然环绕在身边，我们以"线上共读抗疫，书香凝聚力量"为主题，开展了首次"共读一本书"线上阅读答题活动，帮助广大读者丰富疫情期间的学习文化生活，凝聚精神力量，坚定抗疫胜利的信心。

2021年恰逢中国共产党百年华诞，各种红色主题的线下阅读推广活动丰富多样，为了共同庆祝党的百岁生日，鼓励在校大学生从党的百年伟大奋斗历程中汲取继续前进的智慧和力量，我们决定以"共读红色经典，传承百年精神"为主题，继续举办"共读一本书"线上阅读答题活动，作为读者服务月系列活动之一。活动取得了超出预期的良好效果。

华北理工大学图书馆"共读一本书"线上阅读答题竞赛活动是特殊时期、特殊背景下对线上阅读推广的新尝试。活动已举办两届，参与人数分别达到344人和305人，均超过以往图书馆开展的线下阅读推广活动。经过实践检验，我们发现这种线上阅读答题竞赛活动既具有可持续性，能够长期开展，又具有可复制性，便于在业内进行推广。

二、主要内容

华北理工大学图书馆"共读一本书"阅读答题竞赛活动起步于新冠疫情防控的特殊时期，当时策划活动要考虑的主要问题有：师生无法面对面交流，无论是馆员组织活动还是读者参与活动都需要在线上进行；如果组织无序、参赛人数过多，势必会增加判卷评分工作量，所以评判工具也应该慎重选择。严峻的疫情形势迫使我们打开思路，积极寻找更适宜的活动方式。于是，一次线上阅读推广的新尝试应运而生。在对比了传统的"提交读后感"方式和新潮的"展示读后微视频"方式之后，我们确定了"线上共读，线上答题，线上自动评分"的竞赛方式。活动流程分为前期准备和具体实施，具体包含选择共读书目、设计原创题目、发布通知、线上阅读、发布题目、回收答卷并评阅、公布获奖名单等环节。活动得到了全校师生的积极响应和评价。

三、项目过程

（一）前期准备

"共读一本书"线上阅读答题竞赛活动的组织涉及活动方案细节构想、选定共读书目、拆书任务分摊和设计原创题目等工作，都需要充分的前期准备。

1.活动预案研讨

在华北理工大学图书馆确定要推出"4·23线上图书文化节"活动后，图书馆各个部门各显其能、推出不同的线上服务。其中，作为阅读推广主阵地的读者服务部，首先由部主任提出了"师生共读一本书"的建议，并确定由读者服务部A组的全体成员组成活动组，策划活动详细方案。在组内讨论中，我们认为传统的"读后感提交、评选"方式过于单一、不新颖，参与者容易直接通过网络搜索提交非原创的读后感，而且对于读后感的评选，馆员工作量大且主观影响因素多，不利于保证评选的公正客观；而新颖的"读后微视频展示、提交"的方式，对于参与者的技术操作要求过高，在居家抗疫的特殊时期，复杂的要求不利于调动参与者积极性，会使活动覆盖面大大缩水，而且这一方式的评选也同样缺少客观评价标准。所以，我们最终确定了"共读书目+读后答题竞赛"的方式。

2.选定共读书目

确定了活动方式之后，就需要选出适宜的共读书目，在这一环节我们分为两个步骤：共读书目的推荐和共读书目投票选定。第一步，先由活动组成员每人推荐2—3本候选图书，并附上图书内容简介和推荐理由；第二步，去掉重复推荐之后，将汇总好的图书清单（含图书简介和推荐理由）做成投票链接，邀请全体馆员投票，选定最终的共读书目。推荐书目和投票选书的过程中都要明确以在校大学生为目标人群，坚持"篇幅适中、可读性强、内容积极向上、三观正确"的标准。最终依靠群体的智慧，我们选出三本书，参与活动的读者从三本中选择一本阅读并答题即可。

2020年"线上共读抗疫，书香凝聚力量"主题选定的三本书为《平凡的世界》《花冠病毒》《狼图腾》；2021年"共读红色经典，传承百年精神"主题选定的书为《习近平的七年知青岁月》《大智周恩来》《恰同学少年》。

3.拆书任务分摊

共读图书需要图书馆老师作为领读者，对选定书目进行精读，并根据书中内容设计原创题目，而整本书体量较大，由单人负责可能会力所不及，所以每本书宜根据章节拆分给多位老师。我们依据选定的三本书，将活动组成员分为三组，每组2—3人，要求他们对自己负责的部分详读、精读，并进行深入思考。

4.题目设计

馆员老师精读作品后，对自己负责的部分进行题目设计，题型分为单选题、多选题和主观题，这样的题目安排便于控制主客观比例和难易程度，更能提高读者参与的积极性。此外，我们要求题目完全原创，不得从网上直接复制已有题目，这样可以保证参与答题者无法简单地通过网络搜索找到答案，并且题干部分宜适当涵盖书中内容、紧扣所选图书主题，以考查参与者阅读图书的效果。最终，三组馆员顺利提交了三套符合要求、完全原创的高质量阅读竞答题目，并且提供了评阅用的参考答案。

（二）活动实施

前期准备工作完成之后，就进入面向读者发布通知、发布题目、回收答卷、进行评阅等具体的活动实施流程。

1.发布活动通知

图书馆通过华北理工大学图书馆网站和微信公众号发布活动通知，并号召全馆老师积极转发、扩大宣传效果，2021年的活动还与华北理工大学教务处实现了联合举办，使活动宣传力度更上一层楼。在通知中公布了共读书目和线上阅读路径，参与者可以在三本候选书目中选择一本进行阅读。通知中明确了活动时间，第一届于2020年4月18日发布活动通知，5月8日发布阅读题目，5月10日关闭竞答渠道，5月23日公布评选结果，共有22天的阅读准备时间；第二届于2021年4月20日发布通知，5月6日发布阅读题目，5月8日关闭竞答渠道，5月25日公布评选结果，共有17天的阅读准备时间。

2.发布题目

发布活动通知后，在大家的共读时间里，我们需要再次整理三套阅读竞答题目，确保题目内容适宜，单选、多选、主观题分布恰当。然后将题目导入"问卷星"在线问卷调查平台，进行内部测试、试答。在使用"问卷星"软件的过程中，活动组成员共同探讨、解决遇到的技术问题，提升了馆员使用新平台、新工具的能力素养。按照活动通知中的时间安排，我们通过华北理工大学图书馆微信公众号，如期发布了三套答题链接，分别对应三本共读书目；此外，我们还在答题平台上设置了"每人只限答题一次""答题倒计时"等规则，确保活动规范进行。

3.回收答卷，人工评阅

经过3天的答题时间，答题渠道关闭，通过在线问卷调查平台自动统计，2020年回收有效问卷344份，2021年回收有效问卷305份，并且单选、多选等客观题可直接通过在线平台得到评分结果。活动负责小组只需按照已经整理好的参考答案和得分点对主观题部分进行人工评阅，给出分数即可。由于前期准备充分，这个环节进展得快速且顺利。

4.公布评选结果

综合客观题和主观题的分数后，我们得到了这次活动的评选结果，仍然是通过华北理工大学图书馆网站和微信公众号公布。名次设置为：2020年一等奖3名，二等奖5名，三等奖8名，优秀奖13名；2021年一等奖3名，二等奖6名，三等奖9名，优秀奖12名。2020年活动是待疫情结束、开学返校后，由活动小组成员联系获奖读者领取图书馆精心设计的特色奖品；2021年则通知获奖读者在公布名单后一个星期之内到图书馆领取奖品和证书。两次"共读一本书"线上阅读答题活动都实现了圆满收官。

《平凡的世界》阅读竞答题	**209**
● 未发布	答卷数量

《习近平的七年知青岁月...	**116**
● 未发布	答卷数量

《狼图腾》阅读竞答题	**67**
● 未发布	答卷数量

《恰同学少年》阅读答题	**85**
● 未发布	答卷数量

《花冠病毒》阅读竞答题	**68**
● 未发布	答卷数量

《大智周恩来》阅读答题	**104**
● 未发布	答卷数量

2020年及2021年分别回收到344份和305份有效答卷

2021年部分获奖者到图书馆现场领奖

四、成效与影响

华北理工大学图书馆"共读一本书"线上阅读答题竞赛是在特殊背景下紧急策划推出的阅读推广活动，由于准备时间有限，开始时组织者对活动预期结果并无过高期望，但是在活动一步步实施的过程中，馆员的个人灵感不断进发、群体智慧能量凸显，读者参与踊跃，参与度比以往任何一次线下阅读推广的参与度都要高。2020年的"线上共读抗疫，书香凝聚力量——华北理工大学图书馆线上阅读推广实践"在河北省高校图书馆服务创新案例大赛中获得三等奖。

据参与者反馈，读者对于"线上阅读+答题竞赛"这种方式接受度很高，因其操作十分便捷，只需线上阅读、线上作答、线上提交，省时省力。而且竞答题目中的客观题涉及很多书中细节，有利于培养参与者精准阅读能力；主观题的设置，则有利于培养读者在阅读中的独立思考能力。此外，2020年的线上共读、阅读答题活动丰富了同学们疫情期间的学习文化生活，有助于大家保持理性积极的心态，坚定抗疫胜利的信心；2021年的活动则激发广大师生读者从党的百年伟大奋斗历程中、从党史重要人物传记中汲取智慧和力量，大力弘扬红色文化，传承红色基因，保持奋发进取的朝气与锐气。

活动举办两次以来，在广大读者的积极参与下，产生了一批优秀的阅读竞答选手。这项活动在引领大学生阅读、打造书香校园的同时，也进一步丰富和深化了图书馆的服务内容，得到了参与者的好评。

五、分析与总结

随着两届活动的顺利收官，我们对这项活动回顾分析，有如下心得体会：

首先，竞答题目均为图书馆老师亲自阅读图书后的原创设计，参与者无法通过网络搜索直接得到答案，只有踏实精读过图书的读者才能顺利完成答题，其中，客观题涉及很多书中细节，可以考查参与者精准阅读的能力；而主观题的设置，则有利于培养读者在阅读中的独立思考能力。

其次，竞赛题目既有主观题又有客观题，使主客观因素在评选过程中保持恰当的比例，可以控制整个活动的难易程度，并有利于提高活动对象参与的积极性。

再次，我们在投票选定共读书目和线上发布题目的过程中使用了"问卷星"软件，在导入题目、设置答题规则等方面对这一线上调查问卷平台的功能进行了充分开发，在技术环节"遇到问题—解决问题"的过程中，我们保持与时俱进，提高了自身应用新技术、新工具的能力。

最后，此次活动过程中，我们在选定共读书目、设计原创题目、对回收答卷中的主观题进行人工评阅等环节，不再单单依靠一个人或者几个人进行工作，而是充分依靠了集体的智慧，调动了整个部门乃至图书馆全体员工的参与。这次阅读推广实践不再仅仅是图书馆面向读者的业务拓展，同时也成为一次促进馆部合作、促进馆员之间交流沟通、促进馆员自身学习提高的业务锻炼。

我们认为，这种全程在线上进行的活动不受时间和空间的限制，灵活性很高，可以考虑在以后的寒暑假期里将线上阅读答题竞赛固定为常态的线上阅读推广活动。此外，我们还会更加充分地利用新技术、新平台，也会考虑将广大师生读者纳入参与荐书、选书环节，吸收部分学生阅读推广人参与设计题目，这样可以使参与者由被动的阅读、答题，变为主动的设计、策划，充分调动参与者积极性，让他们从单纯享受阅读的快乐上升为在阅读中思考、探索、交流，进一步发掘阅读的价值。

总之，今后我们将进一步拓展思路，注重对细节的把握，创新服务，并紧抓时代脉搏，结合读者阅读特点，为活动设置有效的反馈机制，将这种灵活性很高的线上阅读推广活动持续开展下去，变成一种常态工作，使阅读成为一种生活习惯。在全民阅读的大背景下，图书馆以弘扬优秀传统文化和汲取世界经典文化为抓手，不断推进阅读推广活动深入开展，以进一步发挥高校图书馆文化传承、阅读启智的积极作用，承担起文化育人的重要责任，推进书香校园建设。

张弘引　王彩杰　许静（华北理工大学图书馆）

项目组成员及分工情况：王彩杰提出"共读一本书"的活动方案并在整个活动过程中予以监督指导；许静、张弘引负责活动的具体策划与实施，许静统筹人员安排、协调各组出题及评阅进度；张弘引负责起草活动通知并进行案例撰写。除三位署名作者外，项目参与人员还有杨双琪、张巧荣、梁银英、李秀凤、李纯芳、张希侠、刘惠欣、王艳红、刘蕾、王烨、赵芳芳等，他们均承担了阅读出题、组卷和评阅工作，特此致谢。

同时，非常感谢华北理工大学图书馆领导刘志国、王岭、高建新对本活动的指导和大力支持。

☞ 专家点评

　　"共读一本书"活动已经不是新鲜的事，但这个"共读一本书"线上阅读答题竞赛活动却不是一个普通的共读活动，其线上阅读答题环节非常有趣。该活动不仅对线上活动有参考价值，对于线下活动也是有参考价值的，如公共图书馆常举办这样的阅读活动——如果儿童或青少年读完了多少本书，可以得到奖励，那怎么证明他读完了？可以设置阅读测试，希望将来在这方面开展更多的探索。关于这个活动的可改进之处，共读需要分享交流，建议今后在促进读者分享交流方面进行一些探索。（邓咏秋）

案例六　以五种诵读模式引领阅读

一、开展背景

1998年6月，中国青少年发展基金会发起并组织实施"中华古诗文经典诵读工程"，自此，经典诵读项目开始走进校园。2007年9月，教育部语言文字应用管理司启动以"亲近经典，承续传统"为主题的"中华诵"系列活动。2010年6月，教育部和国家语言文字工作委员会联合发布了《关于在学校开展"中华诵·经典诵读行动"试点工作的通知》[①]。2014年3月，国务院首次把"全民阅读"写进政府工作报告[②]。2018年《中华经典诵读工程实施方案》出台[③]。随着这些政策文件的出台我国掀起了诵读的高潮。

诵读是我国古已有之的一种阅读方法，也是阅读的扩音器。诵读需要调动眼、耳、口、心、脑多种器官的功能，这样能够使读者理解经典内容、把握文本节奏、掌握词句发音，培养读者养成良好的阅读习惯[④]。高校图书馆作为文明传承的文化载体，肩负着大学生阅读推广的责任，也是大学生诵读的主阵地。

---

① 教育部　国家语言文字工作委员会关于在学校开展"中华诵·经典诵读行动"试点工作的通知[EB/OL]. [2020-06-02]. http://www.gov.cn/gzdt/2010-07/13/content_1653163.htm.

② 政府工作报告[EB/OL]. [2020-06-02]. http://www.gov.cn/guowuyuan/2014-03/14/content_2638989.htm.

③ 教育部　国家语委关于印发《中华经典诵读工程实施方案》的通知[EB/OL]. [2020-06-02]. http://www.gov.cn/gongbao/content/2019/content_5363076.htm.

④ 成萌昕. 高校经典诵读活动开展现状与发展对策研究——以南京地区为例[D]. 南京:南京邮电大学,2020.

二、主要内容

唐山学院图书馆利用自身优势，汇集各方力量，采用多种模式开展诵读活动，包括比赛模式、文艺汇演模式、诵读分享模式、新媒体共享模式以及讲座培训模式等。在2017年、2018年、2019年、2020年，唐山学院图书馆以比赛模式成功举办了四届唐山学院"青春之声"经典诵读大赛；在2021年以文艺汇演模式成功举办了"传承经典文化　礼赞百年征程"主题诵读活动；2021年以诵读分享模式开展了校园读书角活动；从2019年开始，唐山学院图书馆立足新媒体传播，以新媒体共享模式在图书馆微信公众平台推出了"麦田之声"诵读品牌栏目；2021年以讲座培训模式举办了"浅谈朗诵的内外部技巧及其应用"专题讲座。唐山学院图书馆在这些活动组织中融入与时俱进的新元素，比如联合数字资源提供商进行线上初选、引进朗读亭设备、微信公众号创建诵读栏目、打造诵读品牌活动、社团参与诵读活动等。通过创新诵读活动形式，唐山学院图书馆逐渐形成了诵读引领阅读的线上线下相结合、多角度、立体交叉、全方位的阅读推广体系。

三、项目过程

（一）比赛模式：打造诵读品牌活动，助力阅读推广——唐山学院"青春之声"经典诵读大赛

1.2017年唐山学院第一届"青春之声"经典诵读大赛

2017年5月23日，由校图书馆、校团委联合超星集团共同主办，校学生会学习部协办的"青春之声"经典诵读大赛决赛在主校区西阶梯教室举办。大赛主题是"我与书的故事"。大赛以线上线下结合的方式开展。大赛于当年4月启动，参赛者通过云舟直播功能录制作品，并上传到云舟平台"唐山学院"定制页面中。大赛共征集到参赛作品32部，16部入围决赛。本次大赛中，《相信未来》《故乡》《秋天的怀念》等朗诵作品取得了优异成绩。

本次大赛是唐山学院图书馆与超星集团首次携手组织线上诵读活动，打破了传统线下诵读比赛模式，开启了图书馆与校外数字资源提供商的阅读推广跨域合作新模式。

2017年唐山学院第一届"青春之声"经典诵读大赛评委与选手合影

2. 2018年唐山学院第二届"青春之声"经典诵读大赛

2018年4月24日，由校图书馆、文法系共同主办的"青春之声"经典诵读大赛决赛在主校区西阶梯教室举办。大赛主题为"古今中外经典诗文"和"富有人文特色的名人名作"。大赛共征集到作品60部，最终12部进入决赛。本次大赛汇聚了唐山学院的一批诵读高手，所选题材囊括《蜀道难》《再别康桥》《最后一只藏羚羊》等经典篇目。

本次大赛的特点在于与文法系共同主办。文法系包括汉语言文学、秘书学、法学、法学辅修四个本科专业。在活动中，文法系充分发挥了自己的专业优势，老师们通过多种方式（如线下讲座、一对一辅导）使选手掌握朗诵技巧并深入理解作品的内涵，最终将作品完美呈现①。

① 孙婧,刘君君,张雪莲. 高校图书馆定制式阅读推广探索与实践——以唐山学院图书馆为例[J]. 河北科技图苑,2020（2）:43-47.

2018年唐山学院第二届"青春之声"经典诵读大赛获奖选手和评委老师合影

3. 2019年唐山学院第三届"青春之声"经典诵读大赛

2019年5月9日，由校图书馆、文法系共同主办，麦田读书社协办的"青春之声"经典诵读大赛决赛在主校区西阶梯教室隆重举办。活动主题与上届相同，即"古今中外经典诗文"和"富有人文特色的名人名作"。活动自2019年3月初赛以书舒朗读亭为平台进行海选，共有140余名选手提交了作品，最终12组同学入围决赛。本次大赛涌现了《天路》《雨巷》《奶奶的星星》等诵读精品作品。

本次大赛的特色在于：一是图书馆引进了书舒朗读亭，为读者创造了良好的朗读环境，提供了私人的阅读空间，打破了传统阅读推广模式的束缚，给师生全新的阅读体验①；二是2018年6月成立的由图书馆领导的麦田读书社，在本次诵读大赛上充分发挥了图书馆与读者之间的桥梁作用，发动社团成员参与诵读比赛，扩大了阅读推广活动的影响。

---

① 吴品璇,吕方婷,张衍.朗读VS.阅读:朗读亭在高校阅读推广中的效果探析——以上海大学图书馆为例[J].高校图书馆工作,2019（3）:61-66.

2019年唐山学院第三届"青春之声"经典诵读大赛获奖选手和评委老师合影

4.2020年唐山学院第四届"青春之声"经典诵读大赛

2020年11月24日，由校图书馆主办，麦田读书社承办的"青春之声"经典诵读大赛决赛在主校区南院报告厅举办。本次大赛的活动主题与上两届相同。活动自2020年10月启动，共有350名选手参加，经过预赛和复赛选拔，有12组同学入围决赛。其中《兵车行》《雨巷》《少年中国说》等诵读精品将现场气氛推入了高潮。

本次大赛虽然因为新冠疫情原因，举办得比往年晚，但是基于前三次大赛所积累的经验，这次大赛举办程序成熟。本次参赛人数创历史新高，校园反响强烈。

（二）文艺表演模式："传承经典文化 礼赞百年征程"主题诵读活动暨"唐山学院读书角"启动仪式成功举办

2021年4月27日，由唐山学院团委、图书馆主办，麦田读书社承办的"传承经典文化 礼赞百年征程"主题诵读活动暨"唐山学院读书角"启动仪式拉开序幕。作为唐山学院2021年世界读书日系列活动的重头戏，本次活动将读书与庆祝建党百年结合在一起，共分为"传承古韵""致敬经典""礼赞百年"三部分。本次活动节目包括中华优秀传统文化经典篇目和歌颂建党百年壮丽征程的优秀诗歌篇目的诵读、汉服社的服饰表演、大学生合唱团演唱等。丰富多彩的文艺活动吸引了更多学生的参与。

（三）诵读分享模式："唐山学院读书角"活动

唐山学院图书馆联合团委开设"唐山学院读书角"，读书角活动聚合了一批有相同爱好的线下朗读者，活跃了校园诵读氛围。

1.麦田读书社成功举办"唐山学院读书角"首次活动

2020年5月11日，麦田读书社在主校区东院图书馆前的花园里，成功举办了"唐山学院读书角"的首次活动。本次活动采用读书沙龙形式，参加者可以诵读自己感兴趣的图书，分享体会与感悟，也可以诵读自己写的"三行情书"，表达爱与美的浓厚情感。

"唐山学院读书角"首次活动参与者合影

2."唐山学院读书角"活动——"读红色经典，忆百年党史"主题活动

为庆祝中国共产党成立100周年，2021年5月25日麦田读书社在读书角成功举办"读红色经典，忆百年党史"主题读书分享会。活动分为五个部分：分享阅读红色经典感想、红歌赏析、分享"我最敬爱的伟人"、"李大钊'青春中华'理想"红色文化讲解、诵读"见字如面"红色家书。此次活动传播了革命精神，激发了学子的爱国情怀。

（四）新媒体共享模式：在微信公众号设置"麦田之声"品牌栏目，发挥新媒体网络宣传优势

新媒体改变了知识信息生产和传播的方式，符合数字阅读和数字图书馆

建设的发展趋势，满足了读者对阅读便捷化、个性化、社交化的需求[①]。尤其在年轻人群体中，新媒体的影响力巨大。其中，微信平台已成为年轻人获取信息、增长知识的重要渠道。

唐山学院图书馆微信公众号自2018年4月正式投入使用以来，粉丝已经达到10000多人，受众面比较广。唐山学院图书馆立足新媒体传播，在图书馆微信公众号推出了"麦田之声"诵读品牌栏目，使其成为阅读推广新阵地。自2019年11月1日至今，图书馆面向全校征集朗诵作品，挑选出其中的优秀作品在"麦田之声"进行展播，目前已展播九期，深受广大师生欢迎。图书馆通过这一方式持续培养读者的阅读习惯，引导读者利用碎片时间进行深度阅读，发挥了新媒体在阅读推广方面的积极作用。

（五）讲座培训模式：图书馆成功举办"浅谈朗诵的内外部技巧及其应用"专题讲座

2021年6月1日由图书馆主办、麦田读书社承办的"浅谈朗诵的内外部技巧及其应用"专题讲座在主校区东院A203成功举办。本次讲座由河北省朗诵协会会员、VV音乐朗诵平台官方认证导师毛凤萍老师主讲。讲座中，毛凤萍老师先请两位同学朗诵，对他们的声音特质进行了点评；毛老师还讲解了声韵、调值、语势和语气的技巧以及朗诵的心理机制；最后，毛老师为大家示范朗诵阿紫的《英雄》，让观众加深了对朗诵技巧的理解。

四、成效与影响

（一）参赛人数

从2017年开始，唐山学院图书馆已经连续成功举办四届"青春之声"诵读大赛。2017年第一届参赛人数32人，2018年第二届参赛人数60人，2019年第三届参赛人数140人，2020年第四届参赛人数350人。参赛人数从第一届参赛人数32人发展到第四届的参赛人数350人，选拔面广泛，选手水平较高，校园反响强烈，这也说明"青春之声"经典诵读品牌活动引领的阅读推广效果显著。

[①] 金龙. 新媒体环境下图书馆阅读推广探析——基于中国国家图书馆"文津经典诵读"项目的研究[J]. 图书馆界,2019（1）:61-65.

（二）获奖情况

2018年在河北省高等学校图书情报工作委员会主办的"河北省大学生中华经典美文诵读大赛"中，由唐山学院图书馆选拔并推荐的裴羿赢同学的诵读作品《春》和高琳茹、王兴华同学的诵读作品《我们的中国梦》分别荣获大赛特等奖和一等奖。

2019年由河北省高等学校图书情报工作委员会主办的河北省第一届"中科杯"掌上诗词大赛中，唐山学院图书馆推荐的顾萌、裴羿赢两位同学双双荣获一等奖，11人获得优秀奖，唐山学院图书馆荣获"优秀组织奖"。

（三）微信公众平台推出的"麦田之声"品牌栏目的传播效果

从图书馆微信公众号推出的九期"麦田之声"的传播效果统计数据来看，阅读数为1348、在看数28、点赞数24，诵读品牌栏目正在逐渐吸引学生的关注和阅读。这种新媒体诵读活动共享模式的创新，激发了读者兴趣，进一步增强了用户黏性，提高了图书馆知名度，充分发挥了新媒体阅读推广的优势。

五、分析与总结

（一）诵读活动的创新点

（1）每年一届的"青春之声"经典诵读大赛，保持了阅读品牌活动的延续性。

（2）将各种新元素引入诵读之中，比如：利用图书馆专业朗读设备——书舒朗读亭进行初选；比赛时进行线上直播；麦田读书社等社团参与活动；图书馆微信公众号开设"麦田之声"专题栏目等。

（3）聘请高水平专业教师进行朗读技巧和朗读素养的讲座和现场指导，提升朗读爱好者的诵读水平。

（4）利用图书馆自身优势，聚合各方优势资源，扩大活动范围和影响力。

（5）通过校园读书角活动，聚合一批有相同爱好的线下朗读者，活跃校园诵读氛围。

（6）选拔和推送高水平选手参加校园专题文化活动和高水平比赛等，取得了非常好的成绩，吸引了更多诵读爱好者加入阅读行列。

（7）通过多种模式开展诵读活动，进行优势互补，形成了线上线下、多角度、立体交叉、全方位的阅读推广体系。

（二）活动经验启示

1.好活动离不开好策划

近年来开展的经典诵读活动，我们都进行了深入调研、精心策划、后期跟踪完善。活动立足内容，突出实效性；立足形式，突出创新性；放眼未来，突出持续性[①]。

2.聚合各方力量走品牌化之路

"青春之声"经典诵读活动已经连续举办四年，微信公众平台的"麦田之声"诵读品牌栏目已经推出九期。今后，唐山学院图书馆将继续汇聚各方优势资源，将现有诵读品牌做大做强，突破一般阅读推广活动"只求一时新，不能做长久"的状况。我们要将这些品牌活动持续做下去，不断增加活动亮点，提高活动质量，将诵读活动不断深化、细化，让品牌效应得以强化，形成一面旗帜，引领全校的阅读方向。

3.完善诵读引领阅读推广体系

通过比赛、文艺表演、诵读分享、新媒体共享、讲座培训五种诵读模式开展阅读推广活动，我们发现每种模式各自有优势，也有缺点。如何扬长避短、优势互补并开拓新的诵读模式，不断完善阅读推广体系，是我们今后要持续研究的课题。

张雪莲　刘君君　孙婧　王莹莹　李丽燕

（唐山学院图书馆）

项目组成员及分工情况：张雪莲，负责活动整体规划，活动资料整理、归纳、总结；刘君君，负责活动选题，保证活动的连续性；孙婧，负责活动方案策划和活动准备；王莹莹，负责活动实施过程中物质、设备保障；李丽燕，负责活动效果反馈的收集。

---

① 庞建民.创新读书活动　引领全民阅读——佛山市图书馆读书活动的创新实践与启示[J].图书馆建设,2008（6）:14-18.

☞专家点评

　　唐山学院图书馆探索了诵读活动的五种模式——比赛模式、文艺汇演模式、诵读分享模式、新媒体共享模式以及讲座培训模式，形式多样，内容丰富，受到读者喜爱，其做法对各图书馆有参考价值。但案例在写作上有欠缺，目前是逐年罗列四届活动举办的情况，显得啰唆且令读者抓不到重点。应该在多年举办的基础上进行总结提炼，比如通过图表来分析五种模式的优缺点、历届参与人数等。另外，诵读技巧当然也值得重视，但被诵读的书目（篇目）的推荐也应该受到重视，图书馆宜在这方面多做工作。（邓咏秋）

案例七　高校图书馆文化创意产品
开发助力创新型人才培养

一、开展背景

党的十七大提出"建设创新型国家"的重大发展战略，大学生是最具创新、创业潜力的群体之一，培养其创新精神和实践能力是实现大众创业、万众创新的重要措施。中共中央、国务院印发的《关于加强和改进新形势下高校思想政治工作的意见》提出"三全育人"的要求，即坚持全员、全过程、全方位育人：把思想价值引领贯穿教学全过程和各环节，形成教书育人、科研育人、实践育人、管理育人、服务育人、组织育人长效机制[①]。在广西卫生职业技术学院（以下简称"我校"）创建广西高校"三全"育人示范校的背景下，图书馆积极响应学校号召，开展了一系列体现学校学科专业特色的阅读推广活动，探索教辅部门服务育人的新路径。

2016年5月，文化部、国家文物局等部门联合出台的《关于推动文化文物单位文化创意产品开发的若干意见》，大力支持各级各类博物馆、美术馆、图书馆等文化文物单位推进文化创意产品（简称"文创产品"）开发工作。近年来，以国家图书馆、上海图书馆为代表的公共图书馆已开展了许多积极的尝试，而具备人才和学科专业优势的高校图书馆在文创产品开发方面的巨大潜能亟待挖掘。因此，我校开展图书馆文化创意产品开发项目，不仅是图书馆参与营造"三全"育人氛围、实现服务转型升级的必然选择，也是全面服务于学校创新型人才培养的现实需要。

---

① 中共中央　国务院《关于加强和改进新形势下高校思想政治工作的意见》[EB/OL].
[2020-06-23]. http://www.gov.cn/xinwen/2017-02/27/content_5182502.htm.

二、主要内容

广西卫生职业技术学院图书馆的文创开发工作于2018年启动，截至2022年6月已连续举办四期不同主题的文创开发活动。其中，"中药香包"和"图书馆创意装饰"项目以用户手工制作DIY为主，"本草绘"和"典籍绘"项目侧重于优秀文化IP的创作与挖掘。图书馆文化创意产品开发项目以创新素养教育为导向，为学生提供相应的信息资源、智力支持和平台保障，引导学生自主学习创新知识、参与创新实践、提高创新技能。

图书馆通过培训辅导、培育作品、组织竞赛和表彰优秀等一系列活动，向学生传授文化创意相关知识、训练学生创新思维和创作能力，通过竞赛征集学生的文创作品。在积累的大量设计和手工作品的基础上，图书馆进行遴选和加工，形成了一批能够体现学校地域特点、中医药特色鲜明的文创成果，并通过批量定制扩大了文创产品的应用领域与辐射范围。此外，图书馆采取申请外观设计专利、注册商标等方式固化知识产权，打造自主文化创意品牌，为探索市场转化路径奠定基础。我校借助文化创意产品研发项目实现了学生有收获、图书馆有成果的双赢局面。

三、项目过程

以图书馆"中药香包"文创产品开发项目为例，项目过程如下。

（1）图书馆员先后组织开展项目开题报告会、集中培训、创意分享交流会。

（2）充分利用新媒体的宣传和交流功能，组建"图书馆文化创意交流群"（QQ群，群号：582713303），分享手工制作、创意设计教程，并及时解答学生疑问。

（3）活动全程通过广西卫生职业技术学院图书馆微信公众号发布活动通知、培训课件、作品展示等内容。

同时，为增加活动的互动性和影响力，所有参赛作品均通过微信推文展示，接收师生留言投票，评选网络最佳人气作品。此外，项目组针对每个活动制作了海报、易拉宝、宣传单，由读者沙龙、书画协会等学生社团的成员深入教室、宿舍等区域进行活动宣传和动员。

在馆员的组织指导下，学生通过实地考察、网络调研等方式，了解市场上现有的中药香包等产品，观摩和学习外观创意，并自主绘制设计图样；学习掌握信息查询手段，通过查询图书馆的图书、报刊和电子数据库，了解中药内胆的功效并配制药方；通过知识产权局网站查询现有香包的外观设计专利，规避潜在的侵权风险。同时，图书馆员集中购买并分发手工制作材料，为学生提供创作空间、设备和相应资源。学生完成作品创作后提交至图书馆参与竞赛评选，优秀文创作品的主创学生及团队获得表彰。文创作品征集活动结束后，学生的手工作品放置在图书馆文创专区集中展示，设计作品以主题展览形式多次展出。此外，图书馆通过提炼学生的优秀文化创意，批量定制了中药香包和包装袋，形成图书馆中医药文创的初期产品。

（一）实施过程

详见下表。

"中药香包"文创产品开发项目实施过程

活动阶段	图书馆	学生
前期准备	组织图书馆文创作品征集竞赛，举办项目开题报告会，在全校范围内招募学生成员。	学生根据兴趣、特长，个人或组成团队参与。
活动宣传	线上：图书馆网站宣传，图书馆公众微信号全程发布活动通知、培训课件、作品展示等； 线下：印制海报、易拉宝、宣传单，由学生社团成员深入教室、宿舍等区域进行活动宣传和动员。	多渠道关注和获取图书馆活动信息。
专题讲座	多次开展信息检索技能培训、知识产权知识讲座、艺术设计知识宣教与实操等集中培训。	学习信息检索、外观设计专利、艺术设计等知识，初步掌握创新与创意的基础知识。
咨询辅导，学习调研	通过图书馆咨询QQ、微信或线下"一对一"解答，精准嵌入学生实践活动过程，为学生提供个性化的艺术创意指导，以及信息检索和知识产权方面的信息支持。	实地考察：参观学习优秀艺术设计作品，了解市场上现有中药香包等装饰产品； 信息查询：检索图书馆图书和电子资源，通过药典、专业书籍、数据库等了解中药内胆的功效和配制药方； 网络调研：通过知识产权局网站查询现有香包的外观设计专利，规避潜在的侵权风险。

续表

活动阶段	图书馆	学生
经验交流，动手实践	构建交流分享平台、网络QQ群，推送经馆员收集整理的手工制作、创意设计教程和多种参考资源；组织创意分享交流会，引导学生在交流探讨中获取知识、不断成长。	在知识学习和调研思考的基础上，学生将创意想法转化为设计图样，自主配制中药内胆，挑选手工材料并制作成品。
竞赛评比，成果展示	依据公平、公正、公开的原则遴选、发掘有潜力的优秀作品给予表彰奖励。 线上：通过图书馆微信公众号推文展示所有参赛作品； 线下：手工作品放置在图书馆文创专区集中展示，设计作品以主题展览形式多次展出。	优秀学生及团队获得表彰，学生通过竞赛提升创新精神和实践应用能力。
批量定制	提炼学生优秀的文化创意，批量定制了中药香包和包装袋，形成图书馆中医药文创的初期产品。	40多个优秀的创作团队和个人，以及参与图书馆其他阅读推广活动的100多位同学获得作为活动奖品的图书馆定制文创产品。
打造品牌	申请注册"弍香文创"商标，逐步开展专利申请筹备工作，围绕外观设计专利的载体、图片要求等进行完善。	参与创新创业实践，初步了解知识产权保护和市场转化的知识。

（二）活动照片

广西卫生职业技术学院图书馆文创专区

文创展示柜陈列"中药香包"与"图书馆创意装饰"手工作品

图书馆定制"中药香包"及包装袋

"本草绘"系列文创产品

"典籍绘"系列文创产品

四、成效与影响

广西卫生职业技术学院图书馆的文创研发活动从2018年启动至今，直接参与人数累计逾500人，活动关注人数逾6000人。通过竞赛共回收学生文创设计图179份，手工艺作品102组。2022年7月，中药香包、手提袋、笔记本、文件夹、卡套、马克杯、钥匙扣、团扇等文创产品已批量化生产，卡套、马克杯、钥匙扣等成为图书馆系列阅读推广活动奖品。图书馆文创产品多次作为我校伴手礼赠送给领导、专家，用于大学生志愿者暑期阅读实践活动宣传、乡村振兴健康促进工作、兄弟院校交流以及学校毕业生双选会等活动的礼品等，受到校内外师生的欢迎与好评。具体成效如下：

（一）强化图书馆活动育人作用，增强吸引力

图书馆文创研发项目充分发挥了图书馆"第二课堂"的育人作用，为学生提供学以致用、动手实践的平台和机会，激发和培养学生的创新创业意识和能力。

（二）探索图书馆服务的新模式，提升软实力

图书馆以文创研发项目驱动学生开展创新实践，引导学生在活动中发现乐趣、自我提升，有效提升了图书馆服务价值和读者认同。

（三）形成图书馆系列品牌活动，扩大影响力

图书馆文创研发活动围绕"中药香包""图书馆创意装饰""本草绘""典籍绘"等主题已持续开展4期，中医药特色鲜明的图书馆文创产品已成为我校靓丽的文化名片。

五、分析与总结

（一）项目经验

1.巧设项目，创新活动形式

图书馆找准为培养创新型人才服务的定位，活动内容贴合学生兴趣，活动形式灵活新颖。图书馆一方面借助学生力量推进文创产品研发工作，另一方面鼓励学生自主学习、团队协作，鼓励学生参加竞赛化、项目化的实战训练，以奖项激励、过程引导等手段助力学生提升创新素养。

2.善用政策，争取资金支持

图书馆立足《广西卫生职业技术学院创建广西高校"三全"育人示范校

实施方案》《2018年广西卫生职业技术学院秋季读书活动方案》等文件开展活动，获得了较充裕的活动经费和相关政策支持。

3.多方协调，组建服务团队

我校领导高度重视、多次指示，由图书馆牵头，形成图书馆、科技处、双创中心等校内跨部门的联动机制，并与校外制药企业、兄弟院校开展交流。馆员、教师多方通力协作，为图书馆文创研发项目顺利开展提供人员保障和专业支持。同时，注重发挥学生社团的能动作用，在图书馆的指导和管理下，引导读者沙龙、书画协会成员协同推进项目的实施。

4.注重宣传，深挖文创成果

图书馆充分利用新媒体的力量，开展线上线下同步宣传，活动过程和成果均得以记录和展示，活动传播范围进一步扩大。图书馆后续逐步开展外观设计专利申请、商标的注册等工作，将有效促进项目成果的保护与市场转化。

5.全程引导，个性服务指导

图书馆积极对现有资源进行整合，利用网络进行知识组织和推送。馆员与教师协同开展面向实践需要的文创知识技能培训，提升学生的动手实践能力、信息收集与分析利用水平，培养学生的创新思维。有艺术教育专业背景的馆员对学生的艺术设计、手工制作过程进行跟踪和个性化辅导，针对活动的不同阶段提供相应的资源与服务，确保学生创作的顺利开展。

（二）不足与改进措施

首先，创新素养培训体系不完善。目前，图书馆文创研发项目帮助学生增长知识和积累经验，但未能与学生创新创业课程有效衔接。图书馆下一步考虑与我校双创中心以及相关教师合作，推进图书馆创新素养教育融入课程教学体系。

其次，学生文创团队延续性不足。高职医学生大二结束将离校实习，优秀学生和团队流失势必影响图书馆文创研发项目的持续开展。图书馆计划从多种渠道积极招募、及时吸纳大一新生共同参与项目，构建新生老生搭配、跨专业合作的学生创作团队。

（三）推广价值

1.主题阅读推广价值

图书馆因地制宜将中医药专业特色与阅读推广相结合，兼顾图书馆服务教学与育人、文化创意工作的发展需要，创新阅读推广活动的内容和形式，以图书馆文创研发项目激发学生主动阅读、学以致用的兴趣。

2.图书馆文创研发价值

图书馆通过众包方式获取学生创意,吸引学生参与文创产品开发,扩大文创成果的来源范围。图书馆通过竞赛积累了一批学生文创作品,为进一步挖掘文创作品价值,进行知识产权保护和市场转化奠定基础。

3.创新型人才培养价值

图书馆积极探索创新型人才培养思路,以图书馆文创研发项目为契机,让学生在"做中学、学中做",切实掌握信息检索和文化创意的基础知识,锻炼自身动手实践能力,提升创新创业意识和能力。

张颖(广西卫生职业技术学院图书馆)

项目组成员及分工情况:张颖,项目负责人,策划实施图书馆文创产品开发项目,开展文化创意专题培训,组织学生调研与创作,负责活动宣传,组织竞赛与成果展示,促进文创产品量产与推广应用;梁光华,提供艺术创作指导,开展艺术设计、传统书画等系列讲座,传授商标、外观设计等知识,组建创作团队,指导学生创作;姚国联,参与学生日常辅导,协助学生文创作品遴选、图书馆文创产品推广等工作。

☞ 专家点评

广西卫生职业技术学院图书馆吸引大学生参与文化创意产品的研发,通过图书馆搭台招募、评选,再将优秀作品制作成产品,这个项目让用户深度参与图书馆的文创开发工作,很有趣,有助于培养学生的创新能力与动手能力。组织者还在专利、商标申请上走在了前列,期待他们与全国同行分享这方面的经验。不足之处是,图书馆作为组织者,是否能在大学生文创开发方面开展更有针对性的专业培训,让他们能够接触到这一行业内优秀的专业人士?如果能这样,可能成果会更上一层楼。(邓咏秋)

案例八　学生主导的新型课堂

——三亚学院图书馆"学生讲坛"

2015年底，教育部印发的《普通高等学校图书馆规程》指出，"图书馆应充分发挥在学校人才培养、科学研究、社会服务和文化传承创新中的作用"，采取多种形式提高学生综合素质。2019年，习近平总书记在给国家图书馆老专家的回信中强调："图书馆是国家文化发展水平的重要标志，是滋养民族心灵、培育文化自信的重要场所。希望国图坚持正确政治方向，弘扬优秀传统文化，创新服务方式，推动全民阅读，更好满足人民精神文化需求，为建设社会主义文化强国再立新功。"

一、项目设计

作为高校图书馆，三亚学院图书馆一直秉持着为学生服务的理念，不断推陈出新，创建与时俱进的服务新模式。2018年，三亚学院图书馆开始探索以学生为主导的课堂，先后推出"一期一会""推理小说分享沙龙"等活动。经过一年的实践探索，2019年，以"学生讲坛"为名的新型课堂正式成立，项目以"学生展示自我，讲坛助力课堂"为宗旨，充分发挥学生的主导作用，使在校大学生倾听不同的声音，碰撞出新思想的火花，达到丰富校园文化、活跃学习气氛的目的。

二、主要内容

三亚学院图书馆2019年正式成立"学生讲坛"，活动在全校范围内募集学生主讲人，请他们与同学们交流学习经历和感悟，分享各种学习成果，旨在为大学生搭建一个良好的交流平台，促进他们相互之间的沟通、交流、学习，共同进步。

"学生讲坛"开幕式暨第一期现场

近两年，根据新冠疫情防控要求，图书馆及活动团队视情况对"学生讲坛"进行了期数调整，至2021年4月，共举办了10场活动。前三期活动主讲人申请人数共计48名，经筛选，18名同学成为正式主讲人，在全校范围内掀起一阵学生主讲人的浪潮。"学生讲坛"以学生为主导的模式迅速吸引了全校师生和各部门各学院关注，在接下来的活动中，图书馆活动团队根据各部门申请、现阶段学生的需求和学校热点事件等综合考量，有序安排每期活动的主题和时间，为学生提供及时有效的信息推广服务，引导大学生合理规划大学生涯。

第八期"学生讲坛"主创与主讲人合影

"学生讲坛"活动一览表

期数	主题	协助部门	举办时间	参与人数	推文点击量
第一期	声音之美	传媒学院	2019年4月24日	65	559
第二期	诗词之品	人文学院	2019年5月15日	65	125
第三期	未来之梦	人文学院	2019年5月25日	86	336
第四期	橄榄绿、天空蓝、浪花白	教官队	2019年10月13日	300	4851
第五期	交换求学之旅	国际处	2019年11月10日	88	879
第六期	圣诞骑行	自行车俱乐部	2019年12月25日	72	652
第七期	你身边的少年英雄	体育学院	2020年11月21日	128	1031
第八期	军训倒计时321……	教务处武装部	2020年11月28日	189	7695
第九期	创新逐梦	创梦工作室	2021年4月10日	126	2109
第十期	社团那些事儿	校团委	2021年4月24日	94	484

注：上表中"主题"为三亚学院图书馆微信公众号发布的活动宣传中的主题名称，"推文点击量"为三亚学院图书馆微信公众号发布的活动宣传文章的点击量。

三、实施要点

"学生讲坛"打破老师主讲、学生主听的课堂学习模式，采用学生主讲形式，为大学生提供一个互动交流、展示自我的舞台，探索大学学习新模式。

（一）以学生为主导，紧跟学校热点事件

在"学生讲坛"的舞台上，每年新生军训前后，三亚学院图书馆会联合校武装部教官队的优秀退伍学生，请他们与同学们面对面分享他们军旅生涯中的精彩故事，现场解答同学们提出的各种问题，缓解大一新生们对军训的恐慌和畏惧情绪。"互联网＋"创新创业大赛团队则带着他们的获奖案例，与同学们近距离交流创新创业案例的策划、

在第九期"学生讲坛"上，学生介绍"互联网＋"创新创业大赛参赛案例

修改、执行以及提交、获奖等参赛经验，内容很实用。

（二）活动形式多样化

"学生讲坛"根据不同的主题，以学生单独主讲、团队展示、访谈等多种形式呈现给大家。教官队、武术队等以团队展演的方式，展现了团队合作的重要性，让全校师生对他们有了更深层次的了解；声音之美和诗词之品主题活动中，主讲人则以个人的声音魅力和丰富的诗词储备量征服了现场观众，"飞花令"更是燃爆全场，让观众感受到大学校园果然藏龙卧虎、人才济济；第十期的社团采访，以现场访谈的方式让大家充分了解了大学社团的方方面面，现场以弹幕的形式进行提问，4位社团社长知无不言，有问必答，弹幕互动的模式让大家的提问更加直接尽兴，互动现场气氛热烈。

（三）覆盖率高，受众定位精准

"学生讲坛"自创办两年以来，受到全校各学院不同专业学生的一致认可。每期活动根据不同主题，精准定位受众群体，如：教官队主要面向大一新生进行宣传；诗词之品则吸引全校的诗词爱好者来现场交流分享；交换留学活动通过与国际处合作，针对有留学意向的学生进行申请指导、经验分享等。

四、成效与影响

（一）从全校募集到主动申请

"学生讲坛"自创办以来，为全校各部门各学院提供了一个直接面向学生的宣传窗口。截至2021年4月，除前三期活动面向全校招募主讲人之外，其余活动均由学院或各部门申请由他们组织提供主讲人，目前已有国际处、教务处、体育学院、人文学院、校团委等超过10余个学院和部门通过"学生讲坛"这一平台，以学生为主导的形式成功举办活动，为在校大学生提供了专业学习机会以及各类大赛、第二课堂等方面的资讯。

（二）参与人数和推文点击率创新高

"学生讲坛"自创办以来，得到全校的一致认可。活动推文点击量累计近20000次，单次最高点击量达7690次；活动参与人数累计达到1213人次，单次最多参与人数达300人。

（三）问卷调查活动显示需求

第十期活动结束之后，三亚学院图书馆通过"学生讲坛主题意向征集"调查问卷，面向全校师生进行了为期一天的调查。本次调查问卷有效填写人次221人，男女比例基本为1∶1，涉及33个专业，覆盖了全校18个学院。其中，"活动了解途径"一项中有76.92%选择"同学介绍"，63.35%选择"微信公众平台"；"你希望学生讲坛开展哪种主题的活动"这一选项中，选择心理辅导、设计、摄影的均达到50%以上；"活动建议与意见"一项中，近50%的同学希望能拓宽活动内容，增加活动期数。

问卷调查：你希望学生讲坛开展哪种主题的活动

选项	人次	比例
心理辅导	122	55.2%
摄影	125	56.56%
设计	120	54.3%
美妆服饰	97	43.89%
军事历史	92	41.63%
公益社团	87	39.37%
交换留学	58	26.24%
各类大赛	96	43.44%
其他	34	15.38%
本题有效填写人次	221	

五、总结及展望

"学生讲坛"积极响应国家的方针政策，践行《普通高等学校图书馆规程》提出的高校图书馆职能，通过两年的实践，至2021年4月共举办了10期活动。笔者认为其成功的因素主要有两个方面：一是以学生为主导的活动形式深受在校大学生的欢迎；二是主题设定比较符合大学生当下的实际需求，能够为他们提供大学学习、生活及大学规划等各方面的帮助。新型课堂的模式得到了图书馆及全校各学院各部门的认可。不过，活动也存在诸多问题，通过活动中出现的问题以及前文的阐述，结合《学生讲坛主题意向征集》问卷调查结果分析，笔者认为，"学生讲坛"主要存在以下几点问题。

（一）活动期数较少，参与人数不稳定

问卷调查"意见与建议"一项中，70%以上的同学表示活动期数太少，听不过瘾，希望多举办几次，多些干货内容。通过"学生讲坛"活动一览表我们也可以明显看出，每期活动的参与人数中第四期最高，达到300人，而第一、二、六期则在80人以下，活动参与人数浮动较大。针对此问题，"学生讲坛"自2021年秋季学期开始将会增加活动次数并且实行活动打卡积分，累积一定积分和参与次数将获得相应奖励，以此鼓励同学们持续关注并参与活动。

（二）活动主题不能满足大多数同学的需求

问卷调查中关于希望的活动主题一项，超过50%的同学希望举办"心理辅导""摄影""设计"等相关的活动，而在我们已经举办的10期活动中没有涉及以上三个主题的内容；占比40%以上的"美妆服饰""军事历史""各类大赛"等主题中，仅有第九期与创新创业大赛相关的内容贴合。针对此问题，"学生讲坛"创作团队将从这几类主题着手募集主讲人，并严格筛选出具备专业素养的学生主讲人，邀请他们现场主讲。主讲人必须具备主题相关的专业知识或者获奖经历等，能够现场演示者更佳。

杜赛楠（三亚学院图书馆）

项目组成员及分工情况：杜赛楠，主要负责本项目的策划、宣传、实施等；遇晓，主要负责场地安排、工作人员调配等。

☞ **专家点评**

"学生讲坛"项目的主要特点是让大学生自己成为主角，从他们中挑选佼佼者来当主讲老师，就大学生感兴趣的主题开办讲座。这个活动的实质还是图书馆讲座，创新之处是把由专家老师来讲，换成了由大学生来讲。活动有助于促进学生展示自我、促进学生间思维火花的碰撞，很有意义，值得继续探索。但是正如活动组织方所做的调查总结所展示的，这个活动也有一些不成熟的地方。建议可参考清华大学图书馆"微沙龙"的模式，在大学生中邀请在某一方面有特长或特殊经历的人来分享，通过小型沙龙讨论的形式，不仅由主讲人讲，听众（参与的同学）也可以充分参与交流。每次的受众少一点也没有关系，并不一定所有的活动都要以参与者越多越好作为衡量标准。（邓咏秋）